Introdução ao Planeamento Fiscal

CB123069

Introdução ao Planeamento Fiscal

(TEORIA JURÍDICA)

Joaquim Freitas da Rocha

ALMEDINA

INTRODUÇÃO AO PLANEAMENTO FISCAL
(TEORIA JURÍDICA)
AUTOR
Joaquim Freitas da Rocha
EDITOR
EDIÇÕES ALMEDINA, S.A.
Avenida Emídio Navarro, 81, 3D
3000-151 Coimbra
Tel.: 239 851 904 · Fax: 239 851 901
www.almedina.net · editora@almedina.net
DESIGN DE CAPA
FBA.
PRÉ-IMPRESSÃO
EDIÇÕES ALMEDINA, S.A.
IMPRESSÃO E ACABAMENTO

Setembro, 2023

ISBN
978-989-40-1483-6

DEPÓSITO LEGAL

Os dados e as opiniões inseridos na presente publicação são da exclusiva responsabilidade do(s) seu(s) autor(es).
Toda a reprodução desta obra, por fotocópia ou outro qualquer processo, sem prévia autorização escrita do Editor, é ilícita e passível de procedimento judicial contra o infractor.

ALMEDINA | GRUPOALMEDINA

APRESENTAÇÃO

1. A *Introdução ao Planeamento Fiscal* que aqui se apresenta constitui o resultado de vários anos de lecionação, reflexão, investigação e debate no âmbito do mestrado em Direito Tributário, da Escola de Direito da Universidade do Minho, precisamente na disciplina em que as temáticas em apreço são abordadas (Planeamento Fiscal). O objetivo primordial é cumprir um dos desígnios universitários que deveria ser tido por inarredável: materializar em forma escrita, e de modo profundo, o resultado da oralidade – metódica e preparada, naturalmente – professada ao longo de vários anos. Trata-se de um desígnio que, infelizmente, é cada vez mais descurado, preferindo a academia moderna valorizar a participação em "projetos" e "grupos de trabalho", a organização de eventos, a submissão de fichas de unidade curricular ou o preenchimento de relatórios de monitoramento de qualidade.

2. Surgindo na sequência de várias outras obras de nossa autoria que incidem sobre matérias relacionadas com dinheiros públicos, Constituição e Estado de Direito (como as *Lições de Procedimento e Processo Tributário*, a *Teoria Geral da Relação Jurídica Tributária*, o *Direito Financeiro Local*, ou o *Direito da Despesa Pública*), também a presente traz como denominadores comuns a vocação académica e a abordagem jurídica.

a. A *vocação académica* que aqui se propugna radica na necessidade permanentemente sentida de tudo se refletir e escrever com uma intencionalidade determinada: servir os estudantes, pensando sempre no imperativo da sua formação elevada, esta última assente em sólidos conhecimentos teóricos (sim, teóricos). Não pode deixar de se reconhecer que, em certo sentido, esse imperativo parece em contraciclo com as novas "estratégias de aprendizagem" que deslumbram alguma academia (?), quase exclusivamente preocupada em *internacionalizar-se* (entenda-se: captar financiamento por meio de estudantes "internacionais", aproveitando-se dos mesmos), em *acrescentar valor* (mercantil), em forçar a publicação em fontes indexadas (mercantis), em adquirir *vantagem competitiva* e posicionamento num dos vários *rankings* (mercantis), em estimular a *potencialidade criativa*, fornecer *soft skills*, ou glorificar o *networking*. Num tal ambiente, reconhece-se que o livro e a sua inerente profundidade teórica perdem claramente nos *rankings* para 5 artigos ou para 10 *workshops*. Ainda assim, para o aqui humilde autor, o desígnio é de manter, por se acreditar que os deslumbramentos passam.

b. A *abordagem jurídica* reconhece-se na linguagem, no objeto e nas estruturas metódicas, as quais se procuram integrar nos quadros e nos ditames da ciência do Direito. Estuda-se aqui o Direito positivo vigente – e não projetos, planos, relatórios, recomendações ou outros instrumentos de *soft law* mais ou menos mediáticos, politicamente condicionados e induzidos –, e de acordo com padrões de juridicidade, aferindo da sua conformidade com as opções fundamentais do ordenamento jurídico português. Esta é uma nota que importa vincar, principalmente tendo em vista que se está em presença de um conjunto de temas que facilmente resvalam para os domínios da prática fiscal, dando menos atenção às *normas jurídicas*, aos bens e aos valores jurídicos, e mais às minudências técnico-profissionais. Com a desvalorização do Direito e a sua substituição pela fiscalidade ou por outras áreas técnicas, existe o risco de se passar ao lado das intervenções legislativas – às quais o impulsivo criador normativo não resiste frequentemente a denominar como "reformas" – que corroem o Estado de Direito ou que limitam desproporcionalmente os direitos fundamentais. E isto é que constitui ou deveria constituir *a essencialidade* da formação dos estudantes, e não os requisitos do *dossier dos preços de transferência*, as percentagens de dedutibilidade de certos encargos, as majorações do sistema de incentivos fiscais ao desenvolvimento, as circunstâncias em que uma empresa associada tem conhecimento de uma assimetria híbrida, ou o modo como são tratados os ajustamentos em inventários nos casos de cisão de sociedades. Não se pretende aqui, bem longe disso, uma obra de técnica fiscal, como igualmente não se pretende um guia de habilidades de planeamento, mas antes uma exposição reflexiva sobre as noções, os problemas, as soluções e os limites jurídicos inerentes às temáticas relacionadas com os comportamentos de evitação fiscal, tudo ancorado num Estado de Direito responsável e garantidor das prerrogativas de atuação do fisco e das posições jurídicas subjetivas dos obrigados tributários.

3. Considerando as especificidades inerentes ao estudo jurídico e em bases científicas das práticas de evitação fiscal, as temáticas não poderiam deixar de ser abordadas numa perspetiva duplamente transversal: por um lado, apelando aos diferentes segmentos do Direito Fiscal e, por outro lado, reconhecendo a indispensabilidade dos restantes segmentos jurídicos. Na verdade, o bom planeamento não prescinde de um adequado substrato de Direito substantivo, pois revela-se indispensável a aquisição dos conhecimentos básicos relativos aos diferentes impostos, não se conseguindo perspetivar convenientemente uma operação de reestruturação empresarial atentando somente às consequências ao nível do IRC, negligenciando o IMT ou o Imposto do Selo, do mesmo modo que não se afigura viável fazer verdadeiro e completo planeamento em IRS sem se conhecer o regime do IVA. Por outro lado, é imperativo reconhecer-se que "quem só sabe Direito Fiscal, não sabe Direito Fiscal", pois a adequada compreensão de todo o planeamento não assenta apenas no Direito dos impostos, antes dependendo fortemente – e necessariamente – dos contributos oriundos do Direito Constitucional, do Direito da União Europeia, do Direito Internacional, do Direito Privado – aqui, fundamental – e até do Direito Penal. Consequentemente, toda a presente obra se encontra enformada por uma acentuada dimensão de transversalidade jurídica.

4. De um ponto de vista sistemático, o alinhamento aqui vertido pretende refletir uma lógica abstrato → concreto: após uma introdução na qual se tentam localizar as temáticas e os problemas, bem assim como

fixar os pressupostos terminológicos e metodológicos subjacentes a toda a abordagem, passa-se, na Parte I, ao conhecimento dos comportamentos de evitação fiscal (planeamento, evasão e fraude), fixando um adequado critério distintivo entre eles e procurando conhecer as principais incidências abstratas (noção, fundamentos, tipos, limites). Após isso, na Parte II, assumindo que alguns desses comportamentos devem merecer censura por parte do mundo do Direito – pois colocam em crise dimensões jurídico-valorativas essenciais e, consequentemente, são qualificados como ilícitos e ilegais –, estudam-se as reações que o ordenamento jurídico lhes consigna. Tais reações são analisadas quer na perspetiva internacional, quer na perspetiva interna, com especial enfoque na atitude do legislador (onde, sem prejuízo de outros meios ou instrumentos, ganha especial relevo a criação de normas antiabuso, de impostos de saída, ou de *black lists* de territórios não cooperantes). Naturalmente que não se esquece a administração tributária, nem as suas específicas prerrogativas de atuação, nomeadamente ao nível da interpretação e requalificação de atos, de instauração de procedimentos de inspeção tributária ou de aplicação de normas antiabuso. Finalmente, a Parte III, revestindo uma natureza um pouco mais empírica – mas sempre sem procurar perder o norte da abstração científica –, é dedicada ao conhecimento de alguns tipos paradigmáticos de comportamentos de evitação fiscal, alguns de juridicidade ou legalidade questionável, ou no mínimo discutíveis em função das circunstâncias de facto e de Direito envolventes (por exemplo, a deslocalização de atividades para zonas de baixa pressão fiscal, a fusão ou cisão de determinadas empresas, ou a prestação de garantias em processo judicial), mas outros perfeitamente enquadrados pela lei e absolutamente lícitos (como a opção entre regimes de tributação legalmente consagrados).

5. Por fim, uma nota de feição puramente pedagógica: a compreensão das realidades jurídicas não consegue fazer-se por meio da consulta de tópicos ou excertos dispersos, sem cuidar de apreender o adequado enquadramento das questões e as ligações de significado e explicação entre os diferentes assuntos. Neste sentido, justifica-se a frequência de referências interdiscursivas e remissões em rodapé para partes anteriores ou posteriores da obra, tendo por assumido que todas as matérias estão

relacionadas e devem ser interconectadas. Como se disse, não se está aqui perante um guia ou roteiro de esquemas de planeamento, sendo vontade autoral que a obra seja encarada como uma totalidade ordenada.

Braga, julho de 2023

NOTAS IMPORTANTES

1 – Referências bibliográficas
As referências bibliográficas apenas abrangem obras e textos que foram efetivamente utilizados e que influíram decisivamente na construção do pensamento do autor, e, tirando situações muito excecionais e perfeitamente justificadas, não são vertidas ao longo do discurso, mas apenas numa listagem final. O propósito é tornar o discurso escorreito e deixá-lo ser o que ele pretende ser: *Lições* (e não o mostruário de um pretensioso repositório de erudição).

2 – Jurisprudência
Os acórdãos referidos poderão ser consultados em *www.dgsi.pt* (acórdãos dos Tribunais da jurisdição administrativa e tributária); em *https://curia.europa.eu* (acórdãos do Tribunal de Justiça da União Europeia); ou em *www.tribunalconstitucional.pt* (acórdãos do Tribunal Constitucional), quando outra fonte não se encontrar indicada.

LISTA DAS PRINCIPAIS SIGLAS UTILIZADAS

ATA	Autoridade Tributária e Aduaneira
BEPS	Erosão de base de tributação e transferência de lucros (do inglês, *Base Erosion and Profit Shifting*)
CAAD	Centro de Arbitragem Administrativa
CC	Código Civil
CDT	Convenção para evitar a dupla tributação
CFC	Empresa estrangeira controlada (do inglês, *Controlled foreign companies*)
CIMI	Código do Imposto Municipal sobre Imóveis
CIMT	Código do Imposto Municipal sobre Transmissões Onerosas de Imóveis
CINM	Centro Internacional de Negócios da Madeira
CIRC	Código do Imposto sobre o Rendimento das Pessoas Coletivas
CIRS	Código do Imposto sobre o Rendimento das Pessoas Singulares
CIVA	Código do Imposto sobre o Valor Acrescentado
CNPD	Comissão Nacional de Proteção de Dados
CPC	Código de Processo Civil
CPPT	Código de Procedimento e de Processo Tributário
CRP	Constituição da República Portuguesa
CSC	Código das Sociedades Comerciais
EBF	Estatuto dos Benefícios Fiscais
FATCA	*Foreign Account Tax Compliance Act*
LGT	Lei Geral Tributária
IMI	Imposto Municipal sobre Imóveis
IMT	Imposto Municipal sobre Transmissões Onerosas de Imóveis
IRC	Imposto sobre o Rendimento das Pessoas Coletivas

IRS	Imposto sobre o Rendimento das Pessoas Singulares
IS	Imposto do Selo
IVA	Imposto sobre o Valor Acrescentado
NAAG	Norma antiabuso geral
NAAE	Norma antiabuso específica
OCDE	Organização para a Cooperação e Desenvolvimento Económico
RCPITA	Regime Complementar do Procedimento de Inspeção Tributária e Aduaneira
RETGS	Regime especial de tributação dos grupos de sociedades
RGIT	Regime Geral das Infrações Tributárias
STA	Supremo Tribunal Administrativo
TC	Tribunal Constitucional
TCA	Tribunal Central Administrativo (Norte e Sul)
TFUE	Tratado sobre o Funcionamento da União Europeia
TJUE	Tribunal de Justiça da União Europeia
UE	União Europeia
VPT	Valor patrimonial tributário
ZFM	Zona Franca da Madeira

Introdução

1. A reação (que não deveria ser) "natural" ao pagamento de impostos. Evitação fiscal e racionalidade

Contornar os deveres fiscais – sejam os que obrigam a pagamentos propriamente ditos (*e.g.*, impostos, juros, coimas), sejam os que se materializam nas inúmeras e complexas tarefas de natureza burocrática (manutenção de contabilidade, livros e registos, emissão de faturas e recibos, retenção na fonte, comunicação de atos, operações e pagamentos próprios e de terceiros, etc.) – pode, numa certa perspetiva, ser considerada uma atitude natural, reativa, humanamente compreensível. Na verdade, do mesmo modo que, para não se pagar, se *evitam* as estradas com radares de controlo de velocidade instalados, as zonas de parqueamento pago, os horários de tarifas mais elevadas de consumo de eletricidade, as alturas do ano de proibição de fogueiras e queimadas, ou as épocas especiais de exame em que é exigível um acréscimo ou uma sobretaxa, também se *evitam* impostos. Quanto a estes últimos, o ponto determinante reside, não na atitude em si, mas no modo como a mesma se efetiva; não na *evitação*, mas na maneira *como se evita*.

Poderá parecer singular começar umas lições jurídicas com afirmações como as acima expostas, mas não pode deixar de se considerar, sob pena de irrealismo, que os impostos são, numa certa perspetiva, um instrumento restritivo, de dominação e de opressão, e que a tendência do ser humano – seja *per se*, seja através de pessoas jurídicas – direciona-se sempre, numa lógica de racionalidade, ao menor sacrifício.

Em termos amplos, a evitação fiscal abrange qualquer comportamento voluntário que afaste, minimize ou retarde o cumprimento dos deveres relacionados com impostos e, neste sentido (muito amplo e impreciso), tanto serão de evitação os comportamentos de *(i)* reinvestir uma mais-valia para beneficiar de uma isenção de IRS; como *(ii)* a criação de uma "empresa de fachada" para nela canalizar certos rendimentos que seriam devidos a determinado trabalhador, pessoa singular, a título de salários; *(iii)* adquirir equipamentos movidos a *energias verdes* para aproveitar uma dedução majorada em IRS ou IRC; *(iv)* a opção por um regime simplificado de tributação; *(v)* a deslocalização do domicílio pessoal ou da sede de uma empresa para uma zona de tributação reduzida; *(vi)* a fusão com uma sociedade que regista prejuízos fiscais, no sentido de "incorporar" estes últimos; ou ainda *(vii)* a simulação de operações de modo a obter reembolsos que de outro modo não seriam devidos. Em todos estes casos – e largas dezenas de exemplos se poderiam acrescentar – se evitam, neste sentido amplo, os impostos.

Como se compreende, os comportamentos referidos não podem ser valorados todos do mesmo modo, pois nem todos transportam a mesma carga de reprovação, e em alguns casos, aliás, nem sequer de reprovação se pode falar. Como se terá ocasião de referir de modo mais direcionado, em certos casos a minimização dos encargos fiscais até se pode apresentar como um dever legal a ser prosseguido por determinados profissionais, colocando-se o problema da censura precisamente na situação oposta, isto é, quando o profissional não procura essa minimização.

Mas sobre os contornos jurídicos e as valorações dos comportamentos dedicar-se-á adiante mais esclarecida reflexão. Por agora, importa colocar em evidência a questão de saber porque é que as pessoas fogem aos impostos ou contornam os respetivos deveres. Importa refletir, enfim, sobre a determinação causal da evitação fiscal e, aqui, deve começar por se perceber que antes de ser captada como uma realidade jurídica, a evitação fiscal deve ser tematizada ao nível das determinações psíquicas da vontade humana, assumindo a ideia de que se trata, em primeira linha, de uma questão que se situa no domínio da razão prática.

Na verdade, *evitar* consiste num comportamento que pressupõe *necessariamente* uma deliberação com esse propósito, pois ninguém se subtrai voluntariamente aos deveres relacionados com impostos por esquecimento ou por simples acaso. Fá-lo porque incorpora um conjunto de perceções da realidade que determinam que as suas escolhas se orientem nesse sentido. Essas perceções podem ser certas ou erradas, justas ou injustas, puramente individuais ou partilhadas coletivamente, mas em qualquer dos casos são determinantes das opções de vontade dos contribuintes, reais ou potenciais, fomentando uma desconfiança nas instituições e nos seus titulares, bem assim como um sentimento de repulsa ao imposto, o qual é frequentemente visto, ainda que inconscientemente, como uma limitação da liberdade, um instrumento de domínio e um meio de satisfação de clientelas burocráticas e interesses eticamente duvidosos.

De entre tais perceções, e em primeiro lugar, não pode deixar de ser enfatizado o sentimento, individual ou generalizado, de injustiça e iniquidade na repartição dos encargos fiscais. Na realidade, na maior parte dos ordenamentos jurídicos, os contribuintes sentem que aquilo que pagam é desigual relativamente a outros sujeitos que se encontram na mesma posição. Nestas condições, o sistema, assentando em impostos que se demonstram injustos – deixando de lado as grandes fortunas, os conglomerados empresariais, e os sujeitos poderosos –, potencia o desejo de evasão, levando as pessoas a autojustificar-se e a legitimar o não pagamento.

Mas não apenas. É também relativamente frequente e disseminada uma perceção de improficuidade dos impostos e de desadequação na obtenção dos benefícios sociais decorrentes dos mesmos. Significa isto que os contribuintes sentem em geral que, mesmo pagando o legalmente devido, não recebem dos entes públicos o retorno adequado [1], não lhes sendo provido um grau de satisfação das suas necessidades coletivas (segurança, saúde, educação, proteção social, proteção ambiental, etc.) proporcional àquilo que despendem. Tal sucederá quer por motivos de ineficiência (inabilidade, incompetência) das políticas públicas, quer por razões de utilização desviante e patológica dos dinheiros públicos, potenciando inúmeros casos de má despesa pública, com gastos mal concebidos, desnecessários e mesmo práticas corruptivas.

[1] Importa colocar em relevo que o retorno que se refere tem natureza difusa e respeita ao grau de satisfação global (comunitária) das necessidades sentidas pela grande maioria dos componentes do agregado social. Naturalmente que não se justifica aqui convocar um sentido de bilateralidade imediata, equivalente a reciprocidade e a sinalagmaticidade, mais próprio de outro tipo de tributos (as taxas).

Ora, da aceitação vulgarizada das ideias de injustiça e de inutilidade – às quais ainda se poderiam sobrepor fatores como a demagogia dos atores políticos, a complexidade do sistema, a dificuldade de compreensão dos deveres, a burocracia, os elevados custos que o cumprimento exige, a sensação de impunidade, ou a instabilidade legislativa – advirá a interiorização de que será *natural* a subtração aos deveres fiscais, levando as pessoas a perguntar-se: pagar para quê? Claro que um quadro generalizado de permissividade à fuga fiscal – quando não de aceitação deliberada ou até de louvor – estimula o comportamento individual no mesmo sentido, diferentemente do que se passaria se o sentimento coletivo fosse o oposto, onde a censura de tais comportamentos fosse patente.

Naturalmente que, não obstante imediatamente entendível (no sentido de explicável e facilmente assimilado pela mente humana), não se pode conceber tal quadro como aceitável, pois as atitudes e os comportamentos não se podem guiar apenas pelo que é intuitivamente captado pelo intelecto, tornando-se essencial direcionar o entendimento para níveis mais substanciais de racionalidade. A adequada perceção das temáticas aqui em reflexão depende da aproximação a esses níveis.

Não se pode negar que os impostos são um elemento essencialíssimo para a existência de uma vida humana digna [2], a qual não se concebe fora dos quadros de um Estado de Direito democrático e social, não se reconhecendo nenhum outro modelo de existência que assegure, a um nível coletivo e universalizado, uma tão elevada e disseminada carga de dignidade humana a todos os elementos do agregado social. São, de facto, os impostos o elemento crucial para financiar as necessidades de um tão complexo aparato, a três diferentes níveis:

i) Preservação do edifício político-organizatório do Estado de Direito, assegurando instituições perenes, sólidas e confiáveis nas

[2] Naturalmente que não se ignora que historicamente podem ser apontados supostos exemplos de modelos político-organizatórios que não assentam a sua estrutura financeira nos impostos, mas antes em receitas de natureza patrimonial, designadamente provenientes dos recursos naturais. Porém, crê-se que tais Estados patrimoniais não proveem uma satisfação das necessidades coletivas em termos de se poder afirmar que se adequam às exigências da dignidade da vida humana.

quais as pessoas se revejam e com as quais sintam que podem contar (como parlamentos, entidades e órgãos políticos e administrativos, tribunais, polícias, entes locais, etc.);

ii) Manutenção de esquemas de participação democrática confiáveis, que permitam assegurar que a vontade do *corpo social* é considerada, por meio de atos eleitorais universais, livres e periódicos, adequadamente fiscalizados, bem assim como de campanhas esclarecedoras;

iii) Provisão de prestações sociais e de mecanismos de assistência em situações de carência ou desemparo (saúde, educação, desemprego, habitação, etc.).

O que se pretende dizer, em termos mais simples, é que sem os impostos não existem, em termos universais, tribunais, autarquias, polícias, ajudas a associações, preservação ambiental, consultas e tratamentos médicos, atos eleitorais confiáveis, aulas e exames escolares, limpeza das ruas, recolha e tratamento de animais, refeições a desabrigados, etc.; no limite, não existe sequer mercado livre ou propriedade privada, pois não haverá meios jurídicos adequados para os preservar e garantir (sem recorrer à *lei do mais forte*). São eles que asseguram o financiamento do modelo organizatório comunitário que consegue prover um nível de realização pessoal mais completo e elevado, considerando que todos os outros não atingem, nem de perto, um tão alto patamar de satisfação, seja porque são excludentes (admitindo os afortunados e marginalizando os desfavorecidos) seja porque são insensíveis (não atendendo às carências sentidas).

Por aqui, facilmente se percebe que a evitação fiscal, podendo refletir o exercício de um instinto de defesa perante a opressão e a ingerência na esfera individual, pode igualmente ter os efeitos perversos da erosão das bases tributárias e da quebra das receitas, conduzindo à descapitalização das políticas públicas. Consequentemente, não mais poderá ser perspetivada como um comportamento *natural*, mas antes como uma atitude demonstrativa de uma certa insensibilidade e irresponsabilidade social, revelando que certas pessoas expressam preocupação com a sua esfera de vida individual e próxima, mas abstraem-se do corpo social que as envolve (e, até, do qual frequentemente necessitam).

Ora, é precisamente neste nódulo que reside toda a problemática da fundamentação das práticas de evitação: saber como compatibilizar *(i)* a dita tendência natural e legítima para ver a sua esfera protegida e resguardada contra os fatores de intrusão com *(ii)* a sustentabilidade de um modelo de existência coletiva adequado.

Naturalmente que, falando-se aqui de *estados de alma*, não será este um problema materialmente jurídico. Em todo o caso, a sua tematização no presente contexto não se afigura despicienda, muito menos inútil, na medida em que se reconhece que a adequada compreensão de uma dada realidade pressupõe a captação do substrato sobre o qual a mesma assenta.

Enfim, nesta abordagem introdutória – ainda sem significativo revestimento jurídico, reconhece-se – o que importa salientar é que toda a problematização da evitação fiscal deve ser ponderada e metodicamente refletida, devendo toda a solução ser encontrada na linha de equilíbrio entre duas ideias fundamentais, nenhuma delas negligenciável: *(i)* os impostos são um instrumento essencial da civilização e *(ii)* existe uma tendência inata dos sujeitos no sentido de economia fiscal. Assim, compreende-se que as atuações fiscalmente menos onerosas não são necessariamente ilícitas e que o contribuinte que evita os impostos não é necessariamente um transgressor, um malfeitor, muito menos, um criminoso. Embora o possa ser.

2. As dificuldades de enfrentamento jurídico dos fenómenos de evitação fiscal

Das linhas precedentes já se anteveem os riscos de tematizar a evitação fiscal de um modo redutor e simplista, assumindo que em muitas situações apenas uma adequada ponderação dos atos e intenções permitirá captar a essência do agir, no sentido de percecionar uma conclusão válida em termos de aceitação ou não do mesmo. Porém, os obstáculos colocados ao enfrentamento destas temáticas não se circunscrevem ao domínio das valorações comportamentais, antes se projetam também em dificuldades derivadas ou potenciadas diretamente no e pelo mundo do Direito. Nos desenvolvimentos que se seguem, atentar-se-á em três delas, a saber: *(i)* o (aqui denominado) défice de juridicidade; *(ii)* a eficiente técnica legislativa; e *(iii)* as ambiguidades terminológicas.

Estas dificuldades, como facilmente se constatará, estão interligadas entre si, sendo que a ordenação apresentada é meramente casual e o objetivo é apenas sinalizar e demonstrar a respetiva importância.

2.1. Défice de juridicidade

A primeira dificuldade que importa sinalizar diz respeito ao modo como as temáticas relacionadas com a evitação fiscal são enfrentadas.

É (ainda) relativamente frequente perspetivar os comportamentos de planificação de impostos como se de pura técnica fiscal e contábil se tratasse, procurando apenas averiguar se são conseguidas poupanças económicas significativas e de que modo as mesmas podem ser acomodadas do ponto de vista do registo contabilístico, descurando a questão de saber se tais comportamentos podem, e em que termos, ser efetuados dentro dos contornos e das exigências da lei. Em termos retilíneos: encaram-se estas questões como de *fiscalidade* e não tanto como de *Direito Fiscal*. Assim se passam as coisas, por exemplo, com as operações de reestruturação empresarial (cisões ou fusões de sociedades), com os contratos que geram pagamento de juros e endividamento, com a criação de certas entidades para o exercício de determinadas atividades profissionais, ou com a deslocalização de domicílio ou de atividades para zonas de baixa pressão fiscal, casos em que seria determinante saber se tais atuações não são meramente artificiais – levadas a efeito com o estrito propósito de "fugir ao fisco" –, se são efetuadas por razões substanciais válidas e, nessa conformidade, se são jurídico-fiscalmente admissíveis. Todavia, não raramente, o que se passa é que as partes procuram antes e apenas saber qual o montante de ganho (redução, poupança, aforro) eventualmente obtido.

Naturalmente que se compreende que, económico-racionalmente, o móbil da redução financeira seja assaz importante, até porque o mesmo enforma os deveres profissionais de muitos sujeitos, vinculados que estão à busca da solução economicamente mais vantajosa (gestores, administradores, consultores, advogados, etc.). Igualmente se percebe que as obrigações legais são intrincadas, burocráticas e mesmo exasperantes, e que os juristas são frequentemente vistos como problematizadores. Sucede, porém, que as atuações são, e devem ser, sempre legalmente enquadradas e balizadas, de modo que se torna imprescindível apurar se, não obstante a vantagem reditícia, a atuação em causa não se afigura ilegal, porque desconforme com o padrão de juridicidade/ normatividade (normas constitucionais, internacionais, europeias, legais e regulamentares).

Por aqui se vê que o Direito não pode ser deixado à margem destes problemas, até porque, em última instância, os mesmos acabam por desaguar nos tribunais, os quais estão subordinados apenas à lei (e não a critérios ou orientações gestionárias sem carácter normativo-vinculativo). São, na verdade, os órgãos jurisdicionais quem, quando as coisas correm mal, vão apreciar a correção jurídica dos atos lesivos praticados pela administração e que têm os contribuintes como destinatários, como as correções aos rendimentos declarados, a utilização de métodos indiretos, a invocação de normas antiabuso, as liquidações adicionais, a revogação de benefícios fiscais, a aplicação de coimas, etc., atos estes que resultam amiúde de atitudes de "planeamento" impensadas.

A evitação e o planeamento fiscais são domínios, num certo sentido, tradicionalmente pouco juridificados, importando "trazer" os mesmos para o âmbito do Direito, seja para que se possa introduzir na consciência individual e coletiva a ideia de imprescindibilidade de contribuição para os encargos públicos, seja para que os obrigados tributários tenham a noção de que podem perfeitamente planear dentro da lei e obter poupanças significativas sem estarem sujeitos a consequências gravosas ou a sanções.

Enfim, reconhecendo-se que a fiscalidade e a técnica fiscal são importantes, o Direito e a ciência jurídica também o são, e a negligência destes conduz a um número elevadíssimo de conflitos, os quais acabam, em última instância, por ser resolvidos precisamente por atores jurídicos (administração tributária, tribunais), utilizando procedimentos e processos jurídicos (reclamações, recursos, revisões, oposições, impugnações, etc.), e de acordo com critérios jurídicos (competência, forma, tramitação, conteúdo).

Impõe-se, por isso, um realinhamento da direção do enfoque de análise e um recentramento da abordagem.

2.2. Deficiente técnica legislativa

Em segundo lugar, também o labor do próprio criador normativo (normador, legislador) constitui obstáculo à adequada compreensão jurídica dos comportamentos de evitação fiscal. A técnica legislativa é complexa e por vezes frágil e imperfeita, seja do ponto de vista linguístico-gramatical, utilizando-se redações longas, enunciados enredados e definições circulares ou remissivas (contendo na definição precisamente o termo que se pretende definir), seja do ponto de vista linguístico-jurídico *stricto sensu*, utilizando-se uma linguagem juridicamente inapropriada e incorreta, frequentemente resultado de precipitadas traduções. Importa ter sempre presente que os diplomas normativos fiscais – na verdade, todos os diplomas, mas aqui centra-se a atenção apenas nestes – deveriam ser objeto de maior cuidado na sua elaboração, considerando que materializam restrições de posições jurídicas subjetivas e revestem natureza intrusiva na esfera jurídica dos respetivos destinatários, que são os sujeitos passivos de imposto ou contribuintes, e outros obrigados tributários, como familiares ou terceiros que com os mesmos têm relações especiais (sócios, gerentes, administradores, cônjuges, profissionais técnicos, etc.). Aliás, crê-se que a aplicação nestas matérias de um exigente crivo de juridicidade – por exemplo, por parte do Tribunal Constitucional, à semelhança do que se passa em outros domínios temáticos[3] – dificilmente deixaria incólumes tais arranjos legislativos.

Atentemos em alguns exemplos de normas que expressarão bem esta falta de perfetibilidade de quem tem a tarefa de criar diplomas normativos:

- O n.º 2 do art. 38.º da LGT prevê a denominada *norma antiabuso geral* (NAAG), a qual visa combater, nos termos que melhor se verá, os comportamentos dos obrigados tributários naquelas situações em que, aproveitando-se das prerrogativas inerentes à sua autonomia de vontade, estes se valem abusivamente de formas jurídicas previstas no Direito Civil (*e.g.*, atos e contratos), moldando-as aos seus intentos (estendendo-as, distorcendo-as) unicamente com o objetivo de obter vantagens fiscais que de outro modo não obteriam. Porém, o modo como essa norma está redigida é extremamente confuso e enleado, devolvendo inúmeros problemas aplicativos para a administração tributária e para os tribunais:

[3] V., por exemplo (e pertinentemente, embora a respeito de um tema completamente distinto, a eutanásia), o acórdão do TC n.º 5/2023.

> "As construções ou séries de construções que, tendo sido realizadas com a finalidade principal ou uma das finalidades principais de obter uma vantagem fiscal que frustre o objeto ou a finalidade do direito fiscal aplicável, sejam realizadas com abuso das formas jurídicas ou não sejam consideradas genuínas, tendo em conta todos os factos e circunstâncias relevantes, são desconsideradas para efeitos tributários, efetuando-se a tributação de acordo com as normas aplicáveis aos negócios ou atos que correspondam à substância ou realidade económica e não se produzindo as vantagens fiscais pretendidas".

Trata-se de uma redação que se serve de expressões enigmáticas ("objeto ou a finalidade do direito fiscal aplicável"), redundâncias ("abuso das formas jurídicas ou não sejam consideradas genuínas"), e excesso de fórmulas vagas e carentes de preenchimento ("todos os factos e circunstâncias relevantes");

- O art. 67.º do CIRC materializa uma norma antiabuso específica, determinando limites à dedutibilidade dos gastos de financiamento por parte dos sujeitos passivos de IRC, procurando obstar a que estes celebrem contratos e esquemas de financiamento (*e.g.*, mútuos, empréstimos) cujo único propósito é criar artificialmente encargos fiscalmente dedutíveis, como juros. Sucede que o regime legal emergente do referido preceito é extremamente confuso e oscilante, pois começa por se considerar um regime que parte da limitação à dedutibilidade dos referidos gastos (n.º 1), para de seguida se introduzir alguma flexibilidade no mesmo, permitindo a dedução (n.ºs 2 e 3), para, logo após, afastar tal flexibilidade em casos considerados abusivos (n.º 8, primeira parte) e, por fim, retornar à solução da flexibilidade em casos menos suscetíveis de suspeita (n.º 8, segunda parte). Ou seja, começa por limitar certa realidade, permitindo-a depois, voltando à limitação, e acabando novamente numa permissão;
- Ainda no art. 67.º do CIRC, o respetivo n.º 12, pretendendo apresentar o conceito de "gastos de financiamento", em ordem à sua limitação para efeitos de determinação do lucro tributável dos sujeitos passivos, apresenta uma definição que, no afã de tudo incluir e especificar, sucessivamente se vai desdobrando em diferentes patamares de abrangência. Começando por considerar gastos de financiamen-

tos os juros de descobertos bancários e de empréstimos obtidos a curto e longo prazos (qual a relevância desta especificação?), bem assim como "quaisquer importâncias devidas ou imputadas à remuneração de capitais alheios" (onde os juros já se incluem), avança no "abranger" certas realidades que, por sua vez, "incluem" outras, as quais, por seu turno, "abrangem" outras ainda.

Enfim, em múltiplas situações atinentes às matérias de evitação e planeamento fiscais, em lugar de regimes simples e escorreitos, que permitam identificar claramente e em termos evidentes os limites das condutas e as zonas de permissão e de abuso, desenham-se regimes complexos, compostos por regras de difícil compreensão, densificadas em exceções, especificidades, derrogações, remissões, sub-regimes alternativos, etc. Percebe-se que a realidade empírica é assaz complexa e requer, cada vez mais, soluções legais pormenorizadas e densas; do mesmo modo se entende que a sofisticação das formas de evasão e fraude fiscais e a argúcia dos obrigados tributários empurra o legislador no sentido da complexificação; e igualmente se compreende que muitas dessas soluções resultam da transposição de diretivas da União Europeia, as quais são, em si, complicadas e enredadas. Em todo o caso, não pode deixar de se concordar que o resultado é dificilmente percetível para um normal destinatário de normas jurídicas, o que, além de suscitar reservas de constitucionalidade em face dos princípios da segurança jurídica e da proteção da confiança legítima, inculca ainda um *sentimento de aversão* pelas matérias respetivas, desde logo por todos aqueles que dela pretendem aproximar-se (a começar pelos estudantes).

2.3. Ambiguidades terminológicas

Em terceiro lugar, cabe advertir para uma das maiores dificuldades sentidas aquando do enfrentamento inicial das matérias aqui em consideração: a ambiguidade e a vaguidade terminológicas, inculcando como referente discursivo uma linguagem descuidada e cientificamente imprecisa. Trata-se de um problema que não deve ser menosprezado, pois a incerteza e a insegurança potenciadas por um tal uso retiram às normas jurídicas as imprescindíveis *diretividade* (capacidade de persuadir e de influenciar comportamentos) e *especificidade* (indicação clara, explícita e segura dos deveres a cumprir), aumentando sobremaneira a probabilidade de surgimento de conflitos.

São inúmeros os exemplos que aqui se podem mencionar, desde logo ao nível da própria qualificação dos comportamentos, os quais são indicados ou apontados com recurso a termos muito diversos, como evitação, planeamento, otimização, habilidade, engenharia, evasão, elisão, planeamento abusivo, abuso, planeamento agressivo, fraude, economia de imposto, etc., ao que acresce, em qualquer dos casos, a usual adjetivação como "fiscal" ou "tributário" de modo indiferenciado. Neste particular, sem dificuldade se percebe que as qualificações não são fungíveis, pois a valoração do agir pelo ordenamento jurídico e a censurabilidade que sobre o mesmo recai (quando é caso disso) é distinta, sendo premente evitar a sua utilização indiscriminada.

Relevam ainda inúmeras imprecisões técnico-jurídicas, quer ao nível da redação legislativa, quer ao nível do discurso geral, imprecisões estas que, não sendo particularmente graves, acabam por contribuir para a névoa de incerteza que é apontada a estas matérias. Assim se passa, entre variadíssimos outros exemplos, com a omnipresente alusão a "jurisdição" (em detrimento de "ordenamento" ou "sistema" fiscal, provavelmente em consequência de uma apressada tradução do termo em língua inglesa); com a referência genérica e imprecisa a "paraísos fiscais", significando as localizações fiscalmente vantajosas; com a menção indiscriminada a "contribuinte", "sujeito", "sujeito passivo", etc.; com utilização de termos vagos e desenquadrados como "esquema", "construção", "artifício", "mecanismo", "dispositivo"; ou com a adjetivação como "princípio" de normas que verdadeiramente o não podem ser.

Tudo isto, sobrepondo-se ao défice de juridicidade e à normação por vezes descuidada, contribui para a insegurança aplicativa, para o incremento da conflituosidade e para o já referido *sentimento de aversão* por estas matérias.

* * *

Pelos motivos apontados, e atendendo à natureza pedagógica da presente abordagem, torna-se imperioso fixar alguns esteios terminológicos e metodológicos que servirão de arrimo a todas as considerações que se seguem.

A tal tarefa se dedicará o apartado sistemático seguinte.

3. Pressupostos de uma adequada abordagem jurídico-normativa

No seguimento das razões acabadas de apontar, impõe-se estabelecer os padrões da análise que, assim se espera, permitirão uma melhor aproximação às temáticas e uma mais cabal assimilação dos seus contornos jurídicos basilares, contribuindo deste modo para uma sua melhor compreensão. Tais padrões materializam-se em duas espécies de pressupostos: *(i)* relativos à linguagem e *(ii)* relativos ao método.

3.1. Pressupostos terminológicos

Como se referiu, são consideráveis os equívocos linguísticos que dificultam o enfrentamento inicial das matérias aqui em consideração e, por tal motivo, importa fixar um sólido arsenal de conceitos, assentes na clareza e no rigor científico, que permita avançar e compreender as realidades sem estorvos significativos. Naturalmente que os conceitos aqui propostos serão, em grande medida, convencionais e adaptados aos propósitos pedagógicos que se prosseguem, não tendo natureza essencialista nem a pretensão – difícil de atingir, reconheça-se – de fixar uma realidade absoluta.

As linhas conceituais que se entendem relevantes neste momento são apresentadas de seguida.

a) "Evitação": planeamento, evasão e fraude

A evitação será entendida como todo o comportamento juridicamente relevante por meio do qual se intenta precisamente *evitar* os deveres decorrentes das normas de imposto, afastando-os, reduzindo-os ou diferindo-os. Em termos simples, poderá materializar-se em três distintos modos de agir: planeamento, evasão e fraude. Estes últimos, de um ponto de vista jurídico, serão distinguidos atendendo a um critério de valoração comportamental objetiva (ilicitude): o planeamento consubstancia sempre um comportamento conforme ao Direito, logo lícito e válido – não sendo muito adequada, como melhor se procurará demonstrar[4], a referência a planeamento fiscal *agressivo* ou *abusivo* –, enquanto a

[4] Cf. *infra*, Parte I, apartado 3.3. (Evasão, "planeamento abusivo" e "planeamento agressivo").

evasão e a fraude materializarão, em graus de reprovação e censurabilidade distintos, comportamentos desconformes e, nesta medida, merecedores de reação adversa e de restrição (por exemplo, através de normas antiabuso ou da criminalização de certas condutas, etc.).

		Conformidade ao Direito
EVITAÇÃO FISCAL	Planeamento	SIM
	Evasão	NÃO
	Fraude	NÃO

Por agora, será suficiente esta aproximação, pois a esta temática dedicar-se-ão em breve novas reflexões, pelo que para aí se remete.

b) "Fiscal" e "tributário"

É consabida a distinção entre o Direito Fiscal e o Direito Tributário, percecionando-se o primeiro como o agregado normativo que tem por objeto as prestações coativas públicas qualificadas como impostos, e o segundo, mais amplo, como aqueloutro que tem por objeto todos os tributos, abrangendo igualmente as taxas e as contribuições. Assumida esta distinção e atendendo à pureza dos conceitos, facilmente se compreende que a evitação fiscal (assim como o planeamento, a evasão e a fraude) terá por referência um conjunto dos comportamentos respeitantes apenas aos impostos, deixando de lado os restantes tributos. E será esta a orientação seguida na presente abordagem, sem prejuízo de se conceber que grande parte das considerações se podem aplicar a estes últimos.

c) "Ordenamento" e "sistema" fiscal

Como se disse, provavelmente em consequência de aligeirada tradução, encontra-se disseminado e presente em inúmeros instrumentos internacionais e diplomas legislativos internos – como o CIRC – o termo "jurisdição" para significar determinada localização geográfica, como um país, um território ou uma região (*e.g.*, "país ou jurisdição fiscal", "jurisdição da sede", "jurisdição de residência", "jurisdição do beneficiário"). Ora, nos quadros do Direito e da ciência jurídica, tal terminologia será de evitar, pois o termo em referência encontra uma conotação própria, relacionada com o específico acervo de poderes que determinada entidade (*e.g.*, um tribunal) pode titular (designadamente a nível jurisdicional), sendo, por esta razão e em sua substituição, preferíveis os vocábulos "ordenamento" ou "sistema" enquanto referentes aos agregados normativos de determinada *geografia*.

d) "Ato", "negócio", "contrato" ou "construção"

Atendendo à multiplicidade de situações da vida com relevância em matéria de evitação fiscal – umas instantâneas, outras duradouras; umas simples, outras complexas; umas básicas, outras sofisticadas –, a prática jurídica demonstra uma dificuldade grande em encontrar termos que abarquem com rigor essa vastidão. De um diploma para outro os termos mudam, utilizando-se "situação", "atuação", "ato", "negócio", "contrato", "operação", "esquema", "construção", "artifício", "mecanismo", "dispositivo", entre vários outros [5].

Como modo de dotar a abordagem de alguma abrangência e coerência de sentido, propõe-se a seguinte arrumação:

- *Ato*, quando se estiver em presença de atos jurídicos sem específica qualificação relevante;
- *Negócio* ou *contrato*, nas situações em que o comportamento em causa se materializa na realização de uma dessas formas jurídicas;
- *Construção*, quando se estiver face a complexos de atos, de negócios ou de contratos, tendo em vista um fim de evitação fiscal.

e) "Zonas de baixa pressão fiscal" (países, territórios ou regiões sujeitos a regime fiscal favorável)

Por fim, considerando que a expressão "paraíso fiscal" é incontornável e inevitável, tal a sua disseminação, a mesma continuará a utilizar-se, embora se advirta que, em rigor, será preferível a designação genérica de "zona de baixa pressão fiscal" ou – na terminologia utilizada pelo legis-

[5] V., por exemplo, e numa primeira aproximação, a Lei n.º 26/2020, de 21 de julho, que estabelece a obrigação de comunicação à Autoridade Tributária e Aduaneira de determinados mecanismos internos ou transfronteiriços com relevância fiscal.

lador – países, territórios ou regiões sujeitos a regime fiscal (claramente mais) favorável.

3.2. Pressupostos metodológicos (positivismo e normativismo)

Não se consegue enfrentar convincentemente uma dada realidade problemática, retirando da mesma enunciados de sentido, se não se utilizar um *método*. A *brainstorming* e a reflexão impulsiva poderão ser proveitosas ao nível da discussão, da persuasão e do convencimento, mas não ao nível da compreensão integral. Naturalmente que o estudo dos comportamentos de evitação fiscal – no sentido acabado de precisar – não escapa a estes ditames.

A presente abordagem será efetuada com base na distinção claríssima entre o Direito *que é* e o Direito *que deveria ser* ou *que se gostaria que fosse*. É este o sentido do *positivismo* aqui propugnado. Importa lembrar que a *questão* do positivismo ganha particular relevo a partir do momento em que se indaga se o Direito tem *necessariamente* propriedades ou características valiosas, em termos de se afirmar como autêntica norma jurídica apenas aquela que contém em si uma pretensão de correção material e está de acordo com os valores fundamentais de uma comunidade (*v.g.*, igualdade, liberdade, democracia, paz, justiça). Neste sentido, apenas seria jurídica a norma boa ou bondosa, afastando desta qualificação as que não se revejam num tal padrão valorativo. Não se crê, porém, que assim seja. Para um pensamento positivista, o Direito e a axiologia, a moral ou a ética não se confundem, sem prejuízo dos espaços de interpenetração recíproca que evidentemente não podem deixar de existir. Claro que todas as normas jurídicas deveriam ter uma convicção de bondade e de correção material, devendo afirmar-se todas como o reflexo das pautas axiológicas mais sublimes da natureza humana – em matéria de tributação, deveriam ser todas *justas* –, mas é sabido que nem sempre tal acontece, pois existem normas que contornam essas pautas ou que deliberadamente as afrontam, e que não deixam de ser normas por tal motivo. Basta pensar que uma norma ilegal ou inconstitucional continua a ser aplicada – e, em alguns casos, a *dever ser* aplicada, atenta a impossibilidade de os órgãos administrativos se recusarem a aplicar normas com fundamento na sua desconformidade com o padrão de juridicidade – e apenas deixará de o ser quando os caminhos jurídicos próprios assim o determinam, isto é, quando o próprio criador normativo a revoga ou um tribunal competente a declara inválida e a expulsa do ordenamento (por vezes, pura e simplesmente, deixa de ser aplicada e cai em *desuso*). A evitação fiscal também deve ser captada nesta perspetiva: uma coisa é aquilo que o Direito prevê, por exemplo, como sujeito a tributação; outra coisa, bem diversa, é aquilo que os atores jurídicos (designadamente a administração ou os contribuintes) gostariam que o Direito previsse.

Justificado que está o positivismo e a *Trennungsthese* entre Direito e Moral, importa fixar um segundo esteio metodológico, este relativo ao objeto de estudo: as normas jurídicas. O Direito apenas deve ter por referência padrões de comportamento emanados pelos órgãos com competência para a sua criação, de acordo com as formas prescritas pelo ordenamento e com natureza vinculativa, que se materializem em verdadeiros deveres. Efetivamente, a natureza deôntica é, assim, indissociável do Direito e da ciência jurídica (segmento do Saber que sobre aquele se debruça), não se concebendo normas jurídicas a que se não associem consequências gravosas em caso de incumprimento. Nesta medida – e este é um aspeto relevantíssimo no presente contexto –, instrumentos como relatórios, recomendações, propostas, projetos ou pareceres emanados pelos órgãos próprios das organizações internacionais de que Portugal faz parte (com especial destaque para a OCDE e para a União Europeia) não são normas jurídicas nem se podem qualificar como Direito, mas constituem mera *soft law* ("Direito dúctil"), importante em termos persuasivos e de convencimento, mas não em termos de serem aplicados pelos operadores jurídicos (administração, tribunais, particulares em geral). *Direito*, para os presentes efeitos, serão as normas constitucionais, as normas constantes de convenções internacionais, as diretivas e os regulamentos da União Europeia, os atos legislativos e os regulamentos internos.

Por conseguinte, constituindo o positivismo e o normativismo as pedras angulares sobre as quais assentará todo o edifício de compreensão que se empreenderá de seguida, percebe-se sem dificuldade que o recorte dos comportamentos de evitação fiscal e a fixação do regime e das consequências associados aos mesmos serão feitos com base em critérios eminentemente jurídicos. Por conseguinte, as dimensões políticas, sociológicas, económicas ou históricas dos fenómenos de evitação fiscal não serão abordadas, sem prejuízo, naturalmente, de pontuais referências que se afigurem pertinentes. Neste sentido, temas como, por exemplo, a pressão (*lobby*) no sentido da criação de certos benefícios fiscais ou, em sentido contrário, da implementação de certas medidas antiabuso; as greves ou manifestações enquanto modos de reação aos impostos; a evolução ou narrativa histórica dos comportamentos evasivos; ou os efeitos económicos das práticas de evasão e fraude, não constituirão o cerne das preocupações. Não porque sejam temas desimportantes, mas tão-somente porque quedam-se fora dos quadros jurídico-normativos estritos.

Ainda antes de proceder a maiores avanços, sinalizam-se outros pressupostos metodológicos, estes de natureza mais particularizada:

- A respeito de cada realidade, figura ou instrumento crucial (*e.g.*, planeamento, evasão, fraude) ensaiar-se-á uma aproximação analítica, decompondo os conceitos jurídicos nos seus elementos fundamentais, expurgando-os de componentes de vaguidade e procurando fixar um sentido unívoco;
- Em termos de objeto normativo, este será um trabalho focado no Direito interno português (normas constitucionais, legais e regulamentares, quando pertinente), sem, todavia, perder de vista o Direito da União Europeia e o Direito Internacional, de resto, bastante convocados, como se verá;
- O estudo focar-se-á essencialmente no Direito Fiscal, enquanto conjunto de normas que têm como objeto central a figura do imposto, embora grande parte das considerações se possa aplicar ao Direito Tributário globalmente considerado (abrangendo, portanto, as taxas e as contribuições).

Em todo o caso, não é um trabalho *apenas* de Direito Fiscal, pois toda a análise, do princípio ao fim, exigirá sempre o chamamento dos outros segmentos jurídicos, nomeadamente o Direito Constitucional, o Direito Privado, o Direito Administrativo, o Direito da União Europeia, o Direito Internacional e o Direito Criminal. Como bem se reparará, ninguém será bom "fiscalista" apenas conhecendo impostos, e sem ser, no mínimo, um razoável conhecedor das outras searas jurídicas.

4. A dialética da evitação fiscal (processo de ação-reação). Sequência

Já se depreende do exposto até ao momento que os comportamentos de evitação fiscal, visando sempre o afastamento, a redução ou o diferimento dos deveres inerentes a impostos, podem materializar-se em inúmeros tipos de agir, formalizados de modo bastante diversificado, e qualificados pelo Direito de maneira também diversa: de alterações de localização da sede de empresas, a compras de equipamentos movidos a energias renováveis; de fusões de sociedades, a partilhas de património em vida; de contratos de mútuo, a promessas com tradição da coisa; de subscrição de seguros, a pagamentos em espécie; de criação de sociedades "fantasma", a divórcios, tudo pode servir – lícita ou ilicitamente, consoante os casos – para não pagar impostos, pagar menos ou pagar mais tarde.

Ademais, num contexto de globalização, de incessante desenvolvimento tecnológico e de crescente *despersonalização*, compreende-se que as técnicas evitativas sejam cada vez mais complexas e sofisticadas, potenciando um processo contínuo e dialético de *ação-reação*:

i) Os contribuintes e obrigados tributários exploram os potenciais caminhos fiscais vantajosos, sejam lícitos, conformes e válidos (*e.g.*, aproveitamento de benefícios fiscais, de regimes favoráveis, ou de lacunas legais), sejam de licitude e conformidade duvidosas (como o *endividamento excessivo* ou o engendramento de estruturas empresariais artificiais e *sem razões económicas válidas*);
ii) Em reação, as entidades e autoridades estaduais – principalmente o legislador e a administração tributária – tentam colocar obstáculos a esses caminhos, por exemplo, alterando a lei, densificando conceitos, impondo deveres acrescidos, ou implementando inspeções tributárias, consoante os casos;
iii) Posteriormente, os contribuintes e obrigados tributários – assessorados profissionalmente – iniciam novamente as suas tentativas de "fuga" e descobrem outras possibilidades e brechas; e
iv) Arrastam de novo as entidades e autoridades estaduais para as tarefas de *perseguição* e *obstrução*.

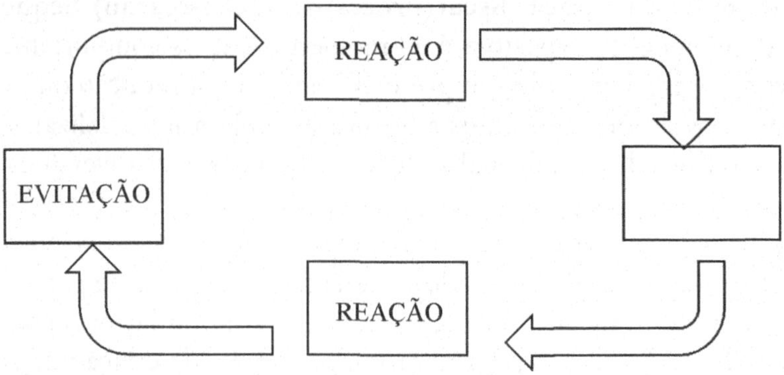

Enfim, e em modo prosaico, está-se em presença de um *jogo contínuo do rato e do gato*, o primeiro procurando fugir e esconder-se, o segundo intentando perseguir, descobrir e, quando possível, evitar a utilização dos caminhos já seguidos, numa dialética que seguramente se pode qualificar como interminável e indutora de cada vez maiores complexidade, desconfiança e litigância. Na verdade, nunca como atualmente, em ordem ao combate à evasão e à fraude, os sistemas fiscais foram tão complexos, fazendo impender sobre os contribuintes e outros obrigados tributários um tão vasto e complicado arsenal de deveres[6], que, em resposta, suscitam uma aversão mal disfarçada relativamente aos deveres fiscais e fazem aumentar o *animus litigandi*.

Em termos de solução, e em abstrato, apenas se vislumbram quatro hipóteses para que este perverso ciclo se quebre, três das quais, sendo patentemente inverosímeis, nem aqui serão consideradas: *(i)* tudo ser sujeito a imposto, *(ii)* não existirem impostos, *(iii)* não existir, da parte dos obrigados tributários, vontade de obtenção de vantagens ou *(iv)* simplificar o sistema. Como nenhuma das primeiras três possibilidades é realizável, restará a última. Haja "vontade política" (-normativa).

Nos desenvolvimentos subsequentes procurar-se-á refletir sobre essa dialética, trilhando o seguinte percurso analítico:

[6] Adiante-se já a referência à problemática Lei n.º 26/2020 [cf. *infra*, Parte II, apartado 2.1.5. [Imposição de deveres acessórios de comunicação (Lei n.º 26/2020)].

- Em primeiro lugar, intentando conhecer e compreender em abstrato as formas jurídicas [7] às quais se subsumem os comportamentos de evitação (Parte I);
- Em segundo lugar, observando e debruçando a atenção sobre os modos de reação das entidades fiscais (Parte II); e
- Em terceiro lugar, num momento de realização concreta, aludindo a alguns tipos comportamentais usuais, retirados da prática, por meio dos quais se intenta obter afastamento, redução ou diferimento dos deveres de imposto (Parte III).

Trata-se, como se pode ver, de um percurso composto por dois degraus de natureza mais teórica e concetual (Partes I e II) e um terceiro de feição mais empírica e casuística (Parte III), com o objetivo de demonstrar que apenas com sólidas bases dogmáticas se pode conseguir uma adequada e realizada perceção dos fenómenos aqui em consideração e estudo.

É altura de avançar.

[7] A utilização, no presente contexto, da expressão *formas jurídicas* tem uma intencionalidade precisa: pretende-se significar os modos comportamentais que têm relevância jurídico-normativa especificamente a nível fiscal. Afastados ficam assim os comportamentos puramente fácticos ou sociológicos de evitação como as manifestações ou as revoltas populares motivadas por impostos. Por outro lado, a aludida *juridicidade* não significa que exista necessariamente uma previsão jurídica, pois, como se terá ocasião de voltar a referir, existem modos de evitação que são levados à prática exatamente porque os respetivos comportamentos não são previstos ou proibidos pela lei. Tal é muito comum em matéria de planeamento fiscal, mediante o aproveitamento das lacunas legais.

Parte I
Comportamentos de evitação fiscal (planeamento, evasão e fraude)

1. Planeamento, evasão e fraude: fixação de um critério distintivo

Assumida a diversidade de comportamentos de evitação, torna-se imprescindível, nos quadros de uma adequada teoria jurídica, empreender um esforço de identificação, classificação e sistematização dos mesmos, que permita reconhecê-los corretamente, compreender os respetivos contornos e assacar-lhes os efeitos correspondentes. Com tal intuito, distinguir-se-ão três categorias jurídicas relevantes – planeamento, evasão e fraude –, a cada uma dedicando de modo sucessivo os apartados e desdobramentos subsequentes (2., 3. e 4.).

Antes disso, e tendo presentes as dificuldades de conceptualização e categorização que estas matérias envolvem, acredita-se que a melhor metodologia passa pela fixação *ab initio* do critério que parece adequado para sustentar a distinção. E esse critério é o da *licitude* dos comportamentos [8], no sentido de conformidade ao ordenamento jurídico e ao res-

[8] Em termos abstratos, assumindo-se aqui o critério enunciado como o determinante, não se ignora que outros foram propostos ou adiantados na tarefa de distinção dos comportamentos em análise. Simplesmente, entende-se que os mesmos devem ser afastados, pois não se demonstram suficientes para proceder, em termos rigorosos, à delimitação necessária, sem prejuízo de se reconhecer que fornecem pistas ou indícios interessantes. Entre os mesmos, salientam-se os seguintes:

i) Um critério cronológico ou temporal, relativo ao momento do agir, nos termos do qual se distinguiria a atuação do(s) sujeito(s) ocorrida antes ou depois da verificação do facto tributário, reservando-se a evasão e a fraude para estas últimas situações;
ii) Um critério material, relativo ao objeto, colocando o acento tónico no meio utilizado para conseguir o resultado de evitação, distinguindo a situações em que se utilizam meios lícitos (planeamento e evasão) daqueloutras em que os meios utilizados são ilícitos, contrários à lei ou ao ordenamento amplamente considerado (fraude);

petivo parâmetro de juridicidade dos meios utilizados e do fim visado. Propõe-se, neste sentido, a seguinte estrutura classificatória:

- Nas situações em que as condutas em causa – procurando, é certo, minimizar encargos fiscais – são absoluta e totalmente lícitas, no sentido de se utilizarem meios permitidos pelo ordenamento jurídico e de se prosseguirem fins queridos, tolerados ou admitidos pelo mesmo, falar-se-á em *planeamento fiscal*;
- Nas situações opostas, em que as condutas em causa são absoluta e totalmente ilícitas, no sentido de se utilizarem meios não permitidos pelo ordenamento jurídico (proibidos, sancionados) e de se prosseguirem fins não queridos, não tolerados ou não admitidos pelo mesmo, falar-se-á em *fraude fiscal*;

iii) Um critério teleológico, respeitante à finalidade prosseguida, apartando os casos em que o fim prosseguido com o comportamento de evitação é legítimo e conforme com o parâmetro de juridicidade (planeamento) dos casos em que tal fim é ilegítimo (evasão, fraude).

Entende-se, porém, que nenhuma destas três propostas isoladamente considerada se revela satisfatória, pois demonstra-se insuficiente para proceder à destrinça cabal entre as três figuras, conseguindo-o, no máximo, em relação a duas delas. Desde logo, facilmente se constata a desadequação do critério cronológico, pois nem todos os comportamentos que ocorrem antes do facto tributário são de planeamento legítimo. Basta pensar nas múltiplas situações em que atos, negócios, contratos ou construções ocorrem antes desse facto e, não obstante, resulta indubitável que se está em presença de evasão, como sucede, por exemplo, quando o potencial obrigado tributário deslocaliza a residência com o único propósito de, nos anos subsequentes, "fugir" aos impostos, ou cria uma sociedade com o fim único ou principal de, igualmente no futuro, canalizar para a mesma determinados rendimentos, que de outra forma seriam considerados salários e tributados como tal. De resto, se dúvidas existissem quanto a esta consideração, elas ficariam dissipadas pelos contributos do próprio legislador que cria frequentemente normas antiabuso contemplando tais ocorrências, o que, evidentemente, não seria admissível em situações planificadoras. Além disso, os critérios relativos ao meio (material) e ao fim (teleológico), sendo úteis, são parciais e insuficientes: o primeiro auxilia na individualização da fraude fiscal, mas resulta inoperante para distinguir planeamento e evasão entre si (pois em ambos os casos, os meios utilizados – aquisição de uma habitação, constituição de uma sociedade, prática de preços diferentes do habitual, etc.– são lícitos); já o segundo permite singularizar o planeamento fiscal, mas não intenta destrinçar evasão e fraude (ambas caracterizadas por intenções ou teleologias desviantes).

– Nas situações *intermédias*, em que, assentando a conduta em meios lícitos ou permitidos, se prosseguem fins não queridos, não tolerados ou não admitidos pelo ordenamento – *abusivos*, no sentido que adiante se procurará determinar –, falar-se-á em *evasão fiscal*.

De um modo simplificado e esquemático:

Conduta/meio utilizado	Fim pretendido	Grau de ilicitude/ contrariedade ao ordenamento	Qualificação
lícito	lícito	nenhum	PLANEAMENTO
lícito	abusivo	moderado	EVASÃO
ilícito	ilícito	elevado/total	FRAUDE

Procurando concretizar o exposto com situações muito claras e pedagógicas, e sem considerar especificações ou complexidades de regime que no presente momento poderiam turvar a exposição, pense-se nos seguintes exemplos:

i) Quando o contribuinte opta, em sede de IRS, *(i)* pela tributação conjunta dos rendimentos do agregado familiar – em detrimento da tributação singular ou separada –, ou *(ii)* pelo cálculo do rendimento líquido da categoria B de acordo com o regime de contabilidade organizada – em detrimento, entre outros, do regime simplificado –, está-se, com propriedade, perante casos de *planeamento*, pois a obtenção de uma eventual poupança fiscal assenta em meios lícitos (o exercício da autonomia da vontade subjacente à opção entre regimes legais facultativos), e prossegue fins igualmente lícitos (queridos pelo próprio legislador ao consagrar os regimes em questão);

ii) Já quando compra uma casa para habitação [*rectius*: celebra um contrato de compra e venda de um bem imóvel e o destina a esse fim] situada num país, território ou região sujeito a um regime fiscal claramente mais favorável ("paraíso fiscal", em sentido impróprio), e para aí deslocaliza a sua residência com vista a não pagar impostos, ou pagar significativamente menos, estará a praticar *evasão fiscal*, na medida em que utiliza um meio lícito (a celebração de um contrato de compra e venda válido), mas prosseguindo um fim ilícito ou, no mínimo, abusivo, que será a erosão da sua base de tributação, que potenciará a fuga aos impostos;

iii) Por fim, quando falsifica faturas ou outros documentos fiscalmente relevantes ou quando simula um ou vários negócios jurídicos com o objetivo de obter um reembolso de IVA que de outro modo não conseguiria, praticará *fraude fiscal*, denotando-se uma conduta duplamente ilícita, quanto ao meio (falsificação de documentos, simulação) e quanto ao fim (obtenção de indevida vantagem).

Insiste-se que os exemplos apresentados assentam em situações e factualidades muito lineares e simplificadas, com vista a atingir um nível de pedagogia que se revele, no presente momento, satisfatório. Em ocasiões ulteriores, ver-se-á que a realidade é bem mais complexa do que o singelamente exposto e, nessa altura, considerar-se-ão variantes, especificações e complexidades de regime, que permitirão conclusões porventura não tão diretas.

Voltando ao plano teórico-abstrato, e no sentido de obter uma melhor compreensão do critério proposto, importa precisar duas notas essenciais:

- Por um lado, a de que se está em presença, como claramente se constata, de um critério gradativo, não binário, ponderável, que permite identificar entre dois polos opostos (lícito/ilícito) zonas intermédias ou cinzentas cuja qualificação nem sempre se afigura segura ou evidente. Por tal motivo, aliás, até será mais correta a referência a um "grau de (i)licitude" [9];

[9] Neste sentido, está-se em presença de um padrão escalar e intensificável, que permite superar a rigidez das normas fiscais, tornando-as um pouco mais elásticas – tentando impedir a exploração ilimitada dos espaços em branco e das lacunas deixadas pelo legislador –, embora, em contrapartida, possa fomentar os desencontros interpretativos entre a administração tributária e os obrigados tributários, fazendo desaguar nos tribunais um número significativo de litígios. Por outro lado, em termos de pertinência jurídico-científica, embora se reconheça que possa ser mais corrente e *eficiente* a utilização de padrões fixos, binários e excludentes de distinção de realidades jurídicas (como sucede, por exemplo, com os conceitos de "maior",

– Por outro lado, a de que o parâmetro de juridicidade deve ser captado e entendido em termos amplos, abarcando a plenitude do ordenamento jurídico-normativo, e agregando toda a normação, seja interna, seja não interna (designadamente as normas constantes de tratados ou convenções internacionais e do acervo europeu-comunitário); escrita ou não escrita; e qualificada como *princípios* ou como *regras*. Neste sentido, tanto será ilícita a conduta que infringe diretamente os artigos vertidos no CIRC ou no CIVA, como aqueloutra que viola o princípio da *proibição do abuso*, não expressamente positivado, mas jurisprudencialmente ancorado nas decisões do TJUE [10]. Ponto é que não se adote uma visão restrita que faça corresponder o dito parâmetro apenas às normas fiscais *stricto sensu*, muito menos as normas constantes dos denominados "códigos fiscais".

Em qualquer caso, importa adiantar um aspeto fundamentalíssimo: este esquema compreensivo reveste-se de uma importância crucial, entre outros motivos, pela circunstância de que sempre que se estiver em presença de situações de planeamento fiscal não poderá existir qualquer reação adversa por parte do mundo do Direito; na verdade, até se pode mesmo dizer que existe um direito ao planeamento – por vezes, mesmo um *dever* de planeamento, quando se está em presença de pessoas que exercem funções de gestão, administração ou gerência – e que se está num espaço de liberdade e autodeterminação volitiva, o que até exigiria dos poderes públicos uma atitude de facilitação: o legislador desburo-

"residente", "casado", etc.), a utilização de critérios gradativos não é de modo algum estranha ao mundo do Direito, e em variados dos seus segmentos (*e.g.*, Direito Constitucional, Direito Civil, Direito Penal, Direito Fiscal). Basta pensar nos conceitos de "proporcional", "igual", "censurável", "negligente", "doloso", entre muitos outros.

[10] Por aqui se constata de modo cristalino e evidente que a atitude positivista-normativista propugnada na presente colocação discursiva (e exposta *supra* na Introdução) não significa, bem longe disso, literalismo jurídico ou formalismo exegético, pois, como bem se entende, em tais quadros não caberia a hipótese de consideração de uma conduta ilícita a partir de princípios não escritos ou tipos abertos, antes reclamaria sempre a existência de uma norma escrita positivada que o previsse. Tal atitude significa, tão-só, a fundamentação da realidade jurídica em critérios e padrões estritamente jurídicos, porque assentes em normas com tal natureza.

cratizando e a administração simplesmente validando ou auxiliando no cumprimento. Diferentemente, nos casos de evasão e de fraude fiscais pode [melhor dito: deve] haver reação do ordenamento, nomeadamente por via legislativa – por exemplo, através de normas antiabuso ou, nos casos mais graves (fraude), mediante a forma mais severa de reação que é a criminalização de condutas –, ou por via administrativa, através de inspeções tributárias ou de procedimentos específicos (*e.g.*, derrogação de sigilo, medidas cautelares).

Neste sentido, e no plano dos conceitos, as categorias da evasão e da fraude fiscais são categorias jurídico-normativas propriamente ditas, pois assentam fortemente (e dependem) da previsão do legislador no sentido da sua limitação, enquanto o planeamento, pelo contrário, independendo da atuação legislativa, pode afirmar-se como uma categoria de natureza doutrinal ou lógica.

Em conclusão, e a partir de tudo o exposto, propõe-se definir o planeamento fiscal como o *conjunto de atos voluntários dos sujeitos passivos tributários que, num quadro de licitude, têm por objetivo atingir um resultado de afastamento, redução ou diferimento fiscal.*

Já a evasão fiscal será o *conjunto de atos voluntários dos sujeitos passivos tributários que, embora praticados num quadro genérico de licitude, são qualificados pelas normas tributárias como anómalos ou abusivos, tendo em vista o fim que pretendem atingir.*

Por fim, a fraude fiscal (*lato sensu*[11]) consistirá no *conjunto de atos voluntários dos sujeitos passivos tributários que, praticados num quadro de ilicitude, têm por objetivo atingir um resultado de afastamento, redução ou diferimento fiscal.*

Será utilizando uma metodologia analítica – decompondo os conceitos propostos nos seus elementos essenciais – que se materializarão, pela ordem apontada, os desenvolvimentos subsequentes.

[11] Quanto à distinção dos diferentes sentidos do enunciado "fraude fiscal", v. *infra*, nesta Parte I, o apartado 4.

2. Planeamento fiscal

2.1. Noção jurídica

Como acabou de se referir, o planeamento fiscal consistirá no conjunto de atos voluntários dos sujeitos passivos tributários que, num quadro de licitude, têm por objetivo atingir um resultado de afastamento, redução ou diferimento fiscal. Desagregando este conceito de modo analítico nos seus *momentos* primordiais, individualizam-se três pontos claros:

i) Em primeiro lugar, o planeamento fiscal materializa-se num conjunto de *atos voluntários*. Para os presentes efeitos, adota-se uma noção ampla de *ato*, que abrange quer comportamento ativos – o que sucede quando o obrigado fiscal *age* num determinado sentido, por exemplo, celebrando certo contrato, efetuando certa operação de reestruturação, ou optando por certo regime legal –, quer comportamentos omissivos – quando o mesmo se abstém de praticar certos atos, não exerce certa atividade em nome individual, não aceita certa proposta contratual, ou deixa de receber (*realmente*, de verdade, não de modo simulado) uma quantia pecuniária – com o objetivo de escapar à incidência da norma ou de obter uma poupança fiscal. De todo o modo, não se incluem na noção de planeamento os *atos involuntários*, como os que decorrem da inserção legal ou automática num determinado regime de tributação mais favorável, a celebração de determinado tipo contratual por obrigação da lei, ou a atuação decorrente do simples desconhecimento da lei fiscal, pois em todos estes casos a eventual poupança obtida não tem na sua génese uma componente volitiva, ao menos direta. Ainda neste ponto, cumpre salientar quatro coordenadas:

→ Num sentido amplo, os modos de agir tanto podem ter natureza substantiva (negócios jurídicos fiscalmente menos onerosos, reestruturações societárias, arranjos contabilísticos, aproveitamento de "perdões fiscais", etc.) como adjetiva (apresentação de reclamações ou impugnações com efeito suspensivo, pedidos de pagamento em prestações ou de compensação, "utilização" dos prazos de prescrição ou caducidade, etc.);

→ Numa perspetiva jurídico-formal, pode estar-se em presença de simples atos unilaterais, negócios ou contratos (por exemplo, constituição de uma sociedade ou outro tipo de entidade, doação, empréstimo ou mútuo, permuta, compra e venda, prestação de serviços), ou de sofisticadas "construções", isto é, esquemas negociais complexos, corporizados em diferentes tipos e formas, integrados por várias etapas relacionadas e reclamantes de uma visão integrada e global (*step transaction doctrine*)[12];

→ Num *enfoque temporal*, os atos de planeamento são frequentemente praticados antes da verificação de uma determinada hipótese de incidência fiscal e com o objetivo de a afastar ou atenuar, embora se possam admitir atuações planificadoras *a posteriori*, como sucede, por exemplo, com a utilização de mecanismos de pagamento faseado, ou com a apresentação de meios impugnatórios com prestação de garantia, como modos de retardar o pagamento (assumindo, como aqui se faz, que o diferimento fiscal também integra o instituto planificador);

→ De um *ponto de vista espacial*, tais atos tanto podem projetar os seus efeitos no próprio ordenamento em que o sujeito se insere (planeamento fiscal interno) ou em outro ordenamento (planeamento fiscal internacional);

ii) Em segundo lugar, o planeamento fiscal desenvolve-se sempre num quadro de licitude, no sentido em que não existe qualquer valoração negativa do comportamento adotado. Por conseguinte, o grau de desconformidade dos correspondentes atos com o ordenamento jurídico-tributário é absolutamente inexistente, estando-se indubitavelmente perante atos *intra legem*, os quais, frequentemente, até podem ser queridos por esse mesmo ordenamento, no sentido em que o legislador os potencia ou incentiva;

[12] Cf., para uma primeira abordagem, art. 38.º, n.º 3, alínea *b*), da LGT.

iii) Em terceiro lugar, o planeamento tem sempre em vista um resultado de afastamento, desagravamento ou diferimento fiscal, isolada ou conjuntamente, o que vale por dizer que o objetivo prosseguido será não pagar, pagar menos ou pagar mais tarde o(s) imposto(s) [13]. Assim sendo, em rigor, não se reconhecem como comportamentos planificadores aqueles em que a atuação lícita em causa, conseguindo um resultado fiscal vantajoso, não o tem como móbil ou desiderato; pense-se, por exemplo, num casamento, numa mudança de profissão, na revenda de um imóvel, na afetação de um imóvel à habitação própria e permanente, ou ainda numa reestruturação empresarial que, "por acaso", também proporcionou poupanças ao nível do pagamento de impostos, mas sem às mesmas se direcionar teleologicamente.

Enfim, no planeamento fiscal, os (potenciais) contribuintes ou obrigados tributários procuram, dentro dos limites da legalidade – e este é, como se disse, o ponto nevrálgico –, explorar os espaços vantajosos, intentando não pagar, pagar menos, ou pagar mais tarde, o que pode ser conseguido por diversos meios que o próprio legislador proporciona (e, por vezes, até incentiva).

2.2. Espaços de planeamento

Assumida a noção de planeamento, importa agora focar a atenção nos seus mais significativos modos de concretização. A este propósito, considerando que se está sempre em presença de redutos de licitude e disponibilidade legal, podem afirmar-se vários espaços no âmbito dos quais

[13] De um ponto de vista de absoluto rigor, torna-se imperioso referir que, embora as alusões no texto tenham por referência as obrigações fiscais pecuniárias e de pagamento, a verdade é que se pode igualmente falar em planeamento fiscal de uma perspetiva diferente, atinente às obrigações acessórias documentais. Com efeito, os atos de planeamento podem ter objetivos de natureza não pecuniária, como sucederá, por exemplo, nas situações em que a opção por determinado regime ou a escolha de determinado tipo empresarial tem em vista a diminuição da carga burocrática ou a vinculação a um menor número de obrigações contabilísticas, declarativas, de quitação, etc. Seja como for, não deixa de ser verdade que o sentido mais usualmente utilizado é o primeiro, relacionado com a poupança fiscal *stricto sensu*.

a escolha fiscal pode ganhar corpo, destacando-se particularmente os seguintes:

i) Eleição de regimes optativos, situações nas quais os contribuintes dispõem da possibilidade de eleição do caminho que considerem fiscalmente mais vantajoso, caminho este – aspeto extremamente relevante – aberto pelo próprio legislador. Trata-se, portanto, de um planeamento normativamente cuidado, não existindo verdadeiramente a exploração de qualquer falha do sistema fiscal. Pense-se, por exemplo, nas prerrogativas de opção entre o regime de tributação singular e o de tributação conjunta dos rendimentos do agregado familiar [14]; entre o regime simplificado de tributação e o de contabilidade organizada [15]; entre a tributação dos rendimentos de prestação de serviços na categoria B ou na categoria A [16]; entre o regime de isenção em sede de IVA e de renúncia à isenção [17]; ou entre o regime geral de IRC e o regime especial de tributação dos grupos de sociedades [18], entre vários outros);
ii) Utilização de regimes especiais de desagravamento ou de benefícios fiscais, como exclusões (*e.g.*, reinvestimentos de mais-valias imobiliárias[19]), isenções (por exemplo, rendimentos de trabalhadores deslocados no estrangeiro [20]), taxas reduzidas (*e.g.*, entidades licenciadas na Zona Franca da Madeira [21]), ou majorações de deduções (*e.g.*, encargos com a valorização salarial [22]);
iii) Exploração das vantagens comparativas inerentes a certos regimes de tributação (por exemplo, criação de uma sociedade em detrimento do exercício de uma atividade a título pessoal e singular);

[14] Cf. art. 13.º, n.os 2 e 3, do CIRS.
[15] Cf. art. 28.º, n.os 2 e 3, do CIRS.
[16] Cf. art. 28.º, n.º 8, do CIRS.
[17] Cf. arts. 12.º e 55.º do CIVA.
[18] Cf. art. 69.º, n.º 1, do CIRC.
[19] Cf. art. 10.º, n.os 5 e ss., do CIRS.
[20] Cf. art. 39.º-A, n.º 1, do EBF.
[21] Cf. art. 36.º-A, n.º 1, do EBF.
[22] Cf. art. 19.º-B, n.º 1, do EBF.

iv) Aproveitamento de *lacunas intencionais*, que são ausências de previsão normativa fiscal, espaços deixados pelo próprio legislador, de forma deliberada, fora da tributação – possibilidade potenciada pela *tipicidade fechada* das normas fiscais e pela respetiva *suficiência* –, como sucede, por exemplo, com as mais-valias decorrentes de alienação onerosa de obras de arte (em contraposição com o investimento em bens imóveis ou ações) [23].

Num sentido mais amplo – que não parece ser de acolher, considerando a vizinhança próxima com as ideias de *abuso* ou *agressividade* (que adiante serão retomadas) –, pode até ser considerado planeamento o aproveitamento dos espaços em branco deixados de modo "esquecido" pelo legislador (lacunas não intencionais) ou mesmo dos conceitos indeterminados ou polissémicos por este utilizados. Neste sentido, poderia ser planificador o ato de substituição do pagamento de salários em dinheiro por pagamentos em espécie, ou a transferência de domicílio fiscal para uma zona de baixa pressão fiscal (em termos impróprios, designada como paraíso fiscal ou *offshore*). Contudo, como dissemos, estas situações poderão suscitar dúvidas de qualificação, uma vez que a fronteira da licitude não está claramente determinada, ficando a meio caminho entre o planeamento e a evasão.

Ainda antes de avançar, importa realçar que a eventual poupança fiscal que o planeamento tem em vista poderá não corresponder a uma verdadeira poupança em termos económicos, pois pode suceder que as vantagens que se obtenham com os impostos (decorrentes, por exemplo, de isenções ou taxas mais baixas de tributação) não sejam compensadas com os eventuais custos de um investimento ou de uma operação, ou com as possíveis baixas rentabilidades dos capitais investidos. Pense-se, por exemplo, em situações nas quais certos produtos financeiros, gerando juros isentos de imposto, apresentam taxas de rentabilidade substancialmente inferiores a outros que não gozam do mesmo regime fiscal favorável, acabando o investidor por ganhar mais neste último caso do que no primeiro. Idêntica situação sucederá nos casos em que uma eventual des-

[23] Cf. art. 10.º, n.º 1, *a contrario*, do CIRS.

localização de residência ou de estabelecimento para uma zona de baixa tributação acaba por não compensar tendo em vista os custos administrativos ou logísticos inerentes.

Por último, deve ser relembrado um aspeto já atrás referido: situando-se o planeamento fiscal num domínio ou quadro de legalidade plena, o mesmo constitui um direito que qualquer obrigado tributário tem ao seu dispor, não podendo o mesmo ser coartado ou limitado pelos poderes públicos (legislativos, administrativos ou judiciais). Tais coerções ou limitações apenas serão legítimas nas situações de evasão e de fraude fiscais.

2.3. O planeamento enquanto direito e enquanto dever

Até ao presente momento, tem sido colocado o acento tónico na qualificação do planeamento fiscal como uma conduta voluntária lícita, que procura o afastamento, a redução ou o diferimento de obrigações fiscais e que constitui um direito de qualquer contribuinte ou obrigado tributário, efetivo ou potencial. Com efeito, não pode deixar de se reconhecer que a poupança fiscal se inclui no círculo de objetivos que enformam as liberdades fundamentais constitucionalmente consagradas, designadamente a nível económico e gestionário, reconhecendo-se um direito ao planeamento que, não sendo fundamental, não deixa de ser uma posição jurídica merecedora de proteção e tutela. Neste sentido, cada um pode modelar a sua vida de acordo com as respetivas *convicções de gestão*, não podendo o ordenamento cercear as prerrogativas de planificar e executar.

Porém, o planeamento pode ser visto igualmente numa perspetiva diferente, como um *dever*. Tal perspetiva, de resto, parte da consideração – que não deveria sofrer contestação – de que o Direito Fiscal e as realidades que o integram não podem ser encarados de um ponto de vista minimalista, estrito e redutor, que considere apenas as normas que formalmente sejam qualificadas como "fiscais", negligenciando todo o restante material integrante do ordenamento jurídico-normativo. Nenhum *ramo de Direito* existe e subsiste isoladamente considerado, e o Direito dos impostos não é exceção.

Na realidade, em certas situações, a poupança fiscal constitui uma incumbência a ser prosseguida por pessoas ou entidades investidas em deveres funcionais que a tal obrigam, como sucede, por exemplo, com os consultores, advogados, administradores ou gerentes das sociedades (aqui entendidos em sentido amplo, abarcando quer os gerentes de Direito, quer os gerentes de facto, e quaisquer pessoas que exerçam *realmente* funções de gestão, administração ou gerência), os quais se encontram vinculados a deveres de cuidado, diligência, competência técnica e conhecimento, no sentido de prosseguir os interesses das entidades para as quais trabalham (*e.g.*, sociedades) [24]. E, importa acentuar, trata-se de verdadeiros deveres legais ou obrigações profissionais, não meras orientações ou pautas éticas despojadas de vinculatividade.

Ora, de acordo com este enfoque, não pode deixar de se concordar com a ideia de que o dever de bem gerir se encontra revestido de carga deôntica, e que o mesmo comporta o dever de poupar, seja numa perspetiva económica (por exemplo, obtendo matérias primas ao custo mais módico possível), financeira *stricto sensu* (designadamente, contraindo empréstimos aos mais baixos custos de financiamento) e, naturalmente, fiscal, neste caso reduzindo a fatura perante o fisco. Neste sentido, é legítimo perguntar se não será censurável o comportamento do sujeito que, estando obrigado a gerir diligentemente, não empreende o devido esforço de planificação tendo em vista a poupança, pagando de modo acrítico todos os impostos que lhe são pedidos, sem cuidar de saber se poderia pagar menos ou mais tarde, e sem custos acrescidos. Em termos simples e práticos: respondendo aos deveres tributários "de olhos fechados" não estará a violar os seus deveres legais perante a instituição que o contratou, comportando-se como um agente, até certo ponto, descuidado?

Trata-se, esta, de uma perspetiva não muito corrente, reconheça-se, mas que suscita problemas jurídicos não despiciendos, de enfrentamento não fácil e insuscetíveis de resposta unívoca, embora sempre se possa adiantar que, como qualquer questão atinente a conflitos de bens e de deveres jurídicos, também esta deverá ser tematizada e resolvida no quadro de uma atitude metódica de ponderação e harmonização. Vale dizer que nem o dever de pagamento de impostos, nem os deveres gestionários e de administração devem ser encarados de modo absoluto: o primeiro impondo intransigentemente o cumprimento das obrigações tributárias

[24] Neste sentido, cf. art. 64.º, n.º 1, do CSC.

e fiscais, sem valorar eventuais prejuízos sérios e irremediáveis que do mesmo decorrem (ao nível, designadamente, da insolvência da entidade devedora, da viabilidade do tecido empresarial ou da manutenção de postos de trabalho e dos salários); o segundo, absolutizando as dimensões lucrativas da atuação gestionária, desconsiderando as obrigações de contribuição para a satisfação das necessidades coletivas. Nesta medida – e apenas nesta medida – será admissível, ao menos num plano abstrato, teórico e de ponderação, a hipótese de lançar mão de esquemas legais de postergação de dívidas (*e.g.*, pedidos de pagamento em prestações, reclamações ou impugnações com efeito suspensivo) com o objetivo de, no contexto de boas práticas de gestão, minimizar o impacto das dívidas fiscais, protegendo bens jurídicos de valor equivalente ao subjacente ao cumprimento tributário.

Reitera-se que não está aqui em causa uma secundarização do dever de pagar impostos (incentivando à evasão), mas apenas uma sua relativização, admitindo que o ordenamento jurídico convive mal com o absolutismo deôntico e valorativo e deve sempre procurar a solução sensata e de harmonização, encarando reciprocamente cada um dos bens e deveres jurídicos como sujeitos a derrogações (ou, na perspetiva simétrica, cada um dos direitos como sujeitos a restrições). Em todo o caso, concorda-se com a aceitação da natureza fundamental de um deles – o dever de pagar impostos, em prol da sustentabilidade do Estado de Direito democrático e social e da satisfação das necessidades coletivas –, propendendo-se a atribuir ao mesmo uma primazia ponderada.

Reconhece-se que será um desígnio bastante difícil de cumprir, em última instância, colocando nas mãos do julgador uma *vexata quaestio* de difícil enfrentamento e resolução. Seja como for, será na perspetiva do planeamento enquanto direito dos obrigados tributários – e não enquanto dever – que se tematizarão os desdobramentos subsequentes.

2.4. Tipos de planeamento

A partir da noção acima proposta de planeamento fiscal (conjunto de atos voluntários dos sujeitos passivos tributários que, num quadro de licitude, têm por objetivo atingir um resultado de afastamento, redução ou diferimento) é possível recortar um número bastante significativo de atos e comportamentos, que vão desde a reestruturação empresarial até à contração de empréstimos, sem negligenciar as doações a familiares ou a deslocalização de estabelecimentos.

Perante a imensidão de atuações que podem aqui ser consideradas – imensidão esta potenciada pela assunção de que o planeamento é um direito que não pode ser coartado, e que se encontra inerentemente fundado nas ideias de liberdade e de autonomia (de vontade e de gestão) –, torna-se claro que o estudo respetivo dificilmente será adequadamente conseguido se não se encontrarem padrões ou modelos classificatórios, formando grupos minimamente uniformes (tipos) que reúnam espécies com características comuns. Caso contrário, a amálgama de factos e situações que a realidade tem a aptidão de criar e demonstrar permitirá, quando muito, apresentar uma tabela de exemplos ou um rol casuístico de *casos* de planeamento, mas não um elenco cientificamente fundado, que permita a efetiva compreensão do seu sentido mais profundo. Assim sendo, compreende-se que a ciência jurídica não possa prescindir do método analítico e da tipificação fundada das realidades que são seu objeto, sob pena de perder, precisamente, a cientificidade, transformando-se num conjunto de dizeres práticos e tecnicistas.

Nas considerações subsequentes ensaiar-se-á uma análise classificatória e segregada dos comportamentos planificadores fiscais, abordando as seguintes tipologias:

- Planeamento induzido e não induzido;
- Planeamento global e específico;
- Planeamento substantivo e adjetivo;
- Planeamento *ex ante* e *ex post*;
- Planeamento interno e internacional.

2.4.1. Planeamento induzido e não induzido

Em primeiro lugar, o planeamento fiscal pode ser caracterizado e qualificado em função da eventual *intenção legislativa* que possa ter na sua génese.

Casos haverá nos quais a conduta planificadora decorre do aproveitamento lícito dos espaços legislativos fiscalmente benéficos, mas sem que tenha existido qualquer desígnio ou propósito direto do criador normativo no sentido da sua consagração como mecanismo de poupança, sucedendo até frequentemente – embora nem sempre – que se esteja em presença de situações de desatualização legislativa (*e.g.*, não previsão de tributação de certas realidades *novíssimas*), de falhas de inclusão no círculo de abrangência normativa (por exemplo, utilização de conceitos imprecisos ou de conjunções inadequadas, como "e" / "ou") ou de simples esquecimento. Importa não perder de vista que, em matéria de incidência fiscal, o princípio da tipicidade reveste-se de uma forte intensidade, em termos de se excluir de sujeição qualquer conduta que não esteja legalmente prevista de modo direto, claro e suficiente, não se admitindo metodologias de interpretação extensiva ou de integração com recurso a analogia ou a princípios gerais. Nestes casos, o contribuinte ou obrigado tributário, sabendo que o que não está previsto não pode ser tributado, mais não faz do que usufruir ou beneficiar dos descuidos legislativos, mas sempre de modo lícito, não se podendo afirmar perentoriamente que exista alguma intenção abusiva ou, menos ainda, fraudulenta, e o mais natural será até que, mais cedo ou mais tarde, com a descoberta deste espaço de aproveitamento, o legislador corrija a versão da norma e passe a incluir o ato ou a conduta anteriormente não incluídos [25].

Em outras situações, porém, é o próprio legislador quem, intencional e deliberadamente, abre espaços de vantagem fiscal, incentivando ou impelindo os contribuintes ao aproveitamento dos mesmos, no quadro de certas políticas económicas, sociais, ambientais, urbanísticas ou culturais tidas como prioritárias ou merecedoras de estímulo político. Tal poderá ser feito através de técnicas diversas, como:

- Isenção de tributação de certos rendimentos, como os juros de determinadas contas de poupança [26];

[25] Pense-se, por exemplo, nas intervenções legislativas decorrentes da crescente relevância em IRS das operações e remunerações relacionadas com criptoativos, relevância essa que impulsionou o criador normativo a definir os mesmos (art. 10.º, n.º 17, do CIRS), bem assim como a considerá-los no quadro das atividades comerciais ou industriais [art. 4.º, n.º 1, alínea *o)*], e na qualificação como rendimentos de capitais [art. 5.º, n.º 2, alínea *u)*] ou como mais-valias [art. 10.º, n.º 1, alínea *k)*].

[26] Cf. art. 20.º do EBF.

- Isenção de tributação de certos bens, como os imóveis objeto de intervenções de reabilitação [27];
- Redução das taxas de tributação incidente sobre certos bens, como os que sejam exclusivamente afetados à produção de energia a partir de fontes renováveis [28];
- Dedutibilidade fiscal de certas despesas, como as contribuições para regimes complementares de reforma (*v.g.*, regime público de capitalização) [29], os montantes investidos em empresas inovadoras [30], ou os donativos a entidades que prossigam fins de caridade, assistência, beneficência e solidariedade social ou cujo objeto estatutário se destine essencialmente à promoção dos valores da cidadania, da defesa dos direitos humanos, dos direitos das mulheres e da igualdade de género [31];
- Delineamento de territórios de desagravamento fiscal, designadamente através da criação de zonas francas [32], regimes de interioridade, ou regimes de insularidade [33], introduzindo pequenos "paraísos fiscais" dentro do próprio ordenamento interno (a esta temática será dada mais cuidada atenção adiante [34]).

Em todas estas situações, o legislador, atendendo aos desígnios ou finalidades de superior interesse público subjacentes – materializados

[27] Cf. art. 45.º do EBF.

[28] Cf. art. 44.º-A do EBF.

[29] Cf. art. 17.º do EBF.

[30] Cf. art. 43.º-A do EBF.

[31] Cf. art. 62.º, n.º 3, do EBF. Aliás, em algumas situações, o incentivo é de tal ordem que pode mesmo existir majoração, isto é, a possibilidade de deduzir fiscalmente um valor superior ao do próprio encargo suportado, como sucede, ainda a título exemplificativo, com as despesas de educação e formação de estudantes que frequentem estabelecimentos de ensino situados em território do interior ou nas regiões autónomas (art. 41.º-B, n.º 11, do EBF); as despesas com sistemas de partilha de automóveis e bicicletas (*carsharing* e *bike-sharing*, art. 59.º-B do EBF); certos donativos a entidades que se dediquem à divulgação científica (mecenato científico, art. 62.º-A, n.º 2, do EBF); ou os donativos concedidos a igrejas, instituições religiosas (art. 63.º, n.º 2, do EBF).

[32] Cf. art. 33.º do EBF.

[33] Cf. art. 41.º-B do EBF.

[34] Cf. *infra*, Parte III, apartado 2. (Deslocalização para zonas de baixa pressão fiscal).

em opções político-legislativas merecedoras de especial atuação –, tenta "empurrar" os contribuintes para certos espaços de planeamento que, de outro modo (isto é, sem os incentivos), dificilmente seriam ocupados. Neste sentido, poderá, com propriedade, falar-se em *planeamento fiscal induzido.*

2.4.2. Planeamento global e específico

É igualmente possível classificar o planeamento fiscal atentando na abrangência do objetivo planificador: por vezes, tem-se em vista a obtenção de uma vantagem fiscal global, apontando a toda a situação tributária do(s) sujeito(s) em questão, enquanto outras vezes o objetivo é apenas obter uma vantagem num determinado domínio específico ou numa particular espécie de manifestação de capacidade contributiva (um determinado género de rendimento, um particular tipo de património ou uma singular espécie de consumo).

Como exemplo do planeamento fiscal global podem ser apontados os comportamentos lícitos que visam o aproveitamento de *regimes gerais* que importam vantagens para os contribuintes, como sejam a opção pelo regime de tributação conjunta dos rendimentos dos elementos do agregado familiar – que permite beneficiar, *v.g.*, de diferentes deduções à coleta ou do quociente conjugal aplicável à soma dos rendimentos [35]–, ou pelo regime especial de tributação dos grupos de sociedades – permitindo agrupar numa sociedade dominante todos os resultados (positivos e negativos) da sociedades integrantes de um grupo [36].

Já no âmbito do planeamento fiscal específico ou setorial, sinalizam-se os atos de seleção de regimes parciais ou específicos, como o regime dos residentes não habituais em IRS – usufruindo de taxas de tributação potencialmente mais baixas aplicáveis a certos rendimentos [37]–, a opção pela tributação na categoria A do IRS dos rendimentos de prestações de serviços – podendo beneficiar, quando vantajoso, das respetivas deduções específicas [38]– ou a criação de uma sociedade transparente – em termos

[35] Cf. art. 13.º, n.os 2 e 3, do CIRS.
[36] Cf. arts. 69.º e ss. do CIRC.
[37] Cf. art. 72.º, n.os 10 e 12, do CIRS.
[38] Cf. art. 28.º, n.º 8, do CIRS.

de se poder aproveitar as regras de determinação da matéria tributável aplicáveis às sociedades, porventura mais vantajosas do que as aplicáveis às pessoas singulares [39].

Importa relevar que a natureza global ou específica do planeamento não está necessariamente conectada com o montante da vantagem eventualmente obtida. Embora normalmente seja de admitir que os esquemas globais podem potenciar um maior aproveitamento de benefícios – até porque podem envolver vários sujeitos –, a verdade é que um planeamento mais circunscrito a determinado tipo de rendimento ou património também pode permitir uma poupança considerável, atendendo ao tipo de benefícios envolvidos (como taxas mais baixas ou isenções).

2.4.3. Planeamento substantivo e adjetivo

Do ponto de vista da natureza e do conteúdo dos meios utilizados, é possível distinguir o planeamento fiscal que é efetuado com recurso a meios substantivos, daquele que é efetuado utilizando meios adjetivos, procedimentais ou processuais. A distinção é relativamente clara de se fazer, e parte da distinção entre os correspondentes "ramos de Direito". No planeamento substantivo, a vantagem fiscal pretendida é perseguida através das normas e dos regimes materiais, isto é, normas e regimes puramente fiscais respeitantes à incidência (ou não) dos impostos, às respetivas taxas (eventualmente mais vantajosas), às possibilidade de dedução de custos, encargos ou prejuízos, aos desagravamentos ou benefícios fiscais, enfim, às diferentes soluções que o legislador encontra para modelar as diversas relações jurídico-fiscais. E esta é, de facto, a forma mais comum de planeamento, sendo que é neste domínio que os verdadeiros profissionais (consultores, gestores, administradores, advogados, juristas, técnicos de contas, etc.) empreendem esforços – sérios, legítimos – no sentido de encontrar o desenho adequado para revestir os diferentes atos e operações do tratamento fiscal mais vantajoso e menos oneroso.

Porém, tal fim também pode ser prosseguido de um modo diverso, não tão comummente divulgado, e que consiste na utilização dos meios formais de Direito procedimental ou processual ao dispor dos sujeitos

[39] Cf. art. 6.º do CIRC.

para fazerem valer as suas pretensões junto da administração ou do tribunal (garantias dos contribuintes). Meios adjetivos, portanto. Pense-se, por exemplo, na utilização de reclamações, recursos, pedidos de revisão, impugnações, oposições, etc. com efeito suspensivo, seja porque tal resulta diretamente da lei [40], seja porque esses meios são acompanhados da prestação de uma garantia idónea ou do pedido para obter a respetiva dispensa [41]. Nestas situações, bem se entende que, mesmo que não se consiga o afastamento total do pagamento dos impostos em causa e sob litígio – até porque não é certo que o meio impugnatório apresentado seja procedente e tenha sucesso –, no mínimo consegue-se retardar o desembolso financeiro, postergando-o bem mais para a frente no tempo, propiciando um alívio de tesouraria que pode não ser negligenciável.

Naturalmente que, também aqui, apenas se poderá falar em verdadeiro planeamento se a utilização dos meios se configurar como legítima, ou seja, se for fundada, plausível e utilizada de boa-fé, em face dos dados da relação procedimental ou processual em concreto. Não assim, se os procedimentos ou processos forem manipulados de modo abusivo, por exemplo, utilizando-se uma reclamação ou um recurso unicamente com o propósito de atrasar o pagamento ou buscar uma prescrição, e sem motivos jurídicos que razoavelmente os fundamentem. Aliás, nestas situações, a conduta em causa até é objeto de censura direta por parte do legislador, motivando a aplicação de agravamentos à coleta, o que bem demonstra a sua natureza abusiva e, consequentemente, evasiva [42]. O mesmo se diga da utilização do processo nas situações qualificadas como litigância de má-fé [43].

2.4.4. Planeamento *ex ante* e *ex post*

Embora frequentemente percecionado como uma atuação antecipatória ou preventiva relativamente ao nascimento da obrigação fiscal, o planea-

[40] Cf., por exemplo, art. 91.º, n.º 2, da LGT.

[41] V., a respeito, por exemplo, arts. 69.º, alínea *f)*, ou 103.º, n.º 4, do CPPT. V., também, *infra*, Parte III, apartado 9. (Gestão do contencioso).

[42] Cf., por exemplo, art. 77.º, n.º 1, do CPPT.

[43] V. art. 542.º do CPC.

mento fiscal pode, em rigor e de um ponto de vista temporal, materializar-se tanto em atos anteriores como posteriores ao facto tributário. Assim sendo, poderá aludir-se, respetivamente, a planeamento fiscal anterior (*ex ante*) ou posterior (*ex post*).

Com efeito, não pode deixar de se reconhecer que, na maior parte das situações, a conduta ou o ato de planeamento têm lugar antes do nascimento da obrigação de pagamento de imposto, como sucede, por exemplo, quando, tendo em vista obter uma diminuição do encargos nos anos seguintes, se procede *(i)* a uma operação de fusão ou de cisão de sociedades (reestruturação empresarial), *(ii)* à constituição de uma sociedade para o exercício de determinada atividade de prestação de serviços que seria sujeita a tributação mais elevada se prosseguida de modo individual, ou ainda *(iii)* à opção pela tributação conjunta dos rendimentos do agregado familiar, como modo de aproveitar o quociente conjugal. Em todos estes casos, como facilmente se compreende, o ato planificador apenas produzirá efeitos relativamente a obrigações fiscais a constituir, e não em relação àquelas cujo facto constitutivo já se efetivou.

Porém, nem sempre assim será, pois é possível que o facto constitutivo já se tenha dado por verificado e o obrigado tributário já tenha visto nascer na sua esfera jurídica o dever de pagamento, e atue com o objetivo de pagar menos ou pagar mais tarde. Pense-se nas situações acima descritas de utilização das garantias adjetivas (garantias dos contribuintes), em sede administrativa (procedimento) ou jurisdicional (processo), casos em que a eventual utilização de uma reclamação ou impugnação com efeito suspensivo terá impacto de benefício relativamente a obrigações já constituídas e mesmo em fase de pagamento.

Note-se que a consideração deste critério pressupõe, como se disse, a localização temporal da atuação planificadora relativamente ao momento de verificação do facto tributário (facto constitutivo da relação jurídica tributária), e não em relação ao momento do pagamento (facto extintivo). Neste último caso, de facto, todas as condutas planificadoras seriam anteriores, pois ninguém fará planeamento em relação a impostos já pagos – ainda que vise um eventual reembolso ou restituição –, mas a verdade é que, juridicamente, é o primeiro momento aquele que aqui se considera, e deve ser considerado.

2.4.5. Planeamento interno e internacional

Numa perspetiva espacial ou territorial, as atuações de planeamento dos sujeitos passivos tributários tanto podem projetar os seus efeitos dentro de um único ordenamento jurídico-fiscal, como podem, contendo elementos de estraneidade, irradiar eficácia em direção a outros ordenamentos, levando a que se possa falar, respetivamente, em planeamento *interno* ou *internacional* (externo). Nas situações, dir-se-ia, mais simples [44], os sujeitos procuram usufruir dos regimes fiscais favoráveis dentro do próprio ordenamento no qual estão inseridos, por exemplo, constituindo uma sociedade residente para a prática de certa atividade que seria exercida a título individual de modo fiscalmente mais oneroso (advocacia, consultoria, agenciamento de atores, etc.); adquirindo as participações sociais de determinada sociedade com sede no mesmo território, com o fito de, integrando-a no grupo, aproveitar os respetivos prejuízos fiscais [45]; deslocalizando uma atividade para uma zona interior ou insular no próprio país, na qual se situem determinados benefícios; ou simplesmente optando pela tributação separada (ou conjunta, consoante os casos) dos rendimentos do seu agregado familiar, obtidos exclusivamente em território nacional.

Porém, a globalização das atividades económicas e empresariais – com a necessidade de acesso a mercados externos e longínquos –, bem assim como a complexidade objetiva e subjetiva das ligações que se desenvolvem – intensificando o recurso a fórmulas contratuais combinadas e a entidades de natureza jurídica diferenciada ou inovadora (certos tipos de sociedades, sucursais, filiais, estabelecimentos, representantes, estruturas fiduciárias, entre muitas outras) –, impulsionam os contribuintes para o aproveitamento das vantagens existentes em outros ordenamen-

[44] Importa colocar em ênfase que a referida simplicidade pode ser meramente aparente pois, quer a complexidade dos regimes legais – com a cada vez mais frequente introdução de pressupostos, requisitos, derrogações, exclusões, etc. –, quer a sofisticação técnica das próprias operações envolvidas (com componentes jurídicas, comerciais, gestionárias, contábeis, etc.), podem levar a que a adesão a certo regime ou a manutenção no mesmo sejam muito complicadas, ao ponto de os seus resultados práticos serem em muitos casos exíguos.

[45] Esta possibilidade, como se verá resta condicionada à verificação de alguns requisitos legalmente consagrados [cf., a propósito, art. 71.º do CIRC e *infra*, Parte III, apartado 7. – Gestão de resultados e componentes negativos (gastos, prejuízos e endividamento)].

tos, criando conexões e dependências com estes. Consequentemente, a busca de poupança fiscal passa a ser efetuada a um nível territorialmente mais amplo ou mesmo global. Várias situações podem aqui ser referidas, merecendo especial destaque a *deslocalização*, isto é, a escolha de localizações fiscalmente apelativas situadas fora do território nacional, utilizando as mesmas para aí situar *(i)* o domicílio pessoal, *(ii)* a sede ou a direção efetiva de determinada sociedade ou empresa, *(iii)* os estabelecimentos comerciais ou industriais de um grupo empresarial, ou *(iv)* determinadas atividades ou segmentos de atividade, sempre com o propósito de obter poupança nos impostos a pagar. Como melhor se verá, a estas localizações dispensam-se frequentemente designações atrativas como "paraíso fiscal" ou "território *offshore*", embora o rigor jurídico as desaconselhe, sendo preferível a alusão a "países, territórios ou regiões, sujeitos a um regime fiscal favorável", pelos motivos que se procurarão expor. Em todo o caso, certo é que se trata de zonas de desagravamento, seja porque não existem impostos equivalentes àqueles que, na residência, incidiriam sobre certa realidade (lucros, juros, salários, mais-valias, etc.), seja porque os que existem são substancialmente mais brandos (*e.g.*, taxas mais reduzidas, possibilidades incrementadas de dedução de custos, isenções), ou ainda porque existe um conjunto de outras condições que, aliadas às vantagens fiscais, tornam a sua eleição bastante atraente (sigilo bancário, debilidade do controlo, permissividade administrativa, etc.).

Ainda no âmbito internacional, mas provavelmente já fora do domínio do planeamento – ou, no mínimo, a resvalar para a evasão –, situa-se o denominado *treaty shopping*, ou seja, a criação de condições para obter as vantagens conferidas por certo tratado internacional que, na ausência das mesmas, não seria aplicado. Pense-se, por exemplo, num grupo de sociedades que cria um elemento de conexão "forçado" com determinado ordenamento estrangeiro (por exemplo, situando no mesmo um estabelecimento com reduzida atividade económica) unicamente com o objetivo de lhe ver aplicadas as normas de um tratado entre este último e um Estado terceiro destinado a eliminar a dupla tributação. Este manuseamento – para não utilizar o vocábulo "manipulação", que tem uma carga negativa e patológica inerente – de elementos de conexão pode acarretar benefícios fiscais consideráveis, e, em casos-limite, pode mesmo conduzir a situações de dupla não tributação.

Como se verá, fenómenos como a globalização, a internacionalização das economias e a utilização de sofisticadas técnicas de obtenção de poupança fiscal suscitam muitos problemas ao nível da erosão das bases de tributação e da consequente diminuição da perceção de receitas fiscais, levando a que exista a necessidade de introdução de limitações à autonomia da vontade dos sujeitos. Sucede, todavia, que na ausência de um verdadeiro ordenamento jurídico-normativo internacional – revestido de um aparato coercivo efetivo – e em face da inoperância da atuação unilateral dos Estados (pois os sujeitos deslocam-se de uns para outros, em função da maior permissividade encontrada), a solução passará, por um lado, pelos mecanismos de cooperação interestadual, designadamente ao nível da troca de informações e da assistência à cobrança de dívidas fiscais, e, por outro lado, pela receção legislativa da *soft law* (recomendações, relatórios, etc.) emanada por organizações internacionais, das quais a OCDE assume um papel de destaque.

2.5. Enquadramento jurídico do planeamento fiscal

Pensar o planeamento fiscal numa ótica jurídica não dispensa uma atitude de ponderação que considere os vários valores, bens jurídicos (objetivos) e interesses (subjetivos) que subjazem aos conflitos eventualmente surgidos. A este propósito, já foi dito que a perceção e a compreensão de determinada realidade não podem assentar na obliquidade, levando em atenção somente determinados argumentos tidos por convenientes e negligenciando os restantes, frequentemente forçando uma metodologia enviesada no sentido de acomodar as conclusões aos propósitos que se tentam alcançar desde o início. Em termos simples e diretos: nem os contribuintes e obrigados tributários podem pensar que todos os atos, negócios, contratos ou construções que conduzem a poupança fiscal são lícitos, nem o fisco pode concluir que todas as atuações de evitação de impostos são abusivas, pois existem condicionantes juridicamente relevantes que podem fazer pender a ponderação para o lado oposto àquele que obstinadamente se defende.

Por conseguinte, urge compreender o planeamento de modo integrado e *total*, aceitando os vários contributos juridicamente pertinentes e assumindo uma motivação de ponderação, num duplo sentido:

- Em primeiro lugar, num sentido jurídico-axiológico (valorativo), buscando um equilíbrio entre os vários bens jurídicos assimilados pelo ordenamento jurídico (liberdade e autonomia de vontade, sustentabilidade financeira pública, propriedade, livre concorrência, segurança jurídica, etc.);
- Em segundo lugar, num sentido interdisciplinar jurídico, assumindo o Direito Fiscal (e Tributário) como um Direito de sobreposição, que não pode negligenciar os contributos dos diversos segmentos da ciência jurídica, desde logo, o Direito Constitucional, o Direito da União Europeia, o Direito Internacional, o Direito Privado (*e.g.*, Civil, Obrigações, Comercial, Família, Sucessões) e, em complemento, o Direito Penal (no sentido amplo de Direito sancionatório, englobador das normas disciplinadoras dos crimes e das contraordenações).

Apenas com a referida integralidade será possível obter conclusões equitativas, lineares e racionalmente válidas; caso contrário, resta a parcialidade e a tendenciosidade: para uns, tudo é possível, pois tudo é planeamento; para outros, nada é possível, pois tudo é abuso ou fraude [46].

Nos desenvolvimentos seguintes tentar-se-á captar a relevância para o planeamento fiscal dos diferentes bens e segmentos (ramos) jurídicos, reforçando, quanto a estes últimos, as respetivas marcas identitárias, as quais se adiantam desde já:

- O Direito Constitucional afirma-se como o ancoramento valorativo para as práticas planificadoras;
- O Direito da União Europeia apresenta-se como um segmento jurídico que encara estes problemas de um modo funcionalizado às liberdades de mercado (mas, ainda assim, garantístico e protetor);

[46] V., a respeito, as palavras da Comissão Europeia que alude à necessidade de atingir um equilíbrio adequado entre *(i)* o Interesse público de combater o abuso e *(ii)* a necessidade de evitar restrições desproporcionadas à atividade transfronteiras na União Europeia. Cf. Comunicação da Comissão ao Conselho, ao Parlamento Europeu e ao Comité Económico e Social Europeu de 10 de dezembro de 2007 [COM (2007) 785], *A aplicação de medidas antiabuso na área da tributação direta – na UE e em relação a países terceiros.*

- O Direito Internacional assume especial importância enquanto complemento aos poderes impositivos dos Estados, mormente por meio da cooperação interestadual necessária à efetivação dos mesmos;
- O Direito Privado constitui amiúde a indispensável base para um bom planeamento, assumida a íntima relação material que o Direito Fiscal com o mesmo desenvolve (apropriação, ajustamento e modelação de conceitos e institutos);
- O Direito Criminal materializa o revestimento sancionatório indispensável, quando as atuações de evitação são desvaliosas e merecedoras de uma agravada censura.

Será tendo esta atitude de permanente busca de equilíbrio e de ponderação que se avançará.

2.5.1. Planeamento fiscal e Direito Constitucional

A abordagem não pode deixar de começar por ser efetuada pela Constituição e pelo Direito Constitucional, espaço no qual importa perscrutar os pertinentes bens jurídicos constitucionalmente protegidos e aferir do respetivo peso e relevância. Apenas assim se conseguirá alcançar a essência do fenómeno planificador e aferir da sua adequação.

É certo que a Constituição não alude diretamente a estas temáticas e nem sequer usa a palavra planeamento em qualquer das suas normas, mas a ausência de enunciados linguísticos expressos não significa, de modo algum, irrelevância ou indiferença relativamente aos assuntos. Na realidade, o legislador constituinte não deixa de servir de suporte às soluções que os baseiam e enformam.

Em outro contexto, já se aludiu à circunstância de que os ordenamentos jurídicos elegem determinados valores tidos como essenciais (dignidade humana, liberdade, paz, igualdade, democracia, justiça, segurança, etc.), qualificando-os e atribuindo-lhes a dignidade de bens jurídicos, constituindo os mesmos a sua marca genética em termos de diferenciação. Tais bens jurídicos, como se sabe, quando erigidos a um escalão supremo e fundamental, e quando recebidos – formal ou materialmente – a nível constitucional, adquirem a natureza de *bens jurídicos fundamentais.*

Compreende-se que atualmente, em época de globalização, condicionalismo e interpenetração sistemática, essas escolhas valorativas se encontram bastante homogeneizadas, sendo evidente a constituição de blocos dentro dos quais os ordenamentos acabam por aderir a um conjunto relativamente parecido de escolhas materiais, o que não deixa igualmente de suceder a nível fiscal, razão pela qual as opções axiológicas do ordenamento jurídico português não se diferenciarão sobremaneira das efetuadas por qualquer outro ordenamento da União Europeia. Aliás, com acerto se alude a uma *constituição material europeia*, resultante do reconhecimento sem reservas das opções conformadoras fundamentais dos legisladores constituintes dos diversos Estados-Membros.

Como se intui do referido, adere-se aqui a uma conceção material de Constituição, que vai além da literalidade dos preceitos emanados pelo poder constituinte originário ou derivado, embora, naturalmente, neles se ancore. Neste sentido, as normas constitucionais poderão constar da própria Constituição formal ou de outros corpos normativos com dignidade material similar, sejam diplomas internos (*e.g.*, diversos códigos fiscais), sejam diplomas não internos (por exemplo, a normação primária ou secundária de Direito da União Europeia).

Pois bem, tendo por referência o planeamento fiscal, são quatro os bens jurídicos fundamentais constitucionalmente protegidos que aqui se entendem merecedores de especial referência:

- A sustentabilidade financeira pública (2.5.1.1.);
- A justiça na tributação (2.5.1.2.);
- A liberdade e a autonomia da vontade (2.5.1.3.);
- A reserva da vida privada (2.5.1.4.).

Outros existirão seguramente (como o funcionamento eficiente dos mercados ou a livre concorrência empresarial [47]), mas será a estes que se dedicará particular atenção e análise nas linhas seguintes.

2.5.1.1. Sustentabilidade financeira pública

Em primeiro lugar, importa considerar, logo a nível jusfundamental, a importância dos dinheiros públicos e da sua correta arrecadação.

[47] Cf. arts. 81.º, alínea *f)*, e 99.º da CRP.

Os dinheiros públicos, no contexto dos quais os impostos constituem uma parte muito significativa – mesmo que nos tempos atuais a preponderância tenha alguma tendência para se diluir, em face da proliferação de taxas, contribuições e outros modos coativos de pagamento –, são imprescindíveis (no verdadeiro sentido da palavra) para a manutenção das estruturas fundamentais da sociedade num quadro de longo prazo. Tais estruturas, do ponto de vista institucional e organizacional, assentam no Estado e dele dependem, seja numa perspetiva positiva ou atuante, seja numa perspetiva negativa ou garantística, em qualquer dos casos pressupondo a sua existência e funcionamento. Pode dizer-se com seriedade que onde não existe Estado, não existe sociedade organizada e pacificada (ordem pública), num triplo ponto de vista [48]:

i) Não existem instituições, parlamentos, governos, regiões, autarquias, procedimentos e processos adequados, disponíveis e confiáveis, o que é garantido pelo *Estado de Direito*;
ii) Não existe soberania popular verdadeira, com eleições, referendos e outras consultas universais, livres e insuspeitas, o que é assegurado pelo *Estado democrático*; e
iii) Não existe proteção e assistência social certa e segura, independente da caridade ou da boa vontade, na doença, no desemprego, na educação, na habitação, o que é provido pelo *Estado social*.

Tudo isto – Estado de Direito, democrático e social – custa (muito) dinheiro, facilmente se compreendendo que a manutenção e a perenidade de um tal edifício institucional não prescindem de despesas e da constante afluência de recursos, apenas deste modo se cumprindo o desígnio fundamental de construção de uma sociedade livre, justa e solidária [49], e se aceitando sem reservas a existência de um *dever fundamental* de pagar impostos.

[48] O referido no texto não negligencia que existem estruturas jurídicas organizacionais e institucionais que não assumem a forma estadual e que prosseguem importantíssimas funções a nível coletivo e social, como as organizações internacionais, as instituições da União Europeia e mesmo entidades privadas; sucede que qualquer delas ou recebe do Estado a sua legitimação para agir ou dele dependem fortemente, desde logo a nível político e financeiro.

[49] Cf., desde logo, art. 1.º da CRP.

Tendo tal por assumido, é patente que a evasão e a fraude fiscais acarretam a erosão das bases de tributação e a consequente diminuição das receitas, potenciando falhas na provisão de bens públicos e fazendo perigar a sustentabilidade de todo o sistema a médio e longo prazo, o que bem demonstra que os propósitos de evitação fiscal não podem ser encarados de modo totalmente livre e incondicionado. Se todos evitarem, desaba o edifício institucional. É em vista disso que se pode afirmar que o planeamento fiscal deve ser encarado como um fenómeno com limites, não no sentido de ser negado, coartado ou restringido, mas no de ser corretamente identificado e, quando transpostos certos limiares, deixar de ser como tal qualificado e passar a ser fiscalizado e, se necessário, "corrigido".

E aqui se convoca uma coordenada essencial subjacente a tudo o que se vem referindo: impende sobre a administração tributária um dever oficioso, constitucionalmente previsto [50], de prossecução do Interesse público, materializado num princípio de inquisitório, ao qual são inerentes vários deveres que a mesma não pode deixar de levar à prática quando se está em presença de práticas de evitação fiscal suspeitas, a saber:

- O dever de investigação das realidades tributárias, incluindo a sindicância do cumprimento dos deveres que impendem sobre os obrigados tributários, desencadeando os competentes procedimentos tributários quando devidos, como sejam o procedimento de inspeção [51] ou o procedimento de acesso a informações bancárias (derrogação do sigilo bancário) [52];
- O dever de correção de abusos, quando os obrigados tributários, sob pretexto de planeamento, utilizam mecanismos que almejam vantagens fiscais que se podem considerar indevidas, o que poderá ser feito, nomeadamente, mediante o acionamento da norma antiabuso geral (NAAG) [53].

[50] Cf. art. 266.º, n.º 1, da CRP.

[51] Cf. arts. 63.º da LGT e 2.º do RCPITA.

[52] Cf. art. 63.º-B da LGT.

[53] Cf. art. 38.º, n.º 2, da LGT.

A estas matérias se voltará em momento mais adiantado da exposição, com aprofundamento de aspetos e dimensões que aqui se afigurariam deslocados. Por agora, importa apenas enfatizar que, por incumbência constitucional, o planeamento fiscal deve ser vigiado, sob pena de deixar de ser verdadeiro planeamento e se transformar em abuso (evasão ou fraude).

2.5.1.2. Justiça na tributação e exigências de tipicidade

Em segundo lugar, e num sentido de contrapeso valorativo relativamente ao bem jurídico-constitucional acabado de mencionar (sustentabilidade financeira pública), irrompe da Constituição o imperativo de justiça na tributação.

Num Estado de Direito, a necessidade de arrecadar recursos fiscais em ordem à realização de despesas públicas não pode ser perspetivada de um modo absoluto, legitimando qualquer imposição fiscal independentemente da sua forma e do seu conteúdo. Num tal contexto, a criação, liquidação e cobrança de impostos - na verdade, de quaisquer tributos, embora, como *ab initio* se deixou delimitado, apenas aqueles sejam a referência discursiva - deve subordinar-se a incontornáveis exigências de justiça que, quando não respeitadas, retiram validade (no sentido de conformidade, acerto legal, legalidade) ao ato impositivo, tornando-o viciado e legitimando a resistência ao mesmo [54]. Embora, em geral, tais exigências de justiça se projetem numa dimensão material - atinente aos imperativos de salvaguarda do núcleo essencial da propriedade privada, da igualdade e da proporcionalidade da tributação, bem assim como à proteção da confiança legítima - e numa dimensão formal - relativa às exigências de legalidade e tipicidade -, constata-se que será esta segunda que assumirá uma acrescida relevância quando se tematiza constitucionalmente o planeamento fiscal.

Tal sucede porque os sujeitos passivos ou obrigados tributários sabem que *nullum tributum sine lege*, e que a sua esfera jurídica estará resguardada de intrusões fiscais que não encontrem na lei a sua origem e o seu fundamento. *A contrario*, fora dos espaços legislativamente previstos e cla-

[54] Cf. art. 103.º, n.º 3, da CRP.

ramente demarcados de imposição fiscal, saberão que toda a atuação de evitação poderá (deverá) ser considerada legítima e válida.

Explicando.

Decorre do princípio da tipicidade fiscal a obrigatoriedade de os impostos serem criados por lei e por esta modelados relativamente ao conteúdo deôntico, devendo definir-se e delimitar-se em termos absolutamente inequívocos as fronteiras da tributação: dentro delas existem vinculações de pagamento, e outras, como declarativas, contabilísticas, de retenção, etc.; fora, não existem vinculações de pagamento, na medida em que se está para além do perímetro de vinculação e em áreas consideradas livres, de resguardo ou de proteção relativamente aos impostos (sem prejuízo de eventuais obrigações acessórias, *e.g.*, declarativas). Este é um ponto essencialíssimo quando se pretende compreender e enquadrar o direito ao planeamento fiscal, pois o seu âmbito preferencial de atuação situar-se-á precisamente na exploração dos espaços em branco, nas ditas *zonas livres*, as quais os (potenciais) contribuintes tentarão explorar e maximizar, para aí deslocando os seus comportamentos, que se situarão muitas vezes "entre" os vários impostos existentes.

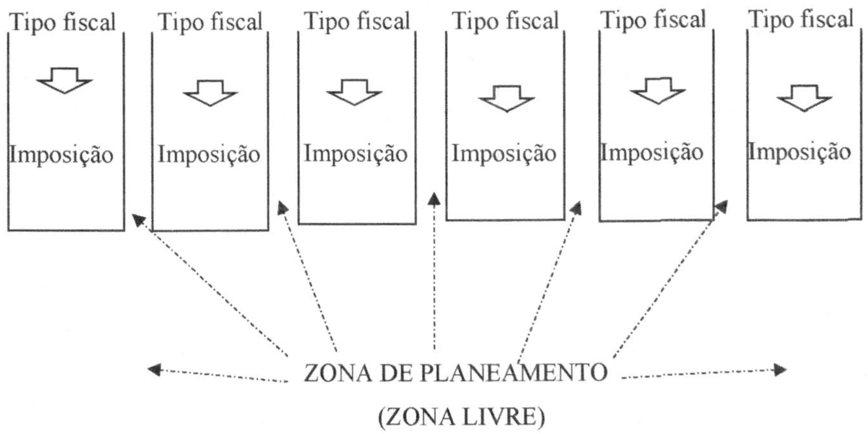

Naturalmente que a lei fiscal, para que possa conferir aos seus destinatários uma adequada e efetiva proteção, não pode ser emanada como uma lei comum, devendo antes preencher um conjunto de requisitos específicos que a tornam – a par das leis penais/criminais – dotada de um específico revestimento garantístico constitucionalmente assegurado [55]. Por isso se diz que o princípio da legalidade em matéria fiscal é revestido de acrescidas exigências que se projetam numa particular configuração do tipo legal de imposto [56], em termos de o mesmo se apresentar *(i)* taxativo – o catálogo do legislador é fechado (*numerus clausus*), delimitando *a contrario* o campo livre de imposto; *(ii)* seletivo – contendo o recorte e a descrição individualizada e pormenorizada dos factos tributários, proibindo-se as "cláusulas gerais de imposto" (*v.g.*, "todos os rendimentos serão tributados" ou "todas as aquisições de bens serão tributadas"); *(iii)* claro e denso – o tipo não deve utilizar conceitos indeterminados nem cláusulas de abertura que devolvam para os aplicadores valorações subjetivas ou discricionárias; e *(iv)* exclusivo – o tipo fiscal deve por si só ser suficiente para fundar uma eventual tributação, excluindo liminarmente o recurso a formas de integração de lacunas (como a criação de normas *ad hoc*, o recurso à analogia ou aos princípios gerais de Direito) e aceitando muito cautelosamente qualquer forma de interpretação extensiva de conceitos.

Compreende-se, porém, que a evolução da realidade, a explosão de possibilidades de tributação e de factos tributários, e a cada vez maior sagacidade – não necessariamente censurável – de comportamentos dos destinatários das normas no sentido de as evitar, acabaram por condicionar o modo de o legislador levar à prática a sua tarefa, tendo por efeito

[55] Cf. arts. 103.º, n.º 2, e 165.º, n.º 1, alínea *i)*, da CRP.

[56] Em termos de criação normativa, é consabido que o método tipológico – alternativo ao uso de claúsulas gerais – consiste numa técnica mediante a qual o legislador estabelece padrões, modelos ou arquétipos, delineados a partir de determinadas especificidades comuns a várias realidades, por meio dos quais vincula os aplicadores normativos (administração, tribunais, particulares, etc.), no momento da aplicação, a uma tarefa quase automática de subsunção da realidade fenoménica ao modelo ou padrão criado. Trata-se de um método particularmente usado pelo ordenamento normativo em matérias de natureza restritiva, como os domínios tributário, criminal e contraordenacional [embora também possa ser usado em outros domínios, como os Direitos Reais, Direito da Família (tipos de regimes de bens) ou Direito Comercial (tipos societários)].

uma certa *suavização* de algumas das exigências descritas [57]. Não sendo este o local certo para proceder a juízos críticos sobre tal fenómeno, sempre se dirá que, com maior ou menor desvio, essas exigências ainda se revelam pertinentes. Certo é que, sendo o tipo legal taxativo e exclusivo, os contribuintes e obrigados tributários sabem que fora do perímetro de incidência não pagam ou não devem pagar, de modo que para aí dirigem as suas atuações planificadoras e aí se tentam situar, explorando os espaços livres e tentando maximizá-los. Neste sentido, o princípio da legalidade na sua dimensão de tipicidade fechada, com amparo no princípio da segurança jurídica, constitui uma importante garantia, precisamente para que se saiba até onde se pode ir, e para que as possibilidades planificadoras possam ser cabalmente exercidas. De resto, e como já foi devidamente assinalado, pode até acontecer que seja o próprio criador normativo quem pretenda "empurrar" os obrigados tributários para certas áreas preferenciais, criando espaços livres que deseja que sejam por eles preenchidos (planeamento *induzido*).

Enfim, e em resumo, a ligação entre o planeamento fiscal e o bem jurídico-constitucional "justiça" radica na ideia de que o primeiro se encontra "resguardado" quando as exigências do segundo se encontram preenchidas (principalmente numa perspetiva formal), pois aí se encontra a vasta área, o amplo terreno, no âmbito da qual as possibilidades volitivas de evitação podem ser livremente desenvolvidas.

[57] Por exemplo, não pode deixar de se reconhecer que em determinados domínios técnicos torna-se imprescindível abrir na fórmula legislativa tipificada alguns espaços de apreciação e de valoração que permitam à administração tributária e aos tribunais conformar a aplicação normativa à evolução constante das realidades empíricas subjacentes. Caso contrário, a lei tornar-se-ia desatualizada e desadaptada muito rapidamente, cristalizando-se e tornando-se insuscetível de aplicação, potenciando a fuga ilegítima ou a evasão. Seja como for, e como refere o próprio Tribunal Constitucional, "o recurso a conceitos jurídicos indeterminados (...) deve encontrar na letra da lei um tal grau de densificação normativa que correspondam a um mínimo de critérios objectivos (...), em termos tais que permitam aos cidadãos, com um mínimo de segurança, saber com que quadro normativo contam quanto à possível aplicação dessa lei e que simultaneamente confiram aos tribunais elementos objectivos suficientes para apreciação da adequação e proporcionalidade (...)" – acórdão do TC n.º 271/05. V. também, entre vários outros, o acórdão do TC n.º 756/95.

2.5.1.3. Liberdade e autonomia da vontade

Igualmente no sentido de sobrelevar a ideia de planeamento e de constituir um contrabalanço a uma imposição fiscal demasiado exigente e restritiva, surgem as prerrogativas inerentes à autonomia da vontade, as quais, apesar de não receberem consagração constitucional expressa, são consideradas materialmente constitucionais. Na verdade, enquanto princípio constitucional não escrito, a autonomia da vontade constitui uma densificação do bem jurídico (valor) *liberdade* e afirma, no mundo do Direito, o reconhecimento de que qualquer pessoa legalmente capaz pode exercer ou não exercer determinada situação jurídica ativa, vinculando-se ou não, de acordo com as suas determinações de vontade. Trata-se do reconhecimento – que não pode deixar de se fazer – da capacidade de cada um conduzir os próprios rumos de existência, havendo perímetros de autodeterminação volitiva que não são comprimidos pela atuação estadual. Nesta medida, entronca diretamente no pilar essencial do ordenamento jurídico que é a *dignidade da pessoa humana*, abarcando um conjunto de direitos subjetivos e faculdades que são fundamentais no momento de seleção dos caminhos jurídicos a seguir quando se procura a via fiscal menos onerosa, como sejam, entre outros, *(i)* a autonomia contratual – que abarca a liberdade de celebração de contratos (*Abschlußfreiheit*), a liberdade de conformação do conteúdo dos mesmos (*Inhaltsfreiheit*) e a liberdade de forma (*Formfreiheit*) – e *(ii)* a autonomia económica e de gestão.

Ambas desempenham no domínio fiscal uma importância inafastável – embora aí não se esgotem, evidentemente, visto que se projetam igualmente em outros domínios específicos, como o afetivo, o familiar ou o laboral –, permitindo afirmar a liberdade de escolha dos mosaicos jurídicos mais adequados.

Particularmente no que diz respeito à autonomia económica e de gestão, relevam as liberdades de iniciativa económica privada e de organização empresarial [58], afirmando-se que cada um pode criar e gerir as suas empresas e outras estruturas de acordo com as respetivas *convicções de gestão*. Nesta medida, os sujeitos são livres de planificar, propor e executar

[58] V., a respeito, arts. 61.º, n.º 1, e 80.º, alínea *c)*, da CRP.

todos os meios lícitos que tenham ao seu dispor, escolhendo as formas jurídicas de personificação que reputem mais convenientes (*e.g.*, sociedades e seus subtipos, fundações, associações, cooperativas, organismos de facto), selecionando os modelos organizativos que considerem apropriados (empresa em nome individual, sociedade, grupos de sociedades, estabelecimentos, filiais), perscrutando os modos de financiamento pertinentes (capitais próprios, recursos públicos, empréstimos privados, financiamento bancário, etc.), modelando os instrumentos laborais do modo que julguem adequado (admitindo trabalhadores a termo resolutivo, a tempo parcial, de modo intermitente, em comissão de serviço, etc.), e, naturalmente, encontrando os instrumentos tributários e fiscais no sentido de evitar, baixar ou diferir os encargos respetivos. Insiste-se que se está sempre a aludir a meios que o ordenamento coloque ao seu dispor, ou não os proíba, e nunca a meios ilícitos. Reconhece-se aqui, em homenagem à ideia de liberdade, que ninguém é obrigado a praticar condutas que se qualifiquem como factos impositivos ou onerosos. Por exemplo: se o ordenamento permite que um estabelecimento comercial seja instalado em qualquer sítio do território nacional, é perfeitamente possível escolher aquele que corresponda a uma localização na qual os impostos municipais sejam mais baixos, obtendo-se deste modo uma considerável poupança fiscal no que concerne à imposição sobre os lucros ou o património.

Porém, como resulta do exposto, quer uma quer outra (autonomia da vontade e autonomia de gestão) são conjuntos de prerrogativas suscetíveis de contenção, não podendo ser exercidas em termos irrestritos ou absolutos, designadamente porque com as mesmas podem conflituar determinados interesses públicos ou privados que impõem uma lógica de ponderação e harmonização [59]. Em todo o caso, fora destes terrenos de limitação, as autonomias referidas constituem um fundamento legítimo, constitucionalmente ancorado, para as práticas planificadoras.

[59] De resto, tal ideia é assumida pela jurisprudência, como se pode ver, a título exemplificativo, nos acórdãos do TCA Sul de 15 de fevereiro de 2011, processo n.º 04255/10, e do TCA Norte de 9 de novembro de 2012, processo n.º 00382/07.3BECBR.

2.5.1.4. Reserva da vida privada

Uma dimensão valorativa constitucional que não é frequentemente associada ao planeamento, embora com o mesmo conviva proximamente e que pode mesmo materializar outro eventual "auxiliar" das práticas planificadoras, diz respeito ao direito fundamental à proteção de certas esferas da vida pessoal, profissional ou empresarial que envolvam informações ou dados considerados reservados ou sigilosos.

A menção a tal direito no presente contexto justifica-se por motivos facilmente identificáveis, na medida em que as crescentes necessidades de investigação, a sofisticação dos modos de evitação fiscal, e as limitações pessoais e técnicas dos agentes públicos de controlo (designadamente da inspeção tributária) têm acentuado nos ordenamentos jurídicos duas fortes tendências:

- Por um lado, a imprescindibilidade, cada vez maior, de acesso a dados privados, seja a nível pessoal e familiar (por exemplo, consultas médicas, intervenções cirúrgicas, tratamentos estéticos, regimes alimentares, preferências afetivas ou sexuais, deslocações, alojamentos, filiações religiosas, desportivas ou partidárias, etc.), profissional (carteiras de clientes, tipos de ações judiciais, movimentos ou saldos bancários, etc.) ou empresarial (penetração em certos mercados, aquisição de estabelecimentos, processos de fabrico, *know-how*, segredos comerciais, registo de patentes ou marcas, operações de fusão ou cisão, etc.);
- Por outro lado, a "privatização" das funções inspetivas e investigatórias, fazendo impender sobre certos profissionais o dever de revelação de factos tributários, como sucede, por exemplo, com os deveres que recaem sobre advogados, solicitadores, técnicos ou revisores de contas, consultores, ou outros profissionais que prestem aconselhamento ou assessoria jurídico-fiscal no sentido de os obrigar a reportar e comunicar informações fiscalmente relevantes, num emaranhado de obrigações dificilmente compagináveis com a respetiva esfera de liberdade e autonomia profissional [60].

[60] De um ponto de vista jurídico-normativo, esses deveres podem ter assento positivado em várias localizações, desde os diversos códigos fiscais (por exemplo, arts. 117.º e ss. do CIRC;

No quotidiano, muitas das opções planificadoras fiscais envolvem factos, fundamentos e razões da mais diversa natureza, desde profissional a empresarial, até pessoal, afetiva, familiar ou mesmo íntima. Por exemplo, além da poupança de impostos, a operação de fusão de duas sociedades pode ter subjacentes razões de natureza concorrencial que se querem manter em segredo (mesmo perante o fisco), do mesmo modo que uma deslocalização de residência pode basear-se num problema de saúde que não se pretende revelar. Por outro lado, um advogado pode, com legitimidade, não querer desvendar certas técnicas de poupança fiscal que aconselhou a quem o consultou (e lhe pagou honorários).

Ora, neste quadro, as duas tendências acima referidas (demanda crescente de dados e banalização de deveres de comunicação) acabam por se revelar perniciosas para o planeamento fiscal, devendo ser juridicamente balizadas, sob pena de se colocar em crise dimensões constitucionais essenciais, como o princípio da proporcionalidade – designadamente, perguntando se haverá absoluta necessidade de imposição de certos deveres –, a liberdade de escolha de profissão e de exercício de atividade – na medida em que os profissionais da área do planeamento estarão "a trabalhar para o fisco", ao mesmo tempo que são contratados pelos seus clientes, utilizadores ou constituintes – ou o direito à reserva informativa, previsto, ainda que de modo não absolutamente expresso, na Constitui-

112.º e ss. do CIRS; 49.º, n.os 4 e 5, do CIMT; ou 52.º do CIS), às leis especificamente desenhadas para o efeito (como a Lei n.º 26/2020) ou até instrumentos "internacionais" com forte carga persuasiva, como o *Foreign Account Tax Compliance Act* (FATCA). A colocação de aspas na referência a este último diploma justifica-se pela circunstância de se estar em presença de um instrumento que não é, de maneira alguma, um diploma normativo internacional, mas puramente interno e legislativo (norte-americano), mas que, como melhor se verá, impõe deveres de comunicação de certos dados (titulares de contas, moradas, números de identificação fiscal, números de conta, movimentos, saldos bancários, etc.), relativamente a certas operações transfronteiriças. Sucede que a força persuasiva que o mesmo contém quase "obriga" os outros Estados a aderir às suas prescrições. Quer o FATCA, quer a Lei n.º 26/2020 serão adiante objeto de nova e mais demorada referência, pelo que, nesta localização, desenvolvimentos sobre os mesmos seriam certamente deslocados. Para um estudo mais aprofundado, v. *infra*, Parte II, apartados 1.4. [Normas estaduais com persuasão internacional (em especial, o FATCA)] e 2.1.5. [Imposição de deveres acessórios de comunicação (Lei n.º 26/2020)].

ção [61]. Decorre deste último direito – titulado quer por pessoas singulares, quer por pessoas coletivas ou equiparadas – que a esfera jurídica dos privados não pode ser devassada contra a sua vontade e contra os seus interesses, reconhecendo-se um círculo dentro do qual as intrusões investigatórias – decorrentes, por exemplo, dos planos de combate à evasão e à fraude fiscais – não podem penetrar, ou apenas o podem fazer debaixo de condições muitíssimo limitadas, as quais passam ou pela previsão legal expressa ou pela autorização judicial. Aceita-se, naturalmente, que se devam investigar e indagar as atuações que se suspeite estarem para além do limite da legalidade – e, nesta medida, fora do planeamento –, mas essa investigação não pode ser tão desproporcional, extensa e agressiva que se transforme em intrusão inconstitucional.

Enfim, e em resumo, a Constituição, quando convenientemente invocada e manuseada, pode ser, nesta matéria, um relevante elemento de proteção do planeamento fiscal, designadamente contra as limitações às atuações planificadoras e contra as ingerências estaduais na esfera da vida privada dos obrigados fiscais, reconhecendo-se que, malgrado a imprescindibilidade das funções investigatórias, o Estado não pode, passe as expressões, querer "meter-se em tudo", nem colocar os privados "a trabalhar para o fisco". Não pode, designadamente, adentrar na esfera privada da vida das pessoas, acedendo a informação e dados reservados, nem empurrar para outrem (profissionais qualificados) o trabalho que a si lhe cabe, quando não consegue desempenhar inteiramente as suas atribuições.

2.5.1.5. O planeamento fiscal na encruzilhada dos bens jurídicos constitucionalmente protegidos. O imperativo (pouco conseguido?) de neutralidade fiscal

Nas linhas precedentes tentou colocar-se em evidência a ideia de que a Constituição não alicerça entendimentos radicais, oblíquos ou parciais do planeamento fiscal, mas, pelo contrário, obriga à consideração de múltiplos vetores axiológicos que se entrecruzam e frequentemente impelem em sentido diverso. Com efeito, se a sustentabilidade financeira pública

[61] Cf. art. 26.º, n.º 1, da CRP. V., a respeito, o parecer da Comissão Nacional de Proteção de Dados (CNPD) n.º 48/2014, de 17 de junho de 2014.

e o dever fundamental de pagar impostos constituem como que um travão às pretensões abusivas e aos esquemas de evitação mais arrojados – configurando-se, nesta medida, como "aliados" do fisco e legitimadores das suas atuações –, a específica e exigente tipicidade fiscal, a autonomia da vontade e o *direito à reserva* dos dados já se apresentam como garantias dos obrigados tributários e freios às reivindicações de um fisco opressor e intrusivo.

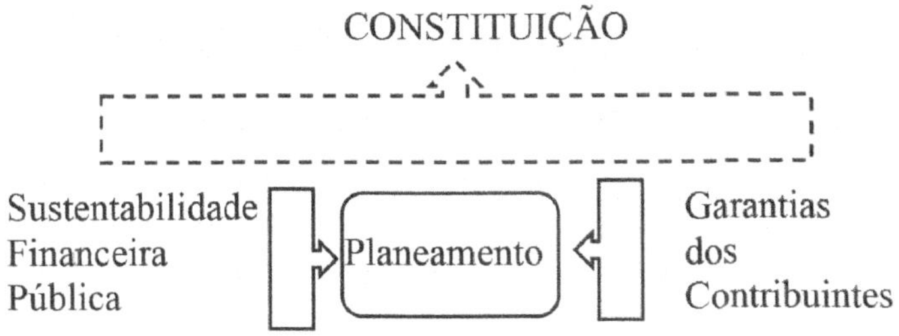

Aceitando-se esta moldura temática, não resta espaço para, com seriedade, negar o peso inquestionável de dois deveres aparentemente opostos, mas perfeitamente conciliáveis, até porque ambos constitucionalmente fundeados: por um lado, o dever de pagar impostos, e, por outro lado – com particular relevo no presente contexto –, o dever de neutralidade das imposições fiscais. Este dever tem sido afirmado pela jurisprudência [62] e prefigura o desígnio de que o desenho legal imprimido aos impostos, bem assim como a respetiva aplicação, deverão ser neutrais, no sentido de não afirmarem uma influência significativa nas decisões pessoais, profissionais e empresariais dos sujeitos. Por conseguinte, deverão os poderes públicos ficar impedidos de introduzir regimes que, por um lado, impeçam ou dificultem excessivamente as opções de cada um e, por outro lado, distorçam as regras de mercado ou falseiem a concorrência. Vale isto por dizer que o Estado (legislador e administração) não deve,

[62] V., por exemplo, acórdão do TC n.º 430/2016. Igualmente com relevância (pese embora no contexto jus-europeu), v. acórdãos do TJUE de 21 de fevereiro de 2006, processo C-255/02 (*Halifax*) – que, em matéria de IVA, assumiu a finalidade de garantir a neutralidade quanto à carga fiscal de todas as atividades económicas –, e de 15 de julho de 2020, processos apensos T-778/16 e T-892/16 (*Apple*).

a pretexto do combate à evasão e à fraude fiscais, castrar os espaços de liberdade e de planeamento, afirmando-se como opositor à livre e lícita atuação dos sujeitos, sem prejuízo, naturalmente, da prossecução das suas relevantíssimas atribuições. Não deve, designadamente:

i) Sobrecarregar fiscalmente atos, negócios, contratos ou construções que os sujeitos venham explorando de modo perfeitamente lícito, ocupando – seja com novos impostos, seja com o alargamento dos já existentes – espaços planificadores até então livres e fora dos perímetros de sujeição;
ii) Criar deveres que dificultem as operações de reestruturação empresarial (como fusões, cisões ou transformações de sociedades) ou o livre exercício das atividades económicas e gestionárias;
iii) Onerar para além do razoável certos profissionais ou setores de atividade com deveres declarativos, comunicativos, de registo ou outras adstrições de natureza burocratizante;
iv) Impulsionar desproporcionalmente os procedimentos administrativos de reação ao abuso, como sejam a invocação da norma antiabuso geral (NAAG), a inspeção tributária, ou o acesso direto a dados bancários (sem autorização judicial).

Sucede que, na prática, as coisas não se passarão assim, pois a tendência tem sido precisamente a oposta: não apenas se alarga cada vez mais o âmbito de incidência das normas fiscais – arrastando para os domínios dos impostos realidades que anteriormente não estavam sujeitas aos mesmos –, como se criam em cada vez maior número (e espécie) taxas, "sobretaxas", "adicionais" e "contribuições". Paralelamente, burocratiza-se em crescendo o exercício de certos atos, atividades ou profissões, descarregando nos privados tarefas que deveriam ser estadualmente assumidas – pense-se, por exemplo, nos deveres de comunicação que impendem sobre advogados, solicitadores, notários, conservadores, etc. no âmbito da Lei n.º 26/2020, ou o desmedido processo de documentação (*dossier*) relativo aos preços de transferência[63] –, sem esquecer que

[63] Cf. art. 17.º, n.º 8, da Portaria n.º 268/2021, de 26 de novembro.

não é rara a atitude administrativa de indiferença em sede procedimental ou processual (reclamações, recursos, oposições, etc.).

Note-se: não se está a defender o planeamento fiscal como direito absoluto, até porque torna-se imperativo reconhecer (como se fez acima) a importância dos impostos e da sua arrecadação e a relevância do cumprimento dos deveres constitucionais e legais; o que aqui se preconiza é a consideração desse direito como existente e válido, embora limitado, a exemplo de qualquer outro. Neste sentido se pode dizer, com acerto, que, diante de alternativas, ninguém é obrigado a praticar atos que conduzam aos caminhos fiscalmente mais onerosos, não podendo deixar de se reconhecer uma natural propensão para poupança e economia. Constitucionalmente, os sujeitos passivos e obrigados tributários têm o direito de escolher os modos de atuação que reputem mais vantajosos. Ponto é, sempre, que respeitem a letra e o espírito do ordenamento.

2.5.2. Planeamento fiscal e Direito da União Europeia

A visão integral do planeamento fiscal recebe igualmente significativos contributos do Direito da União Europeia, pese embora neste domínio as questões sejam tematizadas, não tanto em vista de bens jurídicos fundamentais ou valores essenciais do ordenamento (sustentabilidade, justiça, liberdade, autonomia, reserva da vida privada), mas antes em ordem a propósitos de natureza mais instrumental e secundária, como as liberdades fundamentais de mercado e o funcionamento eficaz deste, em termos de livre concorrência. Na verdade, é tendo em atenção estas coordenadas que o normador europeu (Direito primário e secundário [64]) e a jurisprudência têm abordado as questões do planeamento, da evasão e da fraude fiscais, enfatizando, por um lado, o direito ao pleno exercício das liberdades fundamentais e, por outro lado, o imperativo de não discriminação, não admitindo, como regra, limitações ao planeamento, designadamente em razão da origem ou nacionalidade dos sujeitos. Todavia, adiante-se desde já que a linha de evolução aponta no sentido da crescente consi-

[64] Aliás, a própria nomenclatura das diretivas é sintomática, bastando atentar, por exemplo, na Diretiva (UE) 2016/1164 do Conselho, de 12 de julho de 2016, a qual estabelece regras contra as práticas de elisão fiscal *que tenham incidência direta no funcionamento do mercado interno* (sublinhado nosso, evidentemente).

deração do direito dos Estados à perceção das receitas fiscais e do esbatimento de alguma ortodoxia mercantil, admitindo-se algumas restrições no contexto do combate a montagens e construções puramente artificiais ou desprovidas de substância económica.

Seguidamente, será adotando um enfoque dual que se adentrará nestas temáticas, considerando os contributos do legislador e da jurisprudência, e reconhecendo que ambos têm assumido uma função bastante relevante na afirmação e no enquadramento (balizamento) do planeamento fiscal.

2.5.2.1. As disposições dos Tratados e as principais diretivas atinentes às matérias de planeamento fiscal

Em matéria de planeamento fiscal *lato sensu*, as mais significativas normas de Direito europeu constam dos próprios Tratados (Direito primário) ou de diretivas (Direito secundário), embora de modos distintos em termos de consagração e reconhecimento: nos Tratados, a abordagem é indireta, uma vez que em momento algum o legislador primário europeu se refere expressamente à temática, sendo a mesma suscitada a propósito de outros assuntos merecedores de positivação; nas diretivas, a abordagem é direta ou indireta, consoante a temática do planeamento fiscal constitua o propósito determinante das normas e estas tenham subjacente uma específica intencionalidade de disciplina ou, diferentemente, seja apenas um assunto que, a propósito de outros, se decidiu legislar. As restantes "fontes" (designadamente as decisões, as recomendações e os pareceres) não adquirirão aqui especial relevância, até considerando a respetiva falta de normatividade, seja pela fisionomia individual, seja principalmente pela ausência de natureza deôntica [65].

No que especificamente diz respeito aos Tratados, e, como se disse, o planeamento fiscal não é expressamente referido nas respetivas normas em momento algum, embora não se possa dizer que esteja completamente ausente, como aliás já de seguida se tratará de demonstrar a propósito da jurisprudência. Na realidade, é principalmente a partir do enfoque das liberdades fundamentais (livre circulação das mercadorias,

[65] Cf. art. 288.º do TFUE.

das pessoas, dos serviços e dos capitais [66]) que o planeamento é ancorado, designadamente quando se procura averiguar se existirão restrições inadmissíveis às mesmas, por exemplo, através de entraves legais desproporcionados à deslocalização de residência, à aquisição de participações sociais no quadro de fusões de empresas, ou ao reporte de prejuízos. De resto, prevêem-se, *aqui e ali*, algumas alusões à possibilidade de os Estados-Membros introduzirem medidas restritivas de combate aos abusos (*e.g.*, "disposições pertinentes", "medidas indispensáveis", "medidas justificadas"), quando se trata de proteger interesses gerais relevantes em matéria fiscal [67].

Mas é acima de tudo ao nível da "fonte" *diretiva* que estes temas são abordados pelo legislador europeu, sendo possível identificar dois claros sinais de intencionalidade:

i) Num primeiro grupo de casos, o tratamento jurídico é, por assim dizer, lateral, suscitado a propósito da utilização abusiva dos benefícios aplicáveis a certas liberdades fundamentais. Pense-se, por exemplo, na possibilidade de os Estados-Membros não consagrarem ou atribuírem benefícios fiscais consagrados nas diretivas (*e.g.*, isenções) em casos de valores anormais contratualizados entre sujeitos que mantêm entre si relações especiais [68], ou de operações que tenham motivações evasivas ou fraudulentas [69];
ii) Num segundo grupo, os núcleos temáticos atinentes às matérias que aqui relevam já são tratados de modo mais direto e enfático, com expressos propósitos de combate à evasão e à fraude fiscais, em consequência da erosão das bases de tributação dos Estados-Membros e da quebra de receitas fiscais. Neste contexto,

[66] Cf. art. 26.º, n.º 2, do TFUE.

[67] V., por exemplo, art. 45.º, n.ºs 1 e 2, do TFUE.

[68] Cf. art. 4.º, n.º 2, da Diretiva 2003/49/CE do Conselho, de 3 de junho de 2003 (regime fiscal comum aplicável aos pagamentos de *juros* e *royalties*).

[69] Cf. arts. 5.º, n.º 2, da Diretiva 2003/49/CE *supra* referida; 15.º, n.º 1, alínea *a)*, da Diretiva 2009/133/CE do Conselho, de 19 de outubro de 2009 (relativa ao regime fiscal comum aplicável às fusões, cisões, entradas de ativos e permutas de ações); ou 1.º, n.º 2, da Diretiva 2011/96/UE do Conselho, de 30 de novembro de 2011 (relativa ao regime fiscal comum aplicável às sociedades-mães e sociedades afiliadas de Estados-Membros diferentes).

ganham específica saliência a Diretiva (UE) 2018/822 do Conselho, de 25 de maio de 2018 (que impõe aos Estados-Membros a adoção das medidas necessárias para que os sujeitos "intermediários" sejam obrigados a comunicar à ATA mecanismos transfronteiriços de evasão fiscal), e a Diretiva (UE) 2016/1164 do Conselho, de 12 de julho de 2016 (que estabelece regras contra as práticas de elisão fiscal que tenham incidência direta no funcionamento do mercado interno e que é geralmente citada como "Diretiva antiabuso").

Estas e bastantes outras diretivas foram transpostas para o ordenamento jurídico português, seja por meio de atos legislativos específicos – como, por exemplo, a Lei n.º 26/2020, que efetuou a transposição da Diretiva (UE) 2018/822 –, seja por meio de alterações aos códigos fiscais, o que, como é patente, muito tem contribuído para a proliferação, inflação e confusão legislativas. De resto, no que nomeadamente diz respeito às normas antiabuso, o legislador português foi particularmente denso, como se terá ocasião de verificar em momento mais avançado da exposição, pelo que para lá se remete [70].

2.5.2.2. Alguns marcos jurisprudenciais europeus significativos

Como já se adiantou, em termos de Direito europeu – e em comparação com o Direito Constitucional, onde os bens jurídicos desempenham um estatuto de primariedade bastante mais sólido e se irradiam em diversas direções –, a argumentação é menos axiológico-valorativa ou, se se preferir, assenta numa base valorativa substancialmente mais reduzida e funcionalizada, limitada à afirmação das liberdades fundamentais e ao funcionamento do mercado. Ora, tal limitação acaba por se refletir na jurisprudência do TJUE, a qual, no que especificamente diz respeito às temáticas de planeamento fiscal, tem gravitado em torno de dois eixos temáticos eventualmente conflituantes, mas perfeitamente conciliáveis: *(i)* por um lado, a liberdade e fluidez do mercado, mediante o combate às medidas restritivas impostas pelos Estados às liberdades de estabeleci-

[70] V. *infra*, Parte II, apartado 2.1.2.2. [Norma antiabuso geral (NAAG)].

mento e de circulação de capitais, e *(ii)* por outro lado, o reconhecimento da legitimidade do combate ao abuso, de modo a garantir o objetivo de afastar a evasão e a fraude fiscais. Nesta moldura, e em jeito de resumo, pode afirmar-se que as principais linhas de força que emergem das suas decisões serão as seguintes:

i) Muitas medidas de combate ao abuso, à evasão e à fraude fiscais impostas pelos Estados materializam, de facto, restrições às liberdades fundamentais previstas nos Tratados e discriminações infundadas e, nessa medida, devem ser consideradas desconformes (ilegais, ilegítimas);
ii) Porém, tais medidas poderão ser admitidas se prosseguirem um objetivo legítimo e compatível com os Tratados, se se justificarem por razões imperiosas de interesse geral, e se respeitarem o princípio da proporcionalidade;
iii) Entre as razões imperiosas de interesse geral pode ser considerada a preservação da repartição do poder tributário entre os Estados-Membros, bem assim como o combate à evasão e à fraude fiscais (embora já não a "mera" redução das receitas fiscais);
iv) Existe no âmbito do Direito da União Europeia um *princípio geral de proibição do abuso*, nos termos do qual não se devem admitir operações artificiais, que não são realizadas no âmbito de transações comerciais normais e sem razões económicas válidas;
v) As "razões económicas válidas" não se podem reduzir às puras vantagens fiscais, mas devem envolver componentes gestionárias, económicas, financeiras, laborais, sociais, etc., e devem ser consideradas pela administração por meio de uma análise global da operação em concreto, e nunca com recurso a critérios gerais predeterminados;
vi) Constituem indícios de abuso, designadamente, a inexistência física de instalações, conta bancária pessoal ou equipamento; a ausência de atividade económica; a falta de risco económico ou financeiro; ou o desvio em relação a condições contratuais normais;
vii) Uma presunção geral de fraude e de abuso, criada pelo legislador, relativamente a certo ato ou atuação, vai além do necessário em termos de proporcionalidade, sendo, nessa medida, inadmissível.

Com tal enquadramento, apresentam-se de seguida alguns acórdãos do TJUE, aqui muitíssimo resumidos aos seus aspetos essenciais e direcionados materialmente às temáticas do planeamento fiscal[71]:

- Acórdão de 17 de julho de 1997, processo C-28/95 (*Leur-Bloem*), no qual, no contexto de operações de reestruturação empresarial (fusão e cisão de empresas), se aprecia se a legislação interna de um Estado-Membro pode, sem violar as liberdades fundamentais, recusar certo benefício de imposto aplicável às reestruturações quando as operações subjacentes são efetuadas por motivos puramente fiscais, sem existirem "razões económicas válidas" que as sustentem. O Tribunal entendeu que sim, que nessas circunstâncias tal benefício pode ser recusado. Porém, advertiu para o facto de que, mesmo existindo uma previsão legal nesse sentido, a autoridade tributária não se pode limitar a aplicar critérios gerais predeterminados, mas deve antes, caso a caso, proceder a uma análise global da operação para procurar averiguar a verdadeira intenção (evasiva ou não evasiva) das partes, sempre observando o princípio da proporcionalidade;
- Acórdão de 11 de março de 2004, processo C-9/02 (*Lasteyrie du Saillant*), onde a questão principal se relaciona com a deslocalização de residência, e era a de saber se um imposto incidente sobre determinadas mais-valias no momento da transferência do domicílio fiscal do território francês para o de outro Estado-Membro ("imposto de saída") poderia colocar em causa o "princípio da liberdade de estabelecimento" consagrado nos Tratados. O entendimento do Tribunal foi no sentido afirmativo, julgando que apenas se admitiria um tal imposto se o mesmo se justificasse por razões imperiosas de interesse geral (designadamente, fiscais) e respeitasse o princípio da proporcionalidade, o que não se logrou provar no caso concreto. Além disso, considerou o órgão judicativo que a transferência

[71] Salienta-se que bastantes outras decisões poderiam ser convocadas, porém, o que se pretende não é a apresentação de um catálogo ou rol, mas apenas a demonstração da ideia de que a jurisprudência europeia comunitária tem assumido um estatuto jurídico assaz relevante nestas matérias. Intenta-se mais uma demonstração de linhas temáticas do que de decisões formais.

do domicílio de uma pessoa singular para fora do território de um Estado-Membro não pode implicar, só por si, uma presunção geral de evasão ou de fraude fiscais e, por último, que com a medida em causa se introduzia um tratamento discriminatório relativamente aos cidadãos franceses que mantivessem a sua residência em França [72];

- Acórdão de 13 de dezembro de 2005, processo C-446/03 (*Marks & Spencer*), que se debruça sobre a temática do planeamento em sede de dedução de prejuízos entre sociedades pertencentes ao mesmo grupo situadas em Estados-Membros diferentes. De um modo mais específico, pergunta-se, em sede de reenvio prejudicial, se a liberdade de estabelecimento fica colocada em causa quando um Estado-Membro impede, por via legal, uma sociedade-mãe residente de deduzir ao seu lucro tributável os prejuízos sofridos por filiais estabelecidas noutros Estados-Membros, quando tal dedução é admissível relativamente aos prejuízos sofridos por filiais residentes. A este respeito, o Tribunal começou por admitir que, de facto, a diferenciação de regimes constitui uma restrição à liberdade de estabelecimento; porém, também aqui (a exemplo da decisão *Lasteyrie du Saillant*, acima referida) se entendeu que essa restrição poderia ser juridicamente admissível se com a mesma se prosseguisse um objetivo legítimo e compatível com o Tratado, se se justificasse por razões imperiosas de interesse geral e se respeitasse o princípio da proporcionalidade. Adiantou ainda que a preservação da repartição do poder tributário entre os Estados-Membros pode ser considerada, para estes efeitos, uma "razão imperiosa" (embora a redução das receitas fiscais, só por si, não o possa ser);
- Acórdão de 21 de fevereiro de 2006, processo C-255/02 (*Halifax*), no contexto do qual se adianta um importante contributo para a noção de "abuso", como critério orientador para abordar e distinguir o planeamento e a evasão fiscais. No processo, colocava-se em questão saber *(i)* se determinadas operações eram consideradas

[72] Sobre esta mesma temática da deslocalização, v. também os acórdãos do TJUE de 7 de setembro de 2006, processo C-470/04 (*N*); de 21 de dezembro de 2016, processo C-503/14 (*Comissão Europeia contra República Portuguesa*); e de 27 de janeiro de 2022, processo C-788/19 (*Comissão Europeia contra Reino de Espanha*).

transmissões de bens e prestações de serviços para efeitos de IVA e *(ii)* se conferiam direito à dedução, mesmo quando não tivessem subjacente qualquer intuito empresarial e houvesse o único propósito de "contornar" as regras do imposto e obter uma vantagem fiscal. O órgão jurisdicional respondeu afirmativamente à primeira questão, e entendeu que tais operações (transmissões e prestações) deveriam ser analisadas de um modo objetivo, observando a sua materialidade, independentemente dos fins prosseguidos ou dos resultados (vantagens) obtidos. Aliás - entende -, o propósito da administração tributária de tentar apurar a intenção do sujeito passivo seria contrário aos objetivos do sistema comum de IVA. Porém, quanto à questão *(ii)*, invocando um "princípio de proibição de práticas abusivas" [73], considerou o Tribunal que a aplicação da normação europeia não pode ser alargada ao ponto de abranger as operações que não são realizadas no âmbito de transações comerciais normais e cujo único objetivo é beneficiar abusivamente das vantagens previstas pelo Direito europeu. Neste quadro, não se deve poder deduzir o IVA pago a montante;

- Acórdão de 13 de março de 2007, processo C-524/04 (*Inland Revenue*), que tem como foco central de litigiosidade um caso de subcapitalização (*thin capitalisation*), analisando-se se a liberdade de estabelecimento (uma vez mais) é compatível com a previsão legal de restrições à dedutibilidade fiscal de juros relativos a um empréstimo concedido pela sociedade-mãe residente noutro Estado-Membro, quando tal restrição não existiria se os juros tivessem sido pagos por um empréstimo concedido por uma sociedade residente [74].

[73] O princípio da proibição do abuso já não constituía novidade, havendo sido afirmado em matéria fiscal, por exemplo, no acórdão do TJUE de 12 de setembro de 2006, processo C-196/04 (*Cadbury Schweppes*).

[74] No caso em apreço, a lei interna prevê que, em determinadas circunstâncias, os juros pagos por uma sociedade a outra sociedade pertencente ao mesmo grupo, para remunerar um empréstimo concedido por esta última, sejam qualificados de lucros distribuídos, o que, entre outras, terá a consequência de a primeira não poder deduzir as quantias em causa (tendo em vista que os pagamentos podem materializar "abuso de direito" ou fazer parte de um expediente puramente artificial, desprovido de realidade económica, destinado a contornar a legislação fiscal).

Neste acórdão, começando por se reconhecer que as disposições em causa criam uma diferença de tratamento entre sociedades, consoante a localização da respetiva sede – o que constitui uma restrição à liberdade de estabelecimento –, reafirmaram-se as ideias de que esta restrição só pode ser admitida se se justificar por razões imperiosas de interesse geral e respeitar o princípio da proporcionalidade. Em termos decisórios, mesmo sabendo-se que a simples concessão de um empréstimo não pode gerar uma presunção geral de práticas abusivas, afirmou-se que, no caso concreto, a restrição se justifica pela necessidade de garantir a coerência do sistema fiscal nacional e de combater a evasão fiscal, não ultrapassando o necessário para atingir esses objetivos [75];

- Acórdão de 5 de julho de 2007, processo C-321-05 (*Kofoed*), em que se retoma a problemática do abuso e da desconsideração pela administração de um benefício fiscal invocado pelo contribuinte – aqui em matéria de permuta de partes sociais –, embora enfatizando o modo como a legislação interna efetua a transposição de uma diretiva sobre a matéria. Reiterando o princípio de acordo com o qual os particulares não podem tirar partido, abusiva ou fraudulentamente, das normas de Direito europeu – não podendo a aplicação destas (no caso, integrantes de uma diretiva) ser estendida ao ponto de abranger operações que não são realizadas no âmbito de transações comerciais normais –, os juízes confrontaram-se com o problema de não existir, no Direito interno, um ato formal de transposição. Porém, admite-se que, tendo os Estados-Membros a faculdade de escolher a forma e os meios para levarem à prática esta transposição, nada os obriga a seguirem necessariamente a via legislativa, podendo o "contexto jurídico geral" ser suficiente para o efeito. Nestes termos, existindo no Direito interno uma disposição que se refira à temática do abuso em matéria fiscal, e podendo essa disposição ser interpretada em sentido conforme com o Direito europeu,

[75] Quanto ao alcance das referidas "razões imperiosas de interesse geral", v. também acórdãos do TJUE de 8 de março de 2017, processo C-14/16 (*Euro Park Service*), e de 27 de abril de 2023, processo C-537/20 (*Finanzamt D*).

é juridicamente admissível a recusa de um benefício fiscal com esse fundamento;

- Acórdão de 10 de novembro de 2011, processo C-126/10 (*Foggia*), onde, a propósito do regime fiscal aplicável às fusões de empresas, se revisita o conceito de "razões económicas válidas". Reiterando a ideia de que tal conceito não se pode resumir à obtenção de um benefício puramente fiscal, a linha argumentativa e decisória mais saliente é a de que, para analisar adequadamente a situação subjacente, a administração tributária não se pode limitar a aplicar critérios gerais predeterminados, antes devendo proceder, caso a caso, a uma análise global da operação, considerando vários elementos, como a intenção de aproveitamento de prejuízos fiscais da sociedade incorporada, ou o facto de esta exercer ou não uma atividade de gestão própria à data da operação de fusão;
- Acórdão de 07 de setembro de 2017, processo C-6/16 (*Eqiom*), onde se indaga a compatibilidade com o Direito da União Europeia de uma norma especial antiabuso de Direito interno, nos termos da qual determinada isenção de retenção na fonte sobre dividendos distribuídos não se aplica quando o beneficiário for uma pessoa coletiva controlada por residentes em Estados não membros, salvo se esta pessoa coletiva justificar que a cadeia de participações não tem como objetivo principal, ou como um dos seus objetivos principais, beneficiar da isenção. Aludindo, uma vez mais, ao princípio da proibição do abuso ("ninguém deve beneficiar abusiva ou fraudulentamente dos direitos decorrentes do sistema jurídico da União"), o Tribunal advertiu que o mesmo deve ser objeto de interpretação restrita. Volta a chamar-se a atenção para o facto de que uma presunção geral de fraude ou de abuso não é suscetível de justificar uma medida fiscal que prejudique o exercício de uma liberdade fundamental, devendo as autoridades nacionais proceder a uma apreciação individual da totalidade da operação em causa e evitar critérios gerais predeterminados. Neste quadro, uma medida fiscal de alcance geral que exclua automaticamente certa isenção iria além do necessário para evitar fraudes e abusos;
- Acórdãos de 26 de fevereiro de 2019, processos apensos C-115/16, C-118/16, C-119/16 e C-299/16, num caso, e C-116/16 e C-117/16, no

outro (*Danish cases*), nos quais, entre outras questões, se revisita – a propósito de um complexo esquema de pagamento de juros entre sociedades e empresas de um grupo plurilocalizado – o conceito de abuso. Começando por reafirmar a existência de um princípio geral de proibição do abuso (nos termos do qual os particulares não podem invocar de forma abusiva as normas de Direito da União, nem a aplicação destas pode ser alargada ao ponto de cobrir as operações artificiais e realizadas para obter benefícios injustificados), o Tribunal adiantou alguns indícios que podem constituir auxiliares na correta identificação e densificação do mesmo em matéria fiscal, como seja, por exemplo, a existência, no caso, de entidades interpostas (estruturas meramente formais, esquemas artificiais, sem atividade ou justificação económica), de contratos cujo único objetivo é originar fluxos financeiros para justificar certos pagamentos (*e.g.*, contratos de empréstimo), ou da proximidade temporal entre operações de reorganização e alterações fiscais relevantes. Naturalmente que tais indícios devem ser demonstrados de modo objetivo, inequívoco e concordante, sendo imperativo que a administração prove os elementos constitutivos da prática abusiva. Não basta, assim, a mera invocação. Porém, não se lhe exige uma prova impossível ou diabólica, ao ponto de mostrar, por exemplo, quem é que, numa determinada operação (como as subjacentes aos autos), é o efetivo beneficiário de certo pagamento. Ainda no âmbito destas decisões, o Tribunal relembrou que a invocação do princípio por parte de um Estado-Membro para negar um determinado benefício não necessita de disposições internas que expressamente o prevejam, sendo suficiente o *espírito do sistema.*

Enfim, como se pode constatar, assentando num léxico jurídico que intenta precisar e refinar continuamente ("razões económicas válidas", "motivos puramente fiscais", "expediente puramente artificial", "objetivo legítimo e compatível", "razões imperiosas de interesse geral", "tratamento discriminatório", "proibição de práticas abusivas", etc.), o TJUE procura estabelecer um balanço que não se afigura fácil entre dois eixos tensionais fortes, que são, como se disse, o asseguramento das liberdades de mercado, por um lado, e o combate ao abuso e à fraude, por outro.

Seja como for, importa colocar em relevo que, não obstante a importância do TJUE e das suas decisões, o valor destas deve ser claramente marcado: a jurisprudência *não é* fonte de Direito. O Tribunal é um órgão jurisdicional [76], que decide com efeitos restritos ao litígio ou à questão jurídica que lhe é colocada para resolver, não tendo competências para criar padrões de comportamentos gerais e abstratos com efeito vinculativo a que se possa dar o nome de normas jurídicas.

2.5.3. Planeamento fiscal e Direito Internacional

A relação que se pode estabelecer entre o planeamento fiscal e o Direito Internacional é frequentemente tematizada de um modo que, não obstante pertinente, pode ser equívoco, considerando a quase omnipresente alusão aos documentos que a propósito são produzidos por determinadas organizações internacionais, *maxime* a OCDE. Isto porque tais documentos, maioritariamente sob a forma de *relatórios*, não são verdadeiro Direito, atenta a falta de carga deôntica, característica ínsita a qualquer norma genuinamente jurídica. Por conseguinte, não sendo Direito, não serão, igualmente, Direito Internacional. Está-se num domínio de *soft law*, enquanto conjunto de prescrições (determinações, fórmulas, receitas) não coativas, sem qualquer espécie de revestimento cominativo ou aparato sancionatório associado, que tentam *convencer* os sujeitos jurídicos – designadamente, os Estados – a adotar voluntariamente certos comportamentos, possuindo uma forte carga política persuasiva, embora não jurídico-normativa.

No quadro desse Direito dúctil, existem vários instrumentos relevantes, mas sem dúvida que o *insigne* relatório BEPS (*base erosion and profit shifting*, i. é, "Erosão de base de tributação e transferência de lucros") assume estatuto de destaque. Trata-se (o BEPS) de um "plano de ação" no qual se procura formular políticas e estratégias de combate à evasão fiscal, potenciando uma abordagem internacionalmente coordenada (sem prejuízo das medidas unilaterais que possam ser adotadas por cada Estado), plano esse composto por linhas de ação sobre temáticas de risco bastante diversificadas, como a economia digital, os instrumentos híbridos, as sociedades estrangeiras controladas, a dedutibilidade dos gastos de financiamento, o

[76] Cf. arts. 251.º e ss. do TFUE.

treaty shopping, os preços-transferência ou os ativos intangíveis [77]. Trata-se – não deixa de ser importante salientá-lo – de um mero instrumento de *soft law* (não sendo certamente por acaso que se denomina "plano"), e a sua eficácia jurídica apenas existe quando transposta para os ordenamentos estaduais (ou outros, como o europeu) por meio de instrumentos jurídicos, estes sim, dotados de vinculatividade e juridicidade autêntica.

Em todo o caso, a alusão a este tipo de instrumentos não significa, bem longe disso, que o *verdadeiro* Direito Internacional não deva ser convocado e mencionado.

A tal respeito, assumindo, como o faz a CRP [78], a tripartição das fontes jurídico-normativas internacionais em *(i)* princípios de Direito Internacional geral ou comum, *(ii)* normas convencionais, e *(iii)* normas emanadas das organizações internacionais, é claramente ao nível do segundo grupo – especificamente, tratados e acordos – que o Direito Internacional assume relevo em matéria de planeamento fiscal, seja na perspetiva dos obrigados tributários, seja na perspetiva dos Estados.

Do ponto de vista dos primeiros, as normas internacionais podem ser vistas como garantias de uma tributação justa, designadamente ao nível das convenções, tratados ou acordos, para atenuar ou evitar a dupla tributação (simplificadamente, "convenções de dupla tributação"). Tais normas constituem verdadeiras fontes de Direito (convencional), com eficácia vinculativa relativamente às diversas autoridades dos Estados (particularmente as entidades administrativas), e constituem, ao lado das outras normas, um parâmetro aferidor da validade dos atos concretos de tributação, em termos de estes últimos (*e.g.*, atos de liquidação de impostos) serem inválidos ou ilegais em caso de desconformidade. Nesta medida, os obrigados tributários podem aproveitar as potencialidades da rede de convenções de determinado Estado, "escolhendo" as localizações relativamente às quais as isenções, os créditos de imposto, os reembolsos ou outras vantagens são mais significativos. Este *treaty shopping* poderá ser

[77] V., para desenvolvimentos, *infra*, Parte II, apartado 1.1. (Instrumentos de *soft law*), e OCDE, *Plano de ação para o combate à erosão da base tributária e à transferência de lucros*, in *https://read.oecd-ilibrary.org/taxation/plano-de-acao-para-o-combate-a-erosao-da-base-tributaria-e-a-transferencia-de-lucros_9789264207790-pt#page1* (versão em língua portuguesa).

[78] V. art. 8.º, n.os 1, 2 e 3, da CRP.

verdadeiramente vantajoso e constituir um instrumento útil de efetivo planeamento, desde que as normas não sejam exploradas de modo abusivo ou desviante quanto à respetiva teleologia.

Já do ponto de vista dos Estados, as normas internacionais poderão constituir importantes meios de operacionalização dos respetivos poderes impositivos, nomeadamente no que concerne ao controlo (inspeção) dos contribuintes residentes e à cobrança das respetivas dívidas. Aqui, ganham relevo os instrumentos jurídico-normativos de cooperação interestadual ao nível da troca de informações e da assistência à cobrança de dívidas fiscais, que materializam verdadeiros acordos internacionais, bilaterais ou multilaterais. Como se compreende, tais instrumentos (principalmente os primeiros, relativos à troca de informações) podem demonstrar-se utilíssimos no quadro de medidas de combate às práticas abusivas, na medida em que se está frequentemente em presença de situações em que os dados relativos aos sujeitos e aos factos não são facilmente acessíveis porque, por exemplo, estão cobertos por regras de sigilo ou porque envolvem intrincados mecanismos relacionais com intervenção de várias entidades, umas reais, outras meramente *de fachada*, e, em consequência, o acesso à informação fiscalmente relevante não prescinde da ajuda de outras administrações tributárias (estrangeiras), numa de três modalidades: a pedido, automática ou espontânea.

Importa esclarecer que, no âmbito da União Europeia, a importância desses acordos encontra-se um pouco subalternizada, em face das diretivas que sobre a matéria se debruçam [79].

2.5.4. Planeamento fiscal e Direito Privado

A relevância das ligações entre o planeamento fiscal e as normas de Direito Privado já ficou intuída aquando da identificação, em sede constitucional, dos valores e bens jurídicos que são dignos de proteção e tutela por parte do ordenamento jurídico-normativo e que subjazem às principais opções planificadoras, de entre os quais emergem a autonomia da vontade e a liberdade de escolha da via fiscal menos onerosa. Porém, as

[79] Cf., por exemplo, a Diretiva (UE) 2018/822 do Conselho, de 25 de maio de 2018, que altera a Diretiva 2011/16/UE no que respeita à troca automática de informações obrigatória no domínio da fiscalidade em relação aos mecanismos transfronteiriços a comunicar.

ligações não se esgotam aí e ramificam-se a um nível mais profundo, ao ponto de se poder dizer que dificilmente o planeamento fiscal será adequadamente compreendido se o seu estudo não for efetuado na base de sólidos conhecimentos jusprivatísticos.

Antes de maiores avanços, importa começar por colocar em destaque que, para os presentes efeitos, entender-se-á por "Direito Privado" o conjunto de normas jurídicas que disciplinam as relações jurídicas equiordenadas entre sujeitos privados. Trata-se de uma noção porventura ampla (e porventura imprecisa), mas que se afigura suficiente para os propósitos do momento, que passam pela compreensão da respetiva importância no quadro do planeamento fiscal. Neste sentido, abarca as normas de múltiplos segmentos jurídicos, como o Direito dos Contratos e das Obrigações em geral, os Direitos Reais, o Direito da Família, o Direito das Sucessões, o Direito Comercial, o Direito Societário, entre possíveis outros (seguros, bancário, valores mobiliários, etc.).

São dois os momentos de relevância e de cruzamento que se evidenciam e que merecerão aqui especial destaque, originando dois tipos de relações entre as normas jusfiscais e as normas jusprivatísticas, e projetando consequências nas possibilidades de planeamento:

- Um primeiro momento, lógica e cronologicamente antecedente, de aproveitamento das normas de Direito Privado para a construção da base de incidência das normas fiscais (*relação de apropriação*);
- Um segundo momento, lógica e cronologicamente posterior, no qual se constata que, em presença dos abusos cometidos pelos privados, as normas fiscais tentam "corrigir" os efeitos decorrentes das normas de Direito Privado (*relação de ajustamento*).

Procuremos conhecer cada um destes planos de análise, sobrelevando as incidências em matéria de planeamento fiscal.

2.5.4.1. O aproveitamento das normas de Direito Privado para a construção da base de incidência das normas fiscais (*relação de apropriação*)

Já é clássica a caracterização do Direito Fiscal como sendo um conjunto de normas de *sobreposição* relativamente ao Direito Privado, pretendendo significar-se a ideia de que o primeiro "assenta" (estriba-se, apoia-se) no segundo, dependendo largamente dos seus conceitos e regimes. Com efeito, sem dificuldade se constata tal dependência, desde logo ao nível das normas de incidência, na medida em que grande parte do recorte ou desenho destas depende da importação de realidades oriundas da seara jusprivatística, como o contrato de trabalho, o salário, a prestação de serviços, o arrendamento, a renda, o mútuo, o juro, a transmissão onerosa, a compra e venda, o preço, a constituição de sociedade, o casamento, a filiação biológica, a adoção, a propriedade, a servidão, entre variadíssimas outras. Neste sentido, pode falar-se numa *relação de apropriação.*

É importante reter que, em regra, a convocação dos conceitos e regimes de Direito Privado é feita tendo por referência o seu sentido original, isto é, o sentido que no âmbito deste último assumem [80]. Por exemplo, pensando no Código Civil – embora muitos outros diplomas pudessem ser mencionados –, quando o CIRS se refere aos contratos de mútuo, apela à noção vertida no art. 1142.°, do mesmo modo que quando se refere aos "prédios em regime de propriedade horizontal", alude ao regime constante dos arts. 1414.° e ss.; igualmente, quando o CIVA menciona a locação, invoca a figura contratual prevista nos arts. 1022.° e ss.; ou quando o CIMI indica o direito de superfície, remete para os arts. 1524.° e ss., e assim sucessivamente. Enfim, e como regra, o Direito Fiscal convoca e importa os conceitos – e, numa certa medida, os regimes e institutos – oriundos da seara privatística sem mexer no respetivo perímetro de significado.

Daqui se percebe que a construção dos esquemas de planeamento não depende apenas do conhecimento das normas fiscais – como frequentemente os "cultores da fiscalidade" parecem querer acreditar –, mas também da perceção e compreensão aprofundada dos conceitos, normas e institutos de Direito das Obrigações (*gestão de negócios, simples administração, enriquecimento sem causa*), Direitos Reais (*propriedade, usufruto, mera posse*), Direito da Família (*comunhão geral de bens, comunhão de adquiridos, proveito comum do casal*), Sucessões (*herdeiro legitimário, herdeiro legítimo, legatário, quinhão hereditário*), Societário (*ação, quota, responsabilidade*

[80] V. art. 11.°, n.° 2, parte inicial, da LGT.

limitada, *fusão*, *cisão*), etc., seja numa perspetiva puramente interna, seja numa perspetiva comparatística relativamente a outros ordenamentos.

Pois bem, a partir destas básicas considerações importa reter duas ideias fundamentais: primeira, a de que o cabal entendimento das normas de imposto não prescinde, nem pode prescindir, do suficiente conhecimento das normas privatísticas, não sendo de todo despicienda a repetição da ideia de que ninguém será jamais um bom jusfiscalista sem ser um razoável jusprivatista; segunda, a de que a perceção da simbiose entre os diversos segmentos jurídicos afigura-se crucial para o delineamento, construção e execução dos complexos e intrincados esquemas de planeamento.

As questões, todavia, não se quedam por esta leitura tão linear e imediatista da sobreposição referida, em face da circunstância de que amiúde os sujeitos utilizam, adulteram e manipulam os esquemas de Direito Privado em ordem à obtenção de vantagens fiscais abusivas ou ilegítimas. Por isso, mais do que aproveitar ou assimilar conceitos, regimes ou institutos, o Direito Fiscal tem necessidade de aos mesmos se sobrepor num sentido mais gravoso: o corretivo.

2.5.4.2. A correção fiscal dos efeitos decorrentes das normas de Direito Privado (*relação de ajustamento*)

A realidade demonstra que o Direito Privado, quando bem estudado e entendido, tanto pode ser um precioso aliado no sentido da obtenção de uma poupança fiscal legítima e obtida dentro da letra e do espírito do sistema fiscal, como pode contribuir para o delineamento de verdadeiros esquemas de subtração e fraude, altamente lesivos dos bens jurídicos constitucionalmente protegidos já acima identificados. E os exemplos deste uso desviante são inúmeros: utilizam-se contratos de sociedade *somente* para criar *entidades de fachada*, com o objetivo de receber pagamentos que normalmente seriam efetuados diretamente a pessoas singulares, intentando evitar uma tributação mais alta na esfera destas últimas; redigem-se contratos-promessa com tradição do objeto, mas *sem intenção* de se realizar posteriormente o contrato definitivo, de modo a evitar a existência de uma efetiva "transmissão de bens" e, por essa via, eludir o pagamento de um imposto sobre as aquisições de imóveis; celebram-se casamentos com o *mero* propósito de justificar e legitimar uma deslocalização de residência para uma zona de baixa pressão fiscal ("paraíso fiscal", em sentido impróprio); procede-se a fusões de sociedades *apenas* para incorporar os prejuízos das sociedades envolvidas e, dessa forma, aliviar os impostos sobre os lucros da sociedade dominante (*holding*). Enfim, são muitos os artifícios que podem ser utilizados mediante recurso às formas jurídico-privatísticas, típicas ou não típicas, manipulando-as no sentido de obter uma poupança fiscal que assume contornos duvidosos, pois sem dificuldade se compreende que, em circunstâncias *juridicamente normais*, as sociedades, os casamentos, as promessas ou as fusões não foram legislativamente desenhados para "fugir" aos impostos, mas para prosseguir distintas finalidades no espectro das relações jurídico-privadas.

Em consequência da constatação, e enfrentando o temor de erosão das bases de tributação, de perda de receitas fiscais e de insustentabilidade institucional, o Direito Fiscal assume uma atitude reativa, procurando obstar, corrigir ou, no mínimo, dificultar os propósitos evasivos. É neste sentido que pode falar-se numa *relação de ajustamento* do Direito Fiscal relativamente ao Direito Privado e, entre outros mecanismos de natureza e configuração bem diversificadas – e que serão objeto de estudo aprofundado adiante, na Parte II –, importa, no presente contexto, referir dois modos desse ajustamento: *(i)* a transformação conceitual e *(ii)* a restrição das vantagens fiscais.

De modo introdutório, procuremos avançar no respetivo conhecimento.

i) Como acima se disse, no recorte da incidência tributária, é frequente a utilização por parte das normas fiscais dos conceitos oriundos do Direito Privado (salário, renda, juro, etc.), valendo a regra de que essa essa utilização tem por referência o seu sentido original. Porém, frequentemente, o legislador fiscal acaba por lhes conferir um recorte diverso, mais alargado – um fenómeno que poderemos designar como "adulteração conceitual" –, em face da constatação de que os sujeitos contornam as normas de incidência e adotam formas que não seriam as típicas ou normais, com o objetivo de evitar o pagamento dos impostos. Convém não deixar de ter presente o que já supra se referiu a respeito da natureza fechada do tipo legal de imposto: sendo este um tipo fechado e exclusivo, a rigidez legal acaba por delimitar o campo estrito da sujeição fiscal, excluindo do mesmo tudo o que não estiver expressamente previsto. Por outras palavras: sabendo os contribuintes que não haverá sujeição a imposto se a hipótese legalmente prevista não estiver verificada, e sabendo igualmente que a administração não pode interpretar extensivamente os conceitos aqui previstos nem pode recorrer à integração de lacunas por analogia, procuram os caminhos fora e além do tipo, contornando-o – se apenas os "salários" estão sujeitos a imposto, contratualiza-se o pagamento por meio de "prémios", "subsídios", "indemnizações" ou "complementos"; analogamente, se somente as "rendas" se encontram debaixo da incidência, celebra-se um contrato de cedência de uso sobre o mesmo imóvel, convencionando-se um "preço". Enfim, muitos são os caminhos ou artifícios que podem ser utilizados para a evitação e, em reação, o legislador tenta "tapar os caminhos" dessa fuga, alargando o perímetro de alcance dos conceitos e, consequentemente, das normas respetivas. A título meramente ilustrativo, apontam-se as seguintes situações:

- Os rendimentos do trabalho dependente, para efeitos de IRS, passam a abranger, além dos "salários" propriamente ditos, as gratificações, as percentagens, as comissões, as participações, os subsídios, os prémios, as senhas de presença, a disponibilização de habitação, as aquisições de viaturas, etc. [81];
- Os rendimentos prediais, também em IRS, alargam-se ao ponto de incluir, ao lado das rendas em sentido próprio, as importâncias relativas à cedência do uso de um prédio, ou de partes comuns deste, quando em regime de propriedade horizontal [82];
- As prestações de serviços, para efeitos de IVA, são estendidas ao ponto de compreender todas as operações efetuadas a título oneroso que não constituem transmissões, aquisições intracomunitárias ou importações de bens [83];

[81] V. art. 2.º, n.os 2 e 3, do CIRS.
[82] V. art. 8.º, n.º 2, do CIRS.
[83] Assim, art. 4.º, n.º 1, do CIVA.

– As "transmissões" de bens imóveis, para efeitos de IMT, abarcam as promessas de alienação com tradição, os arrendamentos a longo prazo, a aquisição de partes sociais ou quotas em sociedades que titulem bens imóveis ou a outorga de uma procuração irrevogável que confira poderes de alienação de bem imóvel [84].

ii) Em outras situações, o legislador fiscal intervém a um nível, por assim dizer, consequencial, mexendo, não nos conceitos inseridos nas normas de incidência (momento inicial), mas nos efeitos das condutas desviantes (momento final), criando normas antiabuso e desconsiderando as vantagens fiscais que as partes buscam. Por exemplo, se o intento de certos contratos de empréstimo era somente o empolamento de juros e custos para serem deduzidos no cálculo do lucro tributável (sem outra razão económica válida), as normas antiabuso permitem que esses custos não sejam atendidos para efeitos fiscais, legitimando a administração tributária a corrigir os resultados (sem, contudo, tocar nas dimensões privatísticas dos contratos). Tal é permitido ao legislador [85] porque o mesmo reconhece que a autonomia da vontade não é ilimitada e deve ser restringida de modo proporcional, designadamente quando a motivação das partes desvirtua a *causa* ou função económico-social típica dos atos ou contratos. Em todo o caso, chama-se a atenção para este importante aspeto: só se corrigem os efeitos fiscais! Os efeitos jurídico-privados mantêm-se, como se têm de manter, pois as entidades administrativas fiscais não podem "mexer" nos contratos (sem prejuízo de poderem efetuar eventuais ações, participações ou denúncias para os efeitos tidos por convenientes) [86].

Em conclusão, apropriação e ajustamento são as duas coordenadas que permitem identificar o tipo de relação estabelecida entre o Direito

[84] Cf. art. 2.º, n.os 2 e 3, do CIMT.

[85] Cf., por exemplo, art. 38.º, n.º 2, da LGT.

[86] V., adiante, Parte II, apartado 2.2.7. (Ação criminal e contraordenacional).

Fiscal e o Direito Privado, permitindo igualmente enquadrar o planeamento no contexto da utilização recorrente das normas daquele último.

2.5.5. Planeamento fiscal e Direito Criminal

Em rigor, e assumindo a pureza dos conceitos e a natureza dos institutos, não existe qualquer ligação entre o planeamento fiscal e o Direito Criminal, considerando, como aqui se faz, que o primeiro, quando interpretado no seu sentido estrito, materializa comportamentos completamente conformes com o ordenamento jurídico, lícitos e válidos, constituindo até um direito dos sujeitos. Neste contexto, não haverá qualquer espaço para reações adversas do ordenamento jurídico, muito menos criminais. Porém, num sentido amplo e impróprio do planeamento – que englobe todos os comportamentos de evitação tributária, lícitos e ilícitos –, as ligações existem e são evidentes.

Na realidade, sendo o Direito Criminal um conjunto de normas jurídicas que envolvem componentes sancionatórias, compreende-se que a sua relação com o planeamento fiscal *lato sensu* se faça a um nível reativo e repressor, especificamente quando as condutas de evitação assumem contornos de desvalor significativo e merecedor de uma especial e reforçada censura; quando, na verdade, já não se está perante planeamento *propriamente dito* – nem sequer evasão – mas fraude fiscal. Nestes casos, o legislador, intentando proteger determinados bens jurídicos que considera essenciais para a manutenção da paz jurídica e social, recorta os comportamentos desconformes – debaixo de exigências de legalidade e de tipicidade particularmente reforçadas (de resto, como acontece no domínio fiscal, como já se referiu) –, qualificando-os como crimes e associando-lhes um arsenal sancionatório específico, normalmente em penas de prisão e/ ou de multa [87].

Trata-se, claramente, de comportamentos duplamente ilícitos, quer ao nível dos meios (*e.g.*, encobrimento, adulteração, simulação) quer ao nível dos fins (prejuízo financeiro), o que justifica a reação mais gravosa que o ordenamento pode desencadear.

[87] Cf. art. 103.º do RGIT. Quanto à fraude qualificada, v. o art. 104.º.

Em qualquer caso, torna-se evidente que esta qualificação criminal dos comportamentos não se confunde com a qualificação contraordenacional, reservada para as situações em que a carga valorativa negativa não é tão acentuada ou censurável (apesar de ainda negativa), justificando apenas uma intervenção penalizada com *coima* [88].

Em resumo, o Direito Criminal constitui-se como um revestimento de garantia, em relação aos bens jurídicos fundamentais (fiscais) dignos de proteção, dispensando um aparato sancionatório adequado a impor às respetivas condutas infratoras. Neste sentido, a sua intervenção tem sempre uma conotação patológica e de última *ratio*, destinada a proteger e preservar dimensões estruturantes do ordenamento.

2.6. Os (supostos) princípios enformadores do planeamento fiscal (*proibição do abuso* e *prevalência da substância sobre a forma*)

O presente apartado, num sentido puramente sistemático, seria escusado ou dispensável, pois não se crê que seja essencial, nos presentes desenvolvimentos discursivos, a alusão a princípios específicos de planeamento fiscal. Tal convicção radica na ideia de que as dimensões principiológicas aplicáveis em matéria de evitação fiscal mais não são, na verdade, do que as respeitantes ao próprio Direito Fiscal, não adquirindo neste campo temático especial ou específica configuração. Assim sucede, por exemplo, com os já aludidos princípios da prossecução do interesse público, da legalidade (tipicidade), da igualdade, da verdade material, da segurança jurídica e proteção da confiança, da proporcionalidade, ou do inquisitório.

Ainda assim, existirão pelo menos duas dimensões principiológicas que merecerão aqui especial referência. Não, como se disse, por serem princípios específicos destas matérias, mas antes por aqui revestirem uma específica intencionalidade normativa e acrescida relevância: os princípios da *proibição do abuso* e da *prevalência da substância sobre a forma*, os quais constituem instrumentos hermenêuticos essenciais na tarefa de delimitação das situações de fronteira, particularmente quando existem

[88] Cf. arts. 113.º e ss. do RGIT.

dúvidas acerca da caracterização de certo comportamento como planeamento ou evasão.

O primeiro deles – assim denominado pela jurisprudência [89] – projeta o seu conteúdo em duas dimensões fundamentais:

i) Por um lado, ninguém deve beneficiar abusiva ou fraudulentamente dos direitos decorrentes do ordenamento jurídico, particularmente invocando normas e regimes com o objetivo de dar cobertura jurídica a operações artificiais ou realizadas para obter benefícios injustificados;
ii) Por outro lado, e em decorrência, o ordenamento jurídico-fiscal não deve tolerar a existência de atos, negócios, contratos ou construções sem substrato económico real, isto é, que não sejam realizados no âmbito de transações comerciais normais e sem *razões económicas válidas*, sendo que estas últimas não se podem circunscrever às puras vantagens fiscais. Da análise global da operação em concreto devem brotar outras motivações para além da poupança de impostos, de modo a que se possa considerar que a transação é legítima.

Em termos práticos, decorre deste princípio que certos comportamentos, sendo considerados abusivos, não podem ser qualificados como planeamento, antes como evasão, legitimando, em consequência, reações gravosas do ordenamento jurídico. Entre tais comportamentos sinalizam-se a criação de entidades fantasma (sem instalações físicas e sem pessoal), ou a celebração de contratos sem risco económico algum e cujo objetivo único é justificar pagamentos.

Já o segundo princípio (prevalência da substância sobre a forma) deriva, em certa medida, do princípio da verdade material – o que suscita dúvidas quanto à sua consideração como verdadeiro e autónomo princípio – e propugna que os atos, negócios, contratos e construções devem

[89] Cf., entre vários outros, os já citados acórdãos do TJUE de 12 de setembro de 2006, processo C-196/04 (*Cadbury Schweppes*), e de 26 de fevereiro de 2019, processos apensos C-115/16, C-118/16, C-119/16, C-299/16 (num processo), e C-116/16 e C-117/16 (em outro processo) (conhecidos como *Danish cases*).

ser tratados de acordo com a sua substância económico-financeira, e não somente de acordo com a forma jurídico-negocial concretamente utilizada ou sequer com a qualificação jurídica dispensada pelas partes. Vale isto por dizer que, para efeitos fiscais – e para a qualificação clara dos casos de fronteira –, o que realmente constituirá objeto do imposto será o efeito económico produzido (*e.g.*, perceção de um rendimento, transmissão de propriedade), e não o ato jurídico em si, afigurando-se relevante a fisionomia económica da realidade empírica – a suscetibilidade que a mesma demonstra para revelar capacidade contributiva sob a forma de rendimento, património ou despesa –, independentemente da roupagem jurídica eventualmente utilizada. Neste sentido, é secundário saber se o que está formalmente em causa é um contrato de compra e venda, de mútuo, de sociedade, de doação ou qualquer outro invólucro, sendo mais importante aferir antes da riqueza tributável que possa estar subjacente. Este "princípio" revela-se sobremaneira decisivo naquelas situações em que os contribuintes e outros obrigados tributários, sob a capa jurídica de formas negociais fiscalmente menos onerosas, escondem ou ocultam realidades económicas que normalmente são ou seriam sujeitas a tributação, dando corpo a verdadeiros casos de evasão.

E aqui se encontra o pretexto ideal para progredir no sentido do tema seguinte.

3. Evasão fiscal

Abordado o planeamento fiscal, importa agora avançar no sentido do conhecimento da evasão fiscal, sabendo-se de antemão que se está a adentrar numa zona bastante mais nebulosa em termos de qualificação e de aferição de consequências. Aliás, não sem exagero se pode dizer que é precisamente nesta orla que se situa grande parte da litigiosidade, com os contribuintes a defenderem a natureza puramente planificadora, legítima e válida dos comportamentos e as autoridades tributárias a defenderem a sua feição ilegítima e, consequentemente, fiscalmente abusiva, justificadora de reações corretivas no sentido de exigir os impostos eventualmente sonegados.

Em razão da referida nebulosidade de qualificação, constatar-se-á que a estrutura sistemática deste apartado não poderá ser coincidente com aquela que foi seguida até ao momento.

3.1. Noção jurídica

A evasão fiscal, como já foi adiantado, poderá ser definida, para os presentes propósitos, como o *conjunto de atos voluntários dos sujeitos passivos tributários que, embora praticados num quadro genérico de licitude, são qualificados pelas normas tributárias como anómalos ou abusivos, tendo em vista o fim que pretendem atingir.*

Pode falar-se, aqui, numa licitude relativa.

Tal como se fez relativamente ao planeamento, procurar-se-á, similarmente, decompor o conceito proposto nos seus elementos essenciais, individualizando-se três pontos:

i) Em primeiro lugar, também aqui se está em presença de comportamentos humanos dirigidos a um fim de poupança fiscal. O comportamento evasivo, diferentemente do que se passa com o planeamento, será sempre um comportamento ativo, pois terá sempre por pressupostas uma específica intencionalidade e uma particular atuação, como a realização de um contrato, a constituição de uma sociedade, a deslocalização de uma empresa ou atividade, etc., não se concebendo evasão por omissão. Não existirá, neste sentido, evasão fortuita ou contingente, isto é, independente de qualquer atuação ou resolução humana positiva nesse sentido. De resto, as considerações tecidas relativamente aos atos planificadores são aqui pertinentemente aplicáveis: de um *ponto de vista temporal*, os atos evasivos tanto são praticados antes como após a verificação de uma determinada hipótese de incidência tributária e com o objetivo de a afastar ou atenuar (embora o mais frequente seja, de facto, a atuação antecipatória); de um *ponto de vista espacial*, podem ser atos que projetam os seus efeitos no próprio ordenamento como em ordenamentos diferentes; e tanto podem ter natureza substantiva ("manipulação" de preços, criação de condições artificiais numa fusão de empresas, deslocalizações sem razões económicas válidas, etc.) como adjetiva (apresentação de reclamações, impugnações ou oposições destituídas de fundamento);
ii) Em segundo lugar, os atos qualificados como evasivos são sempre praticados num quadro de licitude relativa, o que significa que o

grau de desconformidade com o ordenamento jurídico-fiscal é moderado. Trata-se, na verdade, de atos materialmente lícitos – não violando as prescrições exigidas em termos de Direito Civil, Comercial, Laboral, Administrativo, etc.– mas que o ordenamento jurídico-fiscal (as suas normas) considera como abusivos ou não conformes, na medida em que, atuando os sujeitos em pressupostos reais e existentes, e não se verificando qualquer divergência entre a vontade e a declaração, ainda assim, os efeitos que se pretendem atingir não são os efeitos usuais do tipo de ato escolhido. Nesta medida, o ato ou atuação em causa podem ser encarados como *extra legem*, na medida em que, respeitando a letra da lei, se viola o seu espírito;

iii) Em terceiro lugar, o resultado é o mesmo do planeamento, ou seja, o afastamento, a redução ou o diferimento fiscal, tentando-se, como já se referiu, não pagar, pagar menos ou pagar mais tarde. Importa acentuar que, nesta perspetiva, apenas será considerado evasivo o comportamento *extra legem* no qual o móbil fiscal esteja presente de modo exclusivo ou, no mínimo, de modo determinante ou preponderante. Significa isto que naquela atuação em que o resultado fiscal vantajoso apenas é antevisto de modo eventual ou secundário – porque o objetivo determinante seria, por exemplo, a racionalização das estruturas produtivas e distribuidoras no mercado, o afastamento de empresas concorrentes ou uma manipulação das marcas ou denominações do grupo – não se deverá aludir a evasão em sentido próprio.

A partir da consideração dos elementos referidos, sem dificuldade se percebe que a diferença essencial entre planeamento e evasão fiscal – ou, numa perspetiva mais particularizada, entre o ato ou comportamento planificador e o ato ou comportamento evasivo – reside precisamente ao nível do elemento acima referido em ii), isto é, ao nível do quadro de licitude que conforma a situação em concreto: licitude absoluta num caso (planeamento) e licitude relativa, duvidosa, fronteiriça no outro (evasão). Este carácter relativo ou titubeante da licitude manifesta-se precisamente tendo em vista a configuração do ato, negócio, contrato ou construção em causa:

- Do ponto de vista das normas de Direito material subjacente que lhe são aplicáveis (Direito Civil, das Obrigações, Comercial, Sucessório, etc.), será válido, lícito ou conforme; mas,
- Do ponto de vista dos fins que se pretendem atingir (afastamento, redução ou diferimento fiscal), será de legalidade duvidosa, na medida em que se tenta aproveitar uma forma jurídica existente para determinado fim (transmissão de propriedade, exercício de uma determinada atividade económica, constituição de família, partilha de afetos, etc.), no sentido de conseguir uma vantagem fiscal que de outro modo não se obteria. Assim, pode dizer-se que tal vantagem, constituindo o fim único ou determinante do ato, negócio ou construção, acaba por turvar todos os outros efeitos jurídicos ou económicos típicos que normalmente se produziriam, verificando-se um *abuso* na utilização de certas formas jurídicas com propósitos fiscais. Insiste-se, contudo, que não existe qualquer desconformidade dos meios, pois inexistem vícios na formação da vontade ou divergências entre a vontade e a declaração – a vontade real dos sujeitos coincide com a sua vontade declarada.

Para melhor compreensão do exposto, pense-se nos seguintes exemplos (inspirados na jurisprudência, se bem que bastante simplificados em relação à sofisticação da realidade):

- Um artista ou desportista constitui uma sociedade, localizando-a numa zona de baixa pressão fiscal (país, território ou região sujeito a um regime fiscal claramente mais favorável), exclusivamente com o fim de desviar para esta os rendimentos derivados da sua atividade artística ou desportiva. Tais proveitos, em vez de lhe serem pagos diretamente, são-no à sociedade, a qual, estando localizada num "paraíso fiscal", acaba por não pagar impostos ou pagá-los em montante substancialmente inferior; posteriormente, encontrar-se-ão formas de fazer chegar o rendimento em causa ao seu titular originário por meios fiscalmente vantajosos, como, por exemplo, a atribuição de uma bolsa ou de um prémio, a distribuição de dividendos, etc. Nestas condições, o ato de constituição da sociedade – perfeitamente válido em termos de Direito Societário (tendo cumprido, naturalmente, todos os requisitos de forma, procedimento e conteúdo legalmente previstos) – não pode deixar de ser visto como abusivo, atendendo à finalidade a que aquela se propõe, designadamente por não se reconhecer na mesma qualquer atividade económica válida (compra e venda, prestação de serviços, etc.) e se configurar como uma simples entidade interposta, de fachada ou fantasma [90];

- Uma sociedade que atua na área da saúde (explorando e gerindo clínicas e hospitais, prestando serviços médicos, de diagnóstico e de terapêutica, e disponibilizando cuidados no domicílio e ambulatórios) cede a uma outra sociedade com os mesmos acionistas e pertencente ao mesmo grupo a exploração de um hospital exclusivamente com o fito de deduzir o IVA que suportou e não pode deduzir – por não efetuar operações tributáveis – durante a construção e apetrechamento deste último. Na sequência da cessão, a primeira sociedade fica a receber rendas e ao IVA incidente sobre estas deduz o IVA suportado na aquisição de bens e serviços relativos à construção e à montagem do hospital. Nesta situação, a nova sociedade serviu apenas de veículo permissivo para a dedução do IVA suportado no passado, o qual, de outro modo, não poderia ser deduzido – caso fosse a primeira a explorar, ela própria, o hospital –, configurando-se o ato de constituição, nestes termos, como uma atuação abusiva e elisiva, justificadora de correções por parte do fisco e da exigência de restituição dos montantes correspondentes [91];
- Um "milionário", proprietário de inúmeros imóveis e participações sociais em empresas, deslocaliza a sua residência para um país no qual a titularidade e as alienações de imóveis e de ações não são tributadas, ou são-no a uma taxa substancialmente mais vantajosa do que aquela a que está sujeito no ordenamento de origem. Também

[90] Importa notar que, nas situações em que a referida sociedade leve à prática atos de conteúdo económico relevante – por exemplo, prestando assessoria jurídica ou fiscal, organizando eventos, gerindo viagens, alojamento, etc. –, a qualificação da situação descrita como evasiva ou abusiva será bastante mais problemática, tudo dependendo do grau de relevância daqueles atos.

[91] Cf. acórdão do TJUE de 12 de fevereiro de 2015, processo C-662/13 (*Surgicare*).

aqui, se outras razões não existirem para a mudança de residência (por exemplo, a aceitação de uma oferta de trabalho, motivos de saúde, proximidade familiar, exploração de um segmento de mercado, etc.), a deslocalização por motivos puramente fiscais será considerada abusiva e evasiva, não obstante válida para efeitos civilísticos e, nesta conformidade, justificadora de reações gravosas por parte do ordenamento (como a "presunção" de que continua a ser considerado residente no ordenamento de origem, ou a exigência de um imposto à saída) [92];

- Uma sociedade proprietária de vários estabelecimentos de venda cria uma sociedade "fantasma" (com sede num armazém situado na periferia, com o mesmo número de telefone e endereço de *e-mail* que o seu, com apenas dois trabalhadores ao serviço, sem bens ou existências corpóreas), com o objetivo de celebrar contratos de endividamento e efetuar pagamentos, manipulando por essa via os proveitos e custos, e esvaziando a sua matéria tributável. Uma vez mais, o ato de constituição da sociedade, sendo válido em termos de Direito Societário (repete-se: tendo cumprido os requisitos de forma, procedimento e conteúdo legalmente previstos), pode ser fiscalmente abusivo, considerando que não se lhe imputa nem reconhece qualquer razão económica válida que não seja o aproveitamento como veículo para o fabrico de custos e endividamento.

Pois bem, a partir de tudo quanto foi dito, crê-se ser de mediana limpidez a ideia de que a compreensão do fenómeno evasivo em matéria tributária assenta na ideia de *abuso*, ideia esta que é revestida de uma centralidade e essencialidade que justifica um aprofundamento dos respetivos contornos. Naturalmente que este aprofundamento não pode ser feito a partir de um enfoque tipicamente "fiscalista", que considere somente a lente da administração tributária, assente exclusivamente no interesse – relevantíssimo, não se discute – da arrecadação da receita dos impostos; bem diversamente, importa adotar uma abordagem ampla e profunda, que atente também na dimensão jurídico-privatística dos atos,

[92] Cf., a respeito, o já citado acórdão do TJUE de 11 de março de 2004, processo C-9/02 (*Lasteyrie du Saillant*).

perscrutando a natureza dos meios utilizados pelas partes e os específicos fins prosseguidos.

A esta ideia de abuso se dedicarão as considerações subsequentes.

3.2. A natureza abusiva dos atos de evasão (abuso, fraude à lei e negócios indiretos)

Quando os obrigados tributários utilizam meios, *formas* ou instrumentos que o ordenamento jurídico coloca ao seu dispor para atingir um determinado fim, e os empregam para um fim anormal, que passa pela obtenção de uma poupança fiscal que de outro modo não obteriam, está-se perante um comportamento evasivo. Neste sentido, a melhor forma de compreender a evasão fiscal será a partir da ideia de *abuso de formas jurídicas*[93].

* * *

Em termos jusprivatísticos, é sabido que frequentemente o legislador *(i)* cria um elenco de determinados instrumentos jurídicos – como atos unilaterais, negócios ou contratos –, *(ii)* reveste-os com um *nomen iuris* e um específico invólucro de forma e *(iii)* associa-lhes efeitos típicos, colocando-os ao dispor dos particulares para estes prosseguirem as finalidades de um modo facilitado, simplesmente aderindo ao desenho legal. Pense-se, por exemplo, nos contratos de compra e venda, prestação de serviços, doação, locação, comodato, mútuo, etc., casos em que os particulares, nas situações mais simples, limitam-se a aderir às formas típicas gizadas pelo legislador e atingem os resultados pretendidos sem maiores formalidades ou complicações.

Porém, em decorrência da consagração do bem jurídico (valor) *liberdade* – aqui normativamente densificado em *princípio da autonomia da vontade* – o legislador civilístico vai mais longe: quando não tipifica diretamente os instrumentos jurídicos, fá-lo de modo indireto, permitindo aos particulares a criação dos mesmos e abrindo-lhes a possibilidade de modelação de conteúdos, formas e efeitos nos termos que entendam

[93] A atenção dedicada a esta "figura" será provavelmente inspirada no § 42 da *Abgabenordnung* alemã, cuja epígrafe é precisamente *Missbrauch von rechtlichen Gestaltungsmöglichkeiten*.

convenientes para prosseguir os resultados ou efeitos que pretendam. Na realidade, mais do que escolher, por exemplo, os tipos contratuais previstos pelo próprio criador normativo, os particulares podem criar (arquitetar, inventar) tipos novos ou mesclar os existentes, associando os efeitos de uns aos efeitos de outros, num mosaico de possibilidades, se não infinitas, pelo menos largamente amplas. Naturalmente que existirá um limite: apenas poderão ser aproveitados os direitos inerentes à autonomia da vontade dentro das fronteiras da lei, na sua letra e no seu espírito (teleologia). Quando tais fronteiras forem transpostas, o ato, negócio ou contrato em causa não poderá deixar de merecer censura por parte do ordenamento jurídico, quer nos casos de violação da própria literalidade dos preceitos, quer nos casos de ultrapassagem ou contorno da sua intencionalidade ou espírito [94].

Assim sendo, perceciona-se com facilidade a existência de duas espécies de instrumentos jurídicos:

- Os típicos, elencados pelo próprio legislador; e
- os atípicos, descobertos pelos particulares, dentro das fronteiras legais.

Ora, os problemas relacionados com a evasão fiscal nascem precisamente quando não existe um nexo pertinente e justificado entre os instrumentos jurídicos utilizados e os fins ou efeitos de poupança fiscal que se pretendem atingir, seja porque *(i)* é selecionado um instrumento típico ao qual se associam efeitos económicos que não são adequados à sua *função imanente*, ou *(ii)* é utilizado um instrumento atípico sem que se consiga razoavelmente justificar a atipicidade. Tal é conseguido por meio da manipulação abusiva das prerrogativas inerentes à autonomia da vontade, as quais, nos seus termos mais puros, comportam os direitos (faculdades) de liberdade de celebração, liberdade de conformação, liberdade de estipulação e liberdade de forma [95]. Por outras palavras: os particulares descaracterizam os atos e negócios jurídicos, servindo-se de

[94] Neste sentido, v. por exemplo, o paradigmático acórdão do TJUE de 21 de fevereiro de 2006, processo C-255/02 (*Halifax*), já atrás referido.
[95] Cf. art. 405.º do CC.

uma forma jurídica inusual, e sem um específico propósito negocial que não o de obtenção de poupança dos impostos. Na verdade, nestas situações, os obrigados tributários criam condições artificiais no sentido de obter uma vantagem fiscal que, na ausência das mesmas, não conseguiriam, porque utilizam formas negociais típicas às quais imputam efeitos fiscais diferentes dos habituais ou formas negociais atípicas, ligando-lhes efeitos fiscais que não justificam a atipicidade. Neste sentido – e apenas neste – se justificará a menção a atos, negócios ou contratos celebrados *em fraude à lei*, como sinónimo de desvio abusivo em relação à teleologia legal, do mesmo modo se compreendendo a alusão jurisprudencial que censura "operações que não são realizadas no âmbito de transações comerciais normais" [96] /[97].

Em tal contexto, alude-se correntemente à designação de "negócio indireto" (*lato sensu*) para pretender significar a ideia de utilização de um instrumento negocial tipificado para prosseguir um fim diverso, e distante, daquele que seria normal prosseguir tendo em vista a teleologia subjacente ao tipo. Há uma cisão entre a *motivação* das partes e a *causa* ou função económico-social do tipo.

Parece-nos, contudo, que a designação de "negócio indireto" envolve algo de equívoco ou precipitado, ao menos quando em referência aos casos de evasão fiscal. Isto porque a natureza indireta de certo instrumento negocial – por exemplo, orientando-se para efeitos diversos daqueles que normalmente seriam obtidos – não demonstra, só por si, a natureza conforme ou desconforme (lícita ou ilícita) do mesmo, pois, como já se enfatizou, o princípio da autonomia da vontade permite aos

[96] Cf., uma vez mais, acórdão do TJUE de 21 de fevereiro de 2006, processo C-255/02 (*Halifax*).

[97] Importa acentuar, todavia, que não se está em presença de qualquer vício na formação da vontade ou sequer de divergência entre a vontade e a declaração. Na verdade, nos casos aqui em reflexão (abuso de formas jurídicas) as partes têm, em princípio, plena consciência dos termos contratuais, dos seus contornos e das suas consequências, pelo que não se pode afirmar que a vontade se encontra condicionada ou adulterada – nomeadamente por erro –, ou que tenham declarado uma coisa quando na verdade pretenderiam outra. Não, na realidade, o que declaram nos termos negociais é precisamente aquilo que têm em mente e que pretendem, simplesmente dá-se a circunstância de ser algo que, jurídico-fiscalmente, pode ser considerado censurável, nos termos descritos no texto.

sujeitos recorrer a tipos ou a conjugações de tipos para prosseguir fins diversos dos normativamente delineados, posto que não sejam desadequados. Neste sentido, será legítimo, por exemplo, celebrar um contrato de compra e venda de uma casa ao preço de € 100,00 (valor simbólico, muitíssimo inferior ao valor real), quando o intuito seja, não "fugir ao fisco" ou iludir credores, mas realizar uma dádiva a uma entidade que ali instalará um centro de apoio a crianças carenciadas.

Por aqui se vê que a eventual ilicitude de um "negócio indireto" emergirá, não da natureza indireta em si, mas sim da específica *carga de intencionalidade evasiva* dos obrigados tributários, em termos de se procurar averiguar até que ponto é que a consecução do mesmo se direciona – e em que grau – aos propósitos de subtração aos deveres fiscais: se estes propósitos são secundários ou meramente eventuais, estar-se-á perante um negócio que, apesar de poder ser qualificado como indireto, ainda assim, será perfeitamente conforme, lícito e válido, insuscetível de qualquer reação restritiva por parte do ordenamento jurídico; se tais propósitos são os únicos ou são predominantes, estar-se-á já perante um negócio abusivo, ilícito quanto ao fim e, nesta medida, suscetível de reação por parte do ordenamento.

De todo o modo, será a referência a *abuso de formas jurídicas*, que justificará a qualificação do comportamento como evasivo – e não como meramente planificador –, assacando-lhe alguma ilicitude – ainda que moderada – e legitimando que o ordenamento jurídico reaja, nomeadamente desconsiderando as vantagens fiscais obtidas e exigindo os impostos que, em circunstâncias "normais" (isto é, sem o abuso) seriam exigidos [98]. Aliás, bem vistas as coisas, nada do que aqui se refere é propriamente novidade: do mesmo modo que, nos termos jurídico-privatísticos gerais, um negócio será nulo quando o seu fim for contrário à lei – letra ou espírito [99] –, também aqui (Direito Fiscal) o ordenamento jurídico comina com consequências desfavoráveis os atos, negócios ou contratos levados à prática com desvio de fim, embora com duas diferenças: aqui a contrariedade à lei abrange somente o seu *espírito*, e a consequência desfavorável

[98] Cf., numa primeira aproximação, art. 38.º, n.º 2, da LGT.

[99] Cf. art. 280.º do CC.

não se materializa na nulidade do ato, negócio ou contrato, mas antes na perda da vantagem fiscal.

Em todo o caso, a esta temática das reações voltar-se-á adiante e de modo mais aprofundado, importando aqui sinalizar apenas a ideia de que o mundo do Direito não fica, nem pode ficar, indiferente a tais comportamentos desviantes [100].

3.3. Evasão, "planeamento abusivo" e "planeamento agressivo"

Marcada que está, com a ideia de *abuso*, a fronteira jurídica entre o planeamento e a evasão fiscais, importa, antes de proceder a maiores avanços, efetuar uma breve paragem com o objetivo de dilucidar algumas dúvidas que ainda se possam suscitar a nível terminológico, paragem esta que se justifica porque se dissemina com relativa ligeireza a utilização de algumas fórmulas discursivas que, além de introduzirem incerteza jurídica, dificilmente passarão no teste da lógica. E a preocupação de afastamento de dúvidas torna-se ainda mais premente quando as mesmas são suscitadas pelo próprio legislador (aqui, em sentido amplo e um tanto impróprio, como se verá).

A primeira dessas fórmulas materializa-se na expressão "planeamento fiscal abusivo", a qual consiste numa contradição intrínseca, e foi utilizada num diploma entretanto revogado (o DL n.º 29/2008 [101]), no qual se prescrevia um elenco acrescido de deveres de comunicação à administração tributária sobre "esquemas" artificiosos levados à prática com a finalidade, exclusiva ou predominante, de obtenção de vantagens fiscais. A perplexidade surge porque, no rigor dos conceitos, e como decorre de tudo quanto se explanou, se determinado comportamento é qualificado como "planeamento", não pode ser "abusivo", pois a atuação planificadora, situando-se no plano da absoluta legalidade, fica arredada, seja a que título for, da categoria do abuso. A partir do momento em que se entenda que se está em presença de um comportamento que se subsuma a esta última adjetivação – porque, *e.g.*, os particulares descaracterizam os atos e negócios jurídicos em causa, funcionalizando-os perversamente ao objetivo único ou preponderante de obtenção de vantagem nos impostos

[100] Cf. adiante, Parte II, apartado 2.1.2.2. [Norma antiabuso geral (NAAG)].

[101] V., desde logo, o art. 1.º do DL n.º 29/2008.

–, então deverá ser encarado como evasão, deixando de fazer sentido a menção ao planeamento. Por tal motivo, deve considerar-se um enunciado linguístico a rejeitar.

Num sentido análogo, surge a expressão "planeamento fiscal agressivo", esta utilizada a nível europeu, por exemplo, na Recomendação da Comissão de 6 de dezembro de 2012, dirigida aos Estados-Membros. Logo no considerando 2) deste diploma (não normativo, saliente-se) define-se tal forma de planeamento como "tirar partido dos aspetos técnicos de um sistema fiscal ou das assimetrias existentes entre dois ou vários sistemas fiscais, a fim de reduzir as obrigações fiscais", por exemplo, por meio de duplas deduções ou dupla não tributação. Tratando-se de simples *soft law*, reconhece-se a menor gravidade da ligeireza linguística, embora não possa deixar de se colocar em relevo que também aqui se introduzem fatores de insegurança aplicativa, até porque, bem vistas as coisas, estar-se-á igualmente no plano da evasão, embora se reconheça que a delimitação dos contornos é extremamente difícil de vislumbrar.

Em todo o caso, pelo menos no quadro dos presentes propósitos pedagógicos, será prudente não ceder aos impulsos de proliferação de expressões, e, na medida em que a trilogia planeamento/evasão/fraude se afigura perfeitamente suficiente do ponto de vista da clareza linguística e do acerto jurídico, será com base na mesma que se efetuarão os desenvolvimentos seguintes.

4. Fraude fiscal

Conhecidos que estão, pelo menos nos seus marcos mais evidentes, o planeamento e a evasão fiscais, cumpre agora enfrentar o terceiro comportamento de evitação com relevância e efeitos jurídicos: a fraude fiscal. Será uma abordagem que terá subjacente um deliberado intento de autocontenção, visto que todas as considerações que aqui se suscitam resvalarão, quer no plano teórico-dogmático, quer no plano prático-empírico, para os domínios do Direito infracional (criminal e contraordenacional) e, nesta medida, deverá ser nessa sede que a análise se prestará a autorizadíssimos desenvolvimentos. Por aqui, a abordagem, intentando superar o básico – sob pena de perda de dignidade científica –, limitar-se-á ao suficiente: tentar captar os traços distintivos do comportamento fraudulento fiscal, remetendo em tudo o mais para o que a doutrina e a jurisprudência (não o legislador!) têm proveitosamente facultado.

Sinalizada a intenção, importa colocar em saliência, em primeiro lugar, a ideia de que o próprio enunciado jurídico-linguístico "fraude fiscal" pode ser percecionado de acordo com dois sentidos distintos: *(i)* um sentido amplo, que equivalerá a qualquer comportamento ilícito de evitação fiscal, e *(ii)* um sentido restrito, que corresponderá ao *tipo criminal* como tal qualificado.

A cada um destes sentidos se dedicarão os desdobramentos sistemáticos que se seguem.

4.1. Fraude fiscal em sentido amplo

4.1.1. Noção jurídica

Num sentido amplo, a fraude fiscal consiste no *conjunto de atos voluntários dos sujeitos passivos tributários que, praticados num quadro de ilicitude, têm por objetivo atingir um resultado de afastamento, redução ou diferimento fiscal.*

A exemplo do que foi proposto fazer a respeito do planeamento e da evasão, também aqui se procederá à decomposição analítica dos elementos definitórios, expurgando as componentes de repetição que se afiguram desnecessárias:

i) Trata-se, a fraude fiscal, de um conjunto de atos voluntários (*lato sensu*), no sentido de comportamentos humanos direcionados a um determinado fim de evitação do cumprimento de obrigações em sede de imposto. Tais comportamentos tanto se podem materializar em atuações como em omissões, consoante se pressuponha um agir ou um não agir – por exemplo, e respetivamente, uma falsificação de documentos fiscalmente relevantes ou uma não declaração ou ocultação de património –, embora em qualquer dos casos se pressuponha uma específica intencionalidade e uma conformação inequívoca com a ideia de antijuridicidade. Além disso, os atos fraudulentos tanto podem ser praticados antes como após a verificação do facto tributário – por exemplo, e respetivamente, a simulação de contratos para obter reembolsos indevidos de imposto ou a oneração de património com a finalidade de frustrar a cobrança de dívida fiscal já liquidada –, e tanto podem ter natureza puramente interna (existência de dupla contabilidade em sociedades residentes) como internacional (fraude carrossel em transações intracomunitárias). Do mesmo modo, tanto podem ter natureza substantiva (*e.g.*, negócios simulados, atos de alienação, danificação ou ocultação de património) como adjetiva (por exemplo, recusa de exibição de documentos fiscalmente relevantes, falta ou atraso na apresentação de declarações fiscais, ou a não organização da contabilidade de harmonia com as regras de normalização contabilística);

ii) Em segundo lugar – e este constitui o ponto fulcral do fenómeno fraudulento –, os atos em causa são intrinsecamente ilícitos, o que quer dizer que são alvo de uma censura ou apreciação negativa, relativamente aos parâmetros do ordenamento jurídico. Não se trata, como na evasão, de atos formalmente lícitos objeto de uma consideração como abusivos, mas de algo mais profundo e reprovável: são atos ilegais, os quais, mesmo que não fossem considerados no quadro de uma fraude fiscal – pense-se, por exemplo, numa simulação ou numa adulteração ou falsificação de documentos –, seriam, na sua natureza, reprovados e sujeitos a consequências gravosas ou sanções. Nesta sequência, pode dizer-se que o grau de desconformidade da conduta com o ordenamento jurídico (-tributário) é incontroverso e, em alguns casos, extremamente elevado. Além disso – e este aspeto é importantíssimo –, o comportamento que consubstancia a fraude, para o ser, necessita de previsão ou tipificação legal, a qual poderá revestir a forma de crime ou de contraordenação;

iii) Finalmente, a intenção comportamental materializa-se num afastamento ou redução (desoneração) fiscais, reconhecendo-se que, diversamente do que acontece com os dois comportamentos anteriores (planeamento e evasão), aqui dificilmente se encontrarão casos que tenham em vista o simples diferimento.

A partir do antedito – e reconhecendo que aqui a tarefa de identificação estará bastante mais facilitada, em vista da prévia (e necessária) tipificação legal das condutas –, podem ser apontados os seguintes exemplos de fraude fiscal (*lato sensu*):

- A ocultação de factos ou valores que devam ser declarados;
- A simulação de negócios com propósitos fiscais;
- A alienação, dissipação ou oneração de património com o objetivo de frustrar a cobrança da dívida fiscal;
- A não entrega de quantias retidas na fonte;
- A falta de pagamento de prestações devidas a título de pagamento por conta do imposto devido a final;
- A recusa de entrega de documentos fiscalmente relevantes;
- A falta ou o atraso de declarações fiscais devidas;
- A falsificação e viciação de documentos fiscalmente relevantes;
- A não organização da contabilidade de harmonia com as regras de normalização contabilística;
- A não passagem de recibos ou faturas nos casos em que a lei o exija.

Em todos estes casos facilmente se percebe que se está em presença de atos ilícitos praticados pelos obrigados tributários – que podem nem ser contribuintes em sentido estrito (veja-se, por exemplo, o dever de retenção na fonte, o qual recai sobre um terceiro substituto) – e que têm por objetivo atingir um resultado de afastamento, desoneração ou diferimento tributário, caindo por isso no conceito amplo de fraude que aqui se tem vindo a delinear. Insiste-se nesta ideia: está aqui a fazer-se referência a um conceito (muito) amplo de fraude, que não é o mais correntemente utilizado e que se distingue claramente, até pela amplitude, do conceito restrito, identificado com o crime com a mesma denominação, a que se dedicará atenção no apartado seguinte.

Em termos jurídicos, como se disse, a fraude tem de estar tipificada na lei [102]. Na verdade, ao contrário do que sucede no planeamento – onde impera o princípio da autonomia da vontade e a liberdade de atuação,

[102] Se bem se entende que todos os comportamentos de fraude fiscal em sentido amplo, por terem por pressuposto um tipo de ilícito que os prevê e qualifica como crime ou contraordenação, são considerados infrações tributárias, nem todas as infrações tributárias são consideradas fraudes fiscais neste sentido, pois existem tipos comportamentais que pressupõem atos ilícitos praticados, não pelos obrigados tributários, mas antes pela administração. Pense-se, por exemplo, na violação do segredo fiscal, a qual pode ser imputada a "funcionário" (cf. arts. 91.º e 115.º do RGIT).

desprendida de autorizações legais, e onde nem sequer podem existir sanções – e na evasão fiscais – domínio no qual a eventual sanção aplicável tem na sua base um comportamento permitido ou tolerado, que pode não estar legalmente previsto –, na fraude tem de existir (sempre!) uma previsão típica que qualifique o comportamento como ilícito e que lhe impute uma sanção adequada. Tal qualificação será diversa consoante o desvalor comportamental subjacente – ao nível da ação e/ou do resultado –, podendo redundar numa dupla possibilidade tipificadora:

- Tipificação como *crime*, nas situações em que está em causa a violação de bens jurídicos fundamentais, incorporando uma carga valorativa negativa fortemente acentuada, e às quais se associam as sanções mais gravosas, como as penas de *prisão* ou de *multa* [103];
- Tipificação como *contraordenação*, naqueloutras situações que transportam uma carga valorativa negativa não tão acentuada, embora, ainda assim, negativa, bastando-se com a imposição de sanções a título de *coima* [104].

Em qualquer dos casos, tal previsão deverá ter sempre forma legal – excluindo-se, neste domínio, crimes ou contraordenações de base infralegal, designadamente regulamentar [105] – e deverá (deveria) obedecer aos imperativos de *seletividade* (recorte individualizado e pormenorizado dos comportamentos puníveis), *determinabilidade* (utilização de enunciados e conceitos claros, concretos e precisos, evitando-se conceitos indeterminados ou polissémicos) e *suficiência* (bastando-se a si mesma, a previsão, para fundamentar uma eventual punição, sem necessidade de recurso a interpretações extensivas ou modos de integração de lacunas), tudo em vista do cumprimento dos imperativos constitucionais decorrentes do princípio da segurança jurídica e da proteção da confiança legítima. O que se pretende, bem entendido, é resguardar a esfera jurídica dos obrigados tributários de ingerências administrativas fortemente restri-

[103] Cf. arts. 103.º e ss. do RGIT.
[104] Cf. arts. 113.º e ss. do RGIT.
[105] Cf. art. 2.º, n.º 1, do RGIT.

tivas, o que correria o elevadíssimo risco de suceder caso se admitissem multas ou coimas fiscais sem previsão legal exaustiva.

Em acréscimo às exigências referidas, a tipificação de comportamentos como crime ou contraordenação fiscal tem ínsita a necessidade de identificação de um valor juridicamente relevante que seja digno de uma proteção acrescida, não se concebendo essa intervenção legislativa típica relativamente a modos de agir triviais, que se materializem em simples superficialidades ou bagatelas. Esta essencial ideia abre a porta ao debate sobre a identificação do *bem jurídico* subjacente ao tipo, debate ao qual se dedicará o apartado subsequente.

4.1.2. Carga valorativa negativa e bem jurídico protegido

É consabido que qualquer ordenamento jurídico-normativo radica e assenta num conjunto de opções materiais determinantes que incorpora e protege, constituindo a sua marca genética em termos de caracterização substantiva, aproximando-o ou distanciando-o de outros: vida, liberdade, integridade física, integridade moral, paz, democracia, igualdade, propriedade, segurança, etc. Não existem, neste sentido, ordenamentos neutros, que não acolham valores que considerem dignos de proteção jurídica. Num tal quadro, certas normas – como, seguramente, as que tipificam infrações – apresentam-se como dotadas de uma *elevada intencionalidade axiológica*, no sentido em que refletem valores a que o ordenamento reconhece uma dignidade acrescida, ao ponto de serem erigidos à categoria de *bens jurídicos*, denotando uma inquestionável *pretensão de correção*. Sem pretender enveredar por caminhos que são seguramente melhor calcorreados por autorizadas vozes juscriminalistas ou juspenalistas, torna-se importante procurar saber que bens jurídicos serão esses quando estão em causa comportamentos de fraude fiscal (em sentido amplo), até porque será a respetiva identificação que permitirá legitimar e fundamentar a reação gravosa do ordenamento, bem assim como estabelecer um nexo de proporcionalidade com a sanção eventualmente aplicável (prisão, multa, coima, etc.). A este respeito, e sabendo-se de antemão que maiores desenvolvimentos e complexidades se poderiam suscitar – embora aqui se afigurassem deslocados –, não será incorreto afirmar que os ditos comportamentos são sancionados pelo ordenamento tendo em vista a proteção do bem jurídico "sustentabilidade financeira pública".

Importa perceber que em qualquer dos comportamentos fraudulentos (em sentido amplo) praticados pelos contribuintes ou obrigados tributários (*e.g.*, ocultação ou alteração de factos ou valores, recusa de entrega ou apresentação de documentos fiscalmente relevantes, não entrega de prestação tributária deduzida nos termos da lei, celebração de negócio simulado com propósitos fiscais) resulta patente que o que está em causa é, de modo mais ou menos direto, o perigo de não arrecadação das receitas fiscais devidas. Sem rodeios: *o que realmente conta* é o dinheiro em falta. Neste sentido, não parece defensável a asserção de que a tipificação de certa ação ou omissão como crime ou contraordenação tenha o seu fundamento *apenas* no desvalor da ação, corporizado na violação dos deveres de cooperação ou na quebra da relação fiduciária que o Estado estabelece ou pretende estabelecer com os obrigados tributários; poderá tê-lo de modo mediato ou indireto, mas apenas enquanto instrumento para, em última linha, coagir os devedores a, mais cedo ou mais tarde, entregarem ao credor tributário a prestação de imposto devida. Aliás, bem vistas as coisas, grande parte das contraordenações tipificadas na lei respeitam a violações de deveres acessórios integrantes da relação jurídica tributária, e se estes últimos são qualificados como acessórios, por uma razão evidente é: constituem auxiliares, instrumentos, ferramentas de prossecução dos fins inerentes à obrigação principal, que é a obrigação de pagamento [106]. O desvalor do resultado é assim determinante.

Porém, importa advertir que não é a quantia pecuniária (receita) em si, nem o património financeiro estadual, que constituem o bem jurídico protegido. A Constituição não protege dinheiro(s) por ser(em) dinheiro(s). Do mesmo modo que a entrega de declarações ou documentos constitui um dever acessório relativamente ao dever de pagamento, também este constitui um dever instrumental relativamente ao imperativo constitucional de sustentabilidade financeira pública; apenas se concebe a perceção de impostos se os mesmos se direcionarem à manutenção do edifício estadual amplamente considerado, com a finalidade de realização das despesas essenciais à satisfação de necessidades coletivas (manutenção das instituições, asseguramento dos esquemas demo-

[106] Cf. art. 31.º, n.os 1 e 2, da LGT.

cráticos, proteção da liberdade, garantia da saúde, educação, assistência social, regulação do mercado, etc.). Por conseguinte, será a suscetibilidade de subsistência a longo prazo do aparato estadual – a referida *sustentabilidade*, na tripla dimensão de Estado de Direito, Estado democrático e Estado social (como bem já se enfatizou atrás) – que constitui o desígnio maior erigido a valor constitucional e, consequentemente, a bem jurídico fundamental, do qual a arrecadação de receitas é um instrumento funcionalizado.

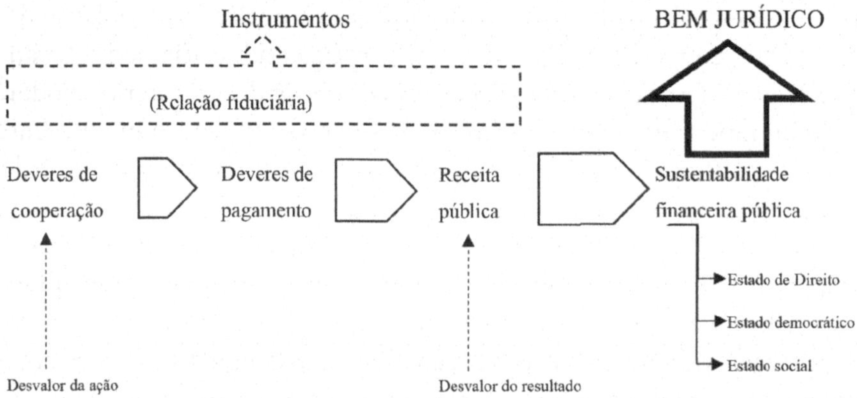

4.2. Fraude fiscal em sentido restrito (remissão)

Se em sentido amplo o conceito de fraude fiscal tem potencialidade para abarcar um conjunto significativo de comportamentos ilícitos de evitação, em sentido restrito identifica-se com o tipo de crime como tal qualificado, o qual, no ordenamento jurídico português, se encontra previsto no art. 103.º do RGIT. Nos termos deste preceito, de uma maneira propositadamente simples e sem pretensões de profundidade, os modos de agir que se subsumem ao mesmo são *(i)* a ocultação ou alteração de factos ou valores que devam ser conhecidos pelo fisco ou *(ii)* a celebração de negócio simulado, em qualquer dos casos se a vantagem patrimonial em causa for de montante não inferior a € 15 000, e visar uma das seguintes finalidades:

- A não liquidação, não entrega (por exemplo, nos casos de imposto já retido na fonte) ou não pagamento da prestação tributária; ou
- a obtenção indevida de benefícios fiscais, reembolsos ou outras vantagens suscetíveis de causarem diminuição das receitas tributárias.

Não sendo o caso (ou seja, verificando-se uma vantagem patrimonial inferior ao valor mencionado ou inexistindo tal intencionalidade), os atos respetivos não poderão ser qualificados criminalmente como fraude fiscal, sem prejuízo de eventualmente poderem subsumir-se a outro tipo criminal ou contraordenacional.

Em termos de consequência, a fraude fiscal é punível com pena de prisão até três anos ou de multa até 360 dias [107].

De modo exemplificativo, pense-se na empresa que adultera os valores da sua contabilidade, com o propósito de minorar os proveitos e/ou inflacionar os encargos e, por esta via, obter prejuízos fiscais reportáveis para os anos seguintes; na compra e venda de um bem imóvel no qual se declara um preço substancialmente inferior ao valor realmente praticado como modo de contornar o pagamento do imposto sobre o património; na criação de um "carrossel" por meio de uma ou mais empresa(s)-fantasma (*e.g.*, com NIF falso) e de operações mercantis aparentes apenas com o propósito de a(s) mesma(s) liquidar(em) IVA que vai ser deduzido por outros agentes económicos, "desaparecendo" a(s) primeira(s) no momento em que os reembolsos pretendidos forem feitos; ou ainda na "compra" de despesas dedutíveis por um empresário, que celebra um contrato com uma clínica ou um hospital, no sentido de lhe serem prescritas consultas médicas, tratamentos ou intervenções cirúrgicas (na realidade inexistentes) com o objetivo de obter comprovativos dedutíveis em sede de imposto, a título de *despesas de saúde*. Nestas últimas situações, poder-se-á estar perante um acordo simulatório, em que as partes, em conluio, criam uma aparência de negócio sem que efetivamente queiram negociar ou contratar, pelo menos *naqueles termos* (divergência intencional e enganosa entre a vontade e a declaração).

[107] Quanto aos casos de fraude fiscal qualificada, cf. art. 104.º do RGIT.

Pois bem, como se disse, tratando-se, esta, de matéria que desliza para os domínios jus-criminais, e atendendo ao enquadramento e aos propósitos dos presentes desenvolvimentos – que se pretendem situar no perímetro jus-fiscal –, para aí devem ser remetidos os desenvolvimentos, onde a doutrina e a jurisprudência têm materializado um árduo trabalho no sentido de interpretar e realinhar as nem sempre claras opções legislativas.

Parte II
As reações do ordenamento jurídico-tributário aos comportamentos abusivos (evasão e fraude)

§ Sequência

Depois de, na Parte I, se procurar definir e conhecer genericamente os comportamentos de evitação fiscal (planeamento, evasão e fraude), e depois de se ter compreendido que relativamente a alguns deles se impõe a colocação de limites, em ordem à preservação de bens jurídicos (valores) essenciais acolhidos pelo ordenamento jurídico, importa agora debruçar a atenção precisamente sobre os modos como este último pode reagir.

Reconhece-se que nem todos os comportamentos de evitação podem ser combatidos, designadamente quando os mesmos materializam opções legítimas – e, por conseguinte, válidas – dos operadores económicos e dos sujeitos passivos no sentido de aliviar o fardo decorrente do pagamento de impostos e outras imposições; porém, igualmente se admite que existem situações em que o combate não apenas pode, como *deve* ser efetivado, pois está-se em presença de atuações *extra* ou *contra legem*. Aí, o mundo do Direito reage diversamente, por vezes de um modo mais dúbio ou titubeante, por vezes de modo enfático ou determinado, mas sempre com o objetivo de dissuadir os sujeitos da prática de atuações fiscais que coloquem em causa, por um lado, o Interesse público materializado na arrecadação da receita devida e, por outro lado, os ideais de justiça na tributação.

Nas considerações subsequentes, nesta Parte II, e sempre adotando um enfoque exclusivamente jurídico, procurar-se-á apresentar um quadro explicativo desses modos de reação, considerando essencialmente três critérios, a saber:

i) A carga de juridicidade, distinguindo as *verdadeiras normas jurídicas* – dotadas de autêntica força jurídica vinculativa e sanções efetivas (ao menos, em teoria) – das meras prescrições ou instrumentos de *soft law*, sem acompanhamento de um aparato reativo convincente e, por tal motivo, não constituindo verdadeiro Direito, mas simples exortação (com relevância, ainda assim);
ii) O âmbito jurídico-espacial, apartando as normas internacionais, cujos efeitos jurídicos irradiam para além de um determinado ordenamento, das normas internas ou estaduais, cujos efeitos se circunscrevem, em princípio, a um ordenamento;
iii) A natureza intrínseca das medidas reativas, separando as que se revestem de natureza legislativa, daquelas que assumem feição administrativa.

Será, então, combinando estes critérios que a exposição se desdobrará, percorrendo sucessivamente:

- As reações a nível internacional (1.);
- As reações a nível interno (2.) e, dentro destas:
    → As medidas legislativas (2.1.);
    → As medidas administrativas (2.2.).

1. Reações a nível internacional

No âmbito da reação aos comportamentos abusivos e evasivos dos contribuintes e outros obrigados tributários, não se torna difícil compreender que, num ambiente de mercados globalizados, as medidas meramente unilaterais adotadas pelos diferentes Estados podem ser insuficientes, seja por causa da incerteza e da insegurança aplicativas que potenciam, seja porque frequentemente geram desencontros materiais e procedimentais que resultam, ora em concorrência prejudicial, ora em *conflitos de competência*, originando poucos resultados efetivos. Por conseguinte, aceita-se que o palco privilegiado deste combate deva ser deslocado para um plano supraestadual, reconhecendo-se à comunidade internacional (*lato sensu*) um estatuto de destaque, no sentido de suprir as incapacidades das abordagens estaduais.

Ao contrário do que sucede no plano estadual interno – onde as principais preocupações se situam ao nível do asseguramento da justiça material e formal da tributação –, ali, no plano supraestadual, o foco principal de atenção incide sobre a cooperação interestadual e a troca de informações fiscalmente relevantes, objetivando combater a erosão das bases de tributação e a diminuição das receitas fiscais.

Já em termos de instrumentos ou meios, verifica-se uma significativa heterogeneidade, quer no que respeita à natureza jurídica, quer no que concerne à fonte de produção normativa e à respetiva eficácia geográfica, embora, de um modo geral, seja aceitável dizer-se que a atuação se tem centrado principalmente nos seguintes eixos:

- Instrumentos de *soft law*;
- Normas de Direito Internacional Público (especificamente, os tratados internacionais);
- Normas de Direito da União Europeia;
- Normas estaduais com persuasão internacional.

Considerar-se-á de seguida, e sucessivamente, cada um deles.

1.1. Instrumentos de *soft law*

Para os presentes propósitos, consideram-se instrumentos de Direito dúctil ou suave (*soft law*) as prescrições não coativas que intentam induzir os sujeitos jurídicos a seguir determinado rumo comportamental sem, contudo, lhes estar associada qualquer sanção jurídica específica. O seu invólucro formal pode ser muito variável (*guidelines*, orientações, recomendações, estudos, livros, pareceres, relatórios, etc.), dando corpo a preceitos com natureza persuasiva ou de convencimento, potencialmente dotados de uma significativa carga política, mas despojados de revestimento cominativo ou aparato garantístico, demonstrando um patente *défice de normatividade*. Nesta medida, não são parâmetro aplicativo vinculativo para a administração, para os tribunais ou para os particulares e, em termos rigorosos, não podem ser qualificados como verdadeiras normas jurídicas (sem prejuízo de poderem ser eventualmente utilizados como ferramentas interpretativas).

No presente contexto discursivo, não seria curial proceder a grandes desenvolvimentos em referência a esses instrumentos, desde logo atendendo à metodologia positivista-normativista sinalizada desde o início. Contudo, não se pode ser indiferente à sua relevância hermenêutica (e política), pelo que se justifica, no mínimo, e no contexto dos múltiplos documentos adotados [108], um especial destaque em relação àquele que se afigura presentemente revestido de um maior reconhecimento: o plano de ação para o combate à erosão da base tributária e à transferência de lucros, usualmente conhecido e designado como plano BEPS (*Base Erosion and Profit Shifting*).

Este último, num enquadramento de louvor e enaltecimento dos méritos da globalização, começa por sinalizar a crescente importância dos serviços e da digitalização como fatores que potenciam quer a deslocalização de atividades, quer a criação de modelos empresariais baseados em estruturas regionais ou globais (e já não delineadas a uma mera escala nacional). Reconhece-se que se torna comum que a localização geográfica das atividades produtivas e criadoras – cada vez mais dependente de ativos intangíveis – esteja muitíssimo distante da dos clientes ou adquirentes dos serviços, o que poderá incrementar as tentativas de evitação fiscal por meio da exploração dos diferentes sistemas tributários envolvidos, provocando prejuízos a vários níveis, salientando-se a erosão das bases de tributação e a disseminação de um indesejável sentimento de injustiça e iniquidade entre os contribuintes, cidadãos e empresas.

Admitindo que a cooperação internacional – geradora do estabelecimento de "princípios comuns" e da efetivação de uma "rede de milhares de acordos" – já não consegue dar resposta a esses prejuízos, procura-se então sinalizar por meio deste relatório "instrumentos domésticos e internacionais" que visem garantir a coerência na tributação, erigindo-se, neste desígnio, várias linhas de ação, a saber:

[108] V., por exemplo, a Resolução do Conselho (UE) e dos representantes dos Governos dos Estados-Membros de 8 de novembro de 2022, que aprova um Código de conduta revisto no domínio da fiscalidade das empresas, disponível em *https://data.consilium.europa.eu/doc/document/ST-14452-2022-INIT/pt/pdf*.

→ Ação 1 – abordar os desafios fiscais da economia digital,
→ Ação 2 – neutralizar os efeitos dos instrumentos híbridos,
→ Ação 3 – reforçar as normas relativas às sociedades estrangeiras controladas (SEC),
→ Ação 4 – limitar a erosão da base tributária através da dedução de juros e outras compensações financeiras,
→ Ação 5 – combater de modo mais eficaz as práticas tributárias prejudiciais, tendo em conta a transparência e a substância,
→ Ação 6 – prevenir a utilização abusiva de convenções internacionais,
→ Ação 7 – prevenir as medidas destinadas a evitar artificialmente o estatuto de estabelecimento estável,
→ Ação 8 – ativos intangíveis,
→ Ação 9 – riscos e capital,
→ Ação 10 – outras transações de alto risco,
→ Ação 11 – estabelecer metodologias para recolher e analisar dados sobre fenómenos de erosão da base tributária e transferência de lucros e as ações para remediá-los,
→ Ação 12 – exigir que os contribuintes revelem os seus esquemas fiscais agressivos,
→ Ação 13 – reexaminar a documentação sobre os preços de transferência,
→ Ação 14 – incrementar a eficácia dos mecanismos de resolução de conflitos fiscais,
→ Ação 15 – elaborar um instrumento multilateral.

Como se constata, trata-se de um leque alargado (e errático) de matérias – possivelmente, algumas delas ainda de difícil captação pedagógica, atento o momento prematuro da sua abordagem (embora focadas em ulteriores pontos) – mas que têm em comum as marcas da deslocalização geográfica, da desmaterialização de atividades e da evitação abusiva dos deveres inerentes ao pagamento de impostos. Em relação a cada uma das linhas expostas, são sinalizados os principais nódulos problemáticos, são propostos objetivos específicos e apontados alguns caminhos de resolução, tudo assente numa metodologia que se pretende participativa (com consultas "ao setor privado e à sociedade civil") e numa calendarização apelativa, baseada na natureza imperativa e urgente das medidas a adotar[109].

Insiste-se, porém, que quer o plano BEPS, quer os diplomas análogos são simples *soft law*, não dispondo de eficácia jurídica vinculativa, não obstante poderem ser portadores de força persuasiva, ao ponto inclusivamente de impulsionarem alterações na normação interna.

1.2. Tratados e acordos internacionais

Ao contrário dos modos de reação referidos no apartado sistemático anterior – onde se aludiu às regras de *soft law*, dotadas de eventual carga persuasiva, mas desprovidas de qualquer vinculatividade jurídico-normativa –, aqui já se está perante normas jurídicas propriamente ditas, normas estas que assentam na vontade dos sujeitos de Direito Internacional (*maxime*, os Estados), exteriorizada ou materializada na celebração de tratados ou acordos (convenções, em sentido amplo) com inquestionável natureza deôntica.

Em termos gerais, tais normas encontram acolhimento no ordenamento jurídico-tributário português, não de modo automático – como se passaria com as normas e os princípios de Direito Internacional geral ou comum – mas antes de modo condicionado, uma vez que a própria Constituição coloca várias exigências ("condições") para que as mesmas possam integrar o bloco normativo e aí possuir validade e eficácia[110]: as normas em causa devem *(i)* cumprir as tramitações constitucionais exigidas para a sua ratificação ou aprovação, *(ii)* ser publicadas no jornal oficial e *(iii)* vincular internacionalmente o Estado Português. Deste modo, facilmente se constata que podem ficar fora daquele bloco – e, logo, do acervo de normação vinculativa – quaisquer "acordos", "convenções", "tratados" ou outros instrumentos que não tenham passado por todas as fases do procedimento constitucional, não tenham sido publicados ou já

[109] Para desenvolvimentos, v. o já citado Plano de ação para o combate à erosão da base tributária e à transferência de lucros, in *https://read.oecd-ilibrary.org/taxation/plano-de-acao-para-o-combate-a-erosao-da-base-tributaria-e-a-transferencia-de-lucros_9789264207790-pt#page1.*

[110] Cf. art. 8.º, n.º 2, da CRP.

não vinculem Portugal (porque, por exemplo, houve denúncia por uma das partes, expirou determinado prazo ou verificou-se determinada condição resolutiva).

Estamos aqui em presença, enfim, de verdadeiras normas de Direito Internacional Público, as quais estão sujeitas ao escalonamento normativo considerado normal, o qual passará por assumir o seu valor infraconstitucional e supralegal. Infraconstitucional, pois inquestionavelmente se subordinam ao padrão de constitucionalidade (como evidencia a sua consideração como objeto de controlo [111]); supralegal, pois a contrariedade com uma norma legislativa de Direito interno determina a desaplicação desta última.

Em termos formais, as referidas convenções – bilaterais ou multilaterais – tanto podem assumir uma forma mais solene (tratados) como uma forma mais simplificada (acordos), com a relevância de que no primeiro caso se sujeitarão a reserva de aprovação pela Assembleia da República e a ratificação do Presidente da República [112].

Já em termos substantivos ou de conteúdo, este tipo de convenções, podendo incidir sobre muitíssimas matérias relacionadas com a reação e o combate às práticas abusivas num quadro de cooperação interestadual, acaba por ter como referência primordial *(i)* as matérias relacionadas com a troca de informações com relevância tributária ou fiscal (troca essa que pode assumir natureza automática, espontânea ou requerida), *(ii)* a assistência mútua administrativa e *(iii)* o auxílio na cobrança das receitas desta natureza. De resto, a importância da cooperação internacional é reconhecida pelo próprio legislador ordinário, por exemplo, ao suspender o prazo para conclusão do procedimento de inspeção quando a mesma é acionada [113].

[111] Cf., por exemplo, art. 278.º, n.º 1, da CRP.

[112] V. arts. 161.º, alínea *i)*, e 135.º, alínea *b)*, da CRP. Quanto aos acordos (que podem ser aprovados por "simples" resolução da Assembleia da República ou decreto do Governo), v. arts. 197.º, n.º 1, alínea *c)*, e n.º 2, e 134.º, alínea *b)*, da CRP.

[113] V. art. 36.º, n.º 5, alínea *d)*, do RCPITA.

1.3. Reações ao nível da União Europeia

Tal como o Direito Internacional mencionado no apartado anterior, também o Direito da União Europeia constitui um acervo de verdadeiras normas jurídicas dotadas de inegável eficácia vinculativa, seja de modo imediato – quando os preceitos são diretamente aplicáveis na ordem jurídica interna, sem necessidade de qualquer mediação normativo-legislativa (por exemplo, e em regra, as normas de Direito europeu originário) – seja de modo mediato – quando os preceitos não são diretamente aplicáveis, dependendo de interposição e mediação concretizadora – como sucede com as diretivas. Além disso, está-se também aqui em presença de normas indubitavelmente reconhecidas pela CRP – que prevê uma *cláusula de abertura* no seu art. 8.°, n.° 4 – e que não se sujeitam ao escalonamento normativo habitual, precisamente por serem normas oriundas de um ordenamento externo, pelo que a questão de saber se uma norma de Direito da União "vale mais ou menos" do que uma norma de Direito interno acaba por ser uma *questão desviante*, pois os problemas de validade apenas se devem colocar entre normas pertencentes ao mesmo agregado normativo. Certo é que – a própria cláusula de abertura acima referida o indicia – em caso de eventual contradição de regime, as normas de Direito da União devem gozar de um estatuto de *preferência aplicativa* no caso concreto, o que conduzirá à inaplicabilidade (insistimos: no caso concreto) da norma de Direito interno desconforme.

Em termos de enfrentamento dos comportamentos evasivos, e sem prejuízo da valia de outras fontes normativas, é possível afirmar-se que as diretivas se revelam o instrumento mais relevante no contexto do Direito da União Europeia, a um duplo nível: *(i)* substantivo (material) e *(ii)* adjetivo (procedimental/processual).

i) A nível substantivo, as diretivas têm sido sobremaneira importantes enquanto impulsionadoras (de modo vinculativo, não de modo meramente persuasivo como as supra aludidas fontes de *soft law*) no sentido da introdução ou reforço de algumas regras nos ordenamentos jurídicos dos Estados-Membros da União, afirmando-se como paradigmático exemplo a já aludida Diretiva (UE) 2016/1164, que estabelece regras contra as práticas de elisão fiscal que tenham incidência direta no funcionamento do mercado interno[114]. Esta verdadeira "Diretiva antiabuso" aponta aos Estados-Membros alguns métodos de prevenção ou repressão de práticas abusivas, destacando-se os seguintes:

- → Criação de uma norma antiabuso geral (NAAG), como modo de combater as atuações artificiais ou que não sejam genuínas, desconsiderando as eventuais vantagens fiscais obtidas (art. 6.º);
- → Criação de um "imposto de saída", nos casos em que os sujeitos passivos transferem para outra localização, com finalidades evasivas, a sua residência fiscal, os seus ativos ou as suas atividades (art. 5.º);
- → Imposição de um teto máximo para a dedutibilidade dos gastos com empréstimos e outros modos de financiamento (art. 4.º);
- → Imputação na residência de rendimentos de sociedades estrangeiras controladas (art. 7.º);
- → Esbatimento das assimetrias híbridas (diferenças na qualificação de instrumentos ou de entidades – art. 9.º).

Na decorrência da respetiva transposição para o ordenamento português, vários diplomas fiscais foram alterados, como a LGT e o CIRC, a primeira densificando alguns conceitos e pressupostos presentes no art. 38.º, e o segundo introduzindo limites à dedutibilidade de certos gastos ou encargos no quadro do reforço da tributação em casos de assimetrias híbridas (arts. 68.º-A e seguintes)[115].

[114] Além do exemplo apontado no texto, um outro, igualmente relevante, pode ser sinalizado: a Diretiva (UE) 2018/822, transposta pela Lei n.º 26/2020 (adiante referida), que impõe aos Estados-Membros a adoção das medidas necessárias para que os sujeitos "intermediários" sejam obrigados a comunicar à ATA mecanismos transfronteiriços de evasão fiscal (algo que, na verdade, o legislador português já fazia desde 2008, por meio do DL n.º 29/2008, entretanto revogado).

[115] Numa aproximação básica e com propósitos meramente pedagógicos, é possível afirmar que as assimetrias híbridas resultam das diferenças na qualificação jurídica, nos diversos ordenamentos dos Estados-Membros, de certos instrumentos financeiros ou de certas entidades,

ii) A nível adjetivo, o domínio no qual se tem sentido de modo mais relevante a influência das diretivas é o da cooperação entre administrações dos Estados-Membros, principalmente no que concerne à troca de informações fiscalmente relevantes e à assistência na cobrança. No que respeita à troca de informações evidencia-se, entre outros instrumentos, a Diretiva 2011/16/UE do Conselho, de 15 de fevereiro de 2011, transposta pelo DL n.º 61/2013, diretiva essa que estabelece as regras ao abrigo das quais os Estados-Membros devem cooperar entre si tendo em vista a troca de informações previsivelmente relevantes para a administração tributária, consagrando diversos procedimentos tendentes a operacionalizar esse fim, como os procedimentos de troca automática, espontânea ou a pedido. Quanto à assistência mútua em matéria de cobrança de créditos fiscais (e equiparados), destaca-se a Diretiva 2010/24/UE do Conselho, de 16 de março de 2010, a qual consagra a obrigatoriedade de dar seguimento a pedidos entre instituições, serviços ou organismos administrativo-tributários de diferentes Estados-Membros, como, por exemplo, a notificação de atos administrativos ou judiciais, a cobrança de impostos (embora, neste caso, sempre mediante a existência de um título executivo e sem a obrigatoriedade de reconhecimento de preferências ou privilégios creditórios) e mesmo a adoção de medidas cautelares. Igualmente se prevê a possibilidade da presença de funcionários (de outro Estado-Membro) nos serviços ou procedimentos investigatórios.

A finalizar este apartado relacionado com o Direito da União Europeia, não pode deixar de ser feita uma menção ao importante papel do TJUE, o qual, embora não com estatuto normativo, tem sido decisivo nos

o que pode resultar numa dupla dedução ou numa dedução dos rendimentos num Estado sem inclusão na base tributável do outro. Como se compreende, em tais situações pode haver necessidade de neutralizar esse efeito perverso, estabelecendo-se regras segundo as quais um dos ordenamentos tributários deverá recusar a dedução de um pagamento que conduza a esse resultado [ver, neste sentido, considerando 13 da Diretiva (UE) 2016/1164, em referência]. V., também, *infra*, Parte III, apartado 8. [Recurso a dispositivos ambíguos (assimetrias híbridas)].

seus marcantes acórdãos, quer na afirmação da vinculatividade dos princípios e regras constantes dos Tratados e das diretivas, quer na sinalização de lacunas e debilidades, impulsionando frequentes alterações.

1.4. Normas estaduais com persuasão internacional (em especial, o FATCA)

Após a alusão às normas de Direito da União Europeia e de Direito Internacional propriamente dito, o expectável seria passar de imediato para o estudo das normas internas, dedicando-lhes um apartado próprio. Porém, não se pode perder de vista que, no quadro das formas de reação aos comportamentos evasivos e fraudulentos em matéria fiscal, existem algumas normas estaduais (nacionais) tão relevantes que acabam por funcionar com fator de pressão para outros ordenamentos jurídicos distintos daqueles em que foram emanadas, projetando-se como normas com uma forte vocação internacional. É o caso do *Foreign Account Tax Compliance Act* (FATCA), o qual, considerando o facto de ser oriundo de um ordenamento que assume uma posição de proeminência no quadro das relações políticas e comerciais internacionais (os Estados Unidos da América), se configura como um verdadeiro impulsionador normativo de vários acordos internacionais.

O FATCA é um instrumento de Direito interno dos EUA, com valor legislativo, por meio do qual se introduziram significativas alterações ao *Internal Revenue Code (IRCode)* – acrescentando-lhe uma nova subsecção (o *Chapter* 4, composto pelos §§ 1471 e ss.) [116] – e que materializa a imposição de deveres de comunicação e de retenção na fonte, relativamente a certas operações transfronteiriças e a sujeitos não cooperantes. Em termos de conteúdo normativo, e de um modo muito geral – que não comprometa o desenvolvimento expositivo da presente obra, desviando-a do seu foco essencial em direção a aspetos laterais –, é um instrumento que tem em vista as operações envolvendo entidades não cooperantes, cominando com uma "sanção" de retenção de 30% incidente sobre os

[116] O diploma em questão pode ser consultado em *https://www.govinfo.gov/content/pkg/STATUTE-124/pdf/STATUTE-124-Pg71.pdf#page=33*. Quanto ao *Internal Revenue Code* propriamente dito (em referência às matérias aqui em apreciação), v. *https://www.law.cornell.edu/uscode/text/26/subtitle-A/chapter-4*.

rendimentos pagos ou colocados à disposição [117]. Para os correspondentes efeitos, entende-se que haverá cooperação quando existir um acordo celebrado entre a autoridade tributária norte-americana ("*the Secretary*") e outro Estado, ou entidades financeiras domiciliadas nesse outro Estado, a estabelecer deveres de prestação de informações fiscalmente relevantes. *A contrario*, será considerado *não cooperante* todo o Estado ou toda a entidade financeira que não esteja debaixo da alçada de um desses *Intergovernamental Agreement*.

De entre as informações objeto do dever de reporte às autoridades norte-americanas, conta-se o nome do titular de contas, os seus rendimentos, a morada e o respetivo número de identificação fiscal, o número de conta, o saldo bancário, os juros, dividendos, etc., e os respetivos movimentos ("*determined at such time and in such manner as the Secretary may provide*") [118].

Enfim, e de um modo sumário e simplificado, sempre que se estiver em presença de rendimentos pagos a uma entidade estrangeira não cooperante, deverá ser aplicada uma retenção na fonte no valor de 30% relativamente a esses rendimentos [119].

O FATCA é um diploma que, apesar da sua indubitável natureza estadual (provém de um núcleo de produção normativa interno), possui uma incontestável força persuasiva internacional, não apenas tendo em conta a posição dominante que o ordenamento norte-americano assume no contexto global, mas também porque a sua concreta efetivação depende da celebração de acordos internacionais com os Estados que (mais ou menos voluntariamente) o desejarem. No que particularmente concerne ao ordenamento jurídico português, esse acordo foi aprovado por via da Resolução da Assembleia da República n.º 183/2016.

Nesta medida, o FATCA constitui um instrumento *sui generis*, com a sua relevância desdobrada em dois diferentes níveis normativos: no que respeita à fonte, tem uma natureza puramente interna (norte-americana); ao nível da eficácia, pretende irradiar uma relevância externa, for-

[117] Cf. § 1471 (a) do *IRCode*.
[118] Cf. § 1471 (c) do *IRCode*.
[119] Quanto à amplitude da noção de rendimentos (*withholdable payment*), v. § 1471 (d), (1), (a), do *IRCode*.

necendo o impulso para a celebração de acordos interestaduais vários. Na realidade, e correndo-se o risco de alguma ligeireza ou simplificação excessiva, poderá dizer-se que constituirá uma fonte mediata, indireta, inspiradora, de Direito Internacional.

Em termos de apreciação jurídico-normativa, e tendo particularmente por referência o ordenamento português – e sem prejuízo da importância do fator reputacional inerente à consideração como "não cooperante" e da relevância persuasiva no quadro da política de combate à evasão fiscal –, sinalizam-se algumas questões de conformidade constitucional e legal, relacionadas, por um lado, com a forma jurídica utilizada e, por outro, com o conteúdo das medidas preconizadas. Na verdade, não pode deixar de se manifestar alguma inquietação com o facto de uma matéria tão relevante como a presente – que, obrigando à comunicação de informações ou dados sensíveis, envolve restrições de direitos, liberdades e garantias – ser deixada ao cuidado de um invólucro jurídico secundário ou subalterno (se bem que usual em matéria fiscal internacional) como uma resolução do Parlamento, ato relativamente ao qual, de resto, até se podem levantar dúvidas quanto ao respetivo escalão normativo. Além disso, como já em outras sedes se sinalizou, podem suscitar-se muitas suspeições quanto à conformidade constitucional de medidas impositivas que *(i)* vão além da base jurídica invocada como fundamento normativo – o acordo invoca a Convenção celebrada entre a República Portuguesa e os Estados Unidos da América para evitar a dupla tributação e prevenir a evasão em matéria de impostos sobre o rendimento, a qual se refere exclusivamente a "autoridades competentes dos Estados contratantes" [120], não autorizando expressamente a divulgação de informações por entidades privadas – e *(ii)* colidem – ou, no limite, podem colidir – com a reserva da vida privada constitucionalmente consagrada (art. 26.º da CRP) [121].

Crê-se que, mais cedo ou mais tarde, serão os Tribunais a dissipar estas dúvidas, seja em sede de controlo concreto da constitucionalidade (os Tribunais comuns), seja em sede de controlo abstrato sucessivo (o

[120] Cf. art. 28.º, n.º 1, da referida Convenção, aprovada por meio da Resolução da Assembleia da República n.º 39/95, de 12 de outubro.

[121] V., a respeito, o já citado parecer da Comissão Nacional de Proteção de Dados (CNPD) n.º 48/2014.

Tribunal Constitucional). Ponto é que as questões sejam suscitadas ou desencadeadas nesse sentido.

2. Reações a nível interno (estadual)

Após mencionadas as possibilidades de reação aos comportamentos evasivos ou abusivos ditadas a nível internacional, cumpre avançar no sentido do conhecimento daquelas que são efetivadas a nível interno, onde, considerando a diversidade dos poderes estaduais, urge distinguir, por um lado, as respostas provenientes do poder legislativo e, por outro lado, as que são oriundas do poder administrativo. No primeiro grupo – de feição normadora, geral e abstrata – ganharão especial relevo as denominadas *normas antiabuso*, embora outras atuações devam ser igualmente focadas, como a criação de impostos especiais sobre deslocalizações, a criação de listas de territórios, a imposição de deveres acessórios de comunicação ou, em último recurso, a punição. No segundo grupo – de natureza executiva, mais individual e concreta – destacar-se-ão os procedimentos tributários de natureza investigadora ou fiscalizadora (*e.g.*, inspeção tributária), bem assim como a divulgação antecipada de construções abusivas, a aplicação de normas antiabuso, o recurso a métodos indiretos, as medidas cautelares, e a ação criminal ou contraordenacional, sem esquecer, naturalmente, as prerrogativas de interpretação e requalificação.

Como em várias outras matérias, também aqui a adequada compreensão de todos estes modos reativos – legislativos e administrativos – não prescinde do enquadramento fornecido pelos princípios gerais de Direito Fiscal, os quais proporcionarão o substrato teórico para as soluções a encontrar. Tal será particularmente relevante quando se manifestar a intenção estadual de implementar técnicas de combate ao abuso que são elas próprias abusivas, como acontece, por exemplo, quando se intenta recorrer à analogia como modo de cobrir situações que não estariam inicialmente ideadas pelo legislador, ou quando se impregnam as normas de fórmulas linguísticas e conceitos demasiado elásticos e indeterminados. Em tais situações, princípios como os da legalidade, da tipicidade, da segurança jurídica, ou da proibição do excesso não podem deixar de ter uma palavra a dizer.

Será, então, com a omnipresença deste substrato teórico que se procurará avançar.

2.1. Ao nível do poder legislativo

Na dialética de combate aos comportamentos evasivos, sem exagero se poderá dizer que as mais vigorosas reações são encetadas pelo poder legislativo, o qual tenta obstaculizar por diversas vias os caminhos de abuso calcorreados pelos contribuintes e outros obrigados tributários. Este desígnio ou preocupação ressalta de modo bem patente das palavras do próprio legislador quando se refere, por exemplo, no preâmbulo do CIMT, à necessidade de alargar a base de incidência do imposto ou de ficcionar como transmissões determinadas operações.

Antes de avançar, torna-se relevante chamar a atenção para um aspeto que merece uma especial observação, ainda que curta: as matérias aqui em análise denotam uma proximidade nem sempre desejável entre o legislador e um dos mais relevantes – se não o mais relevante – aplicadores jurídicos, que é a administração tributária. Com efeito, sem dificuldade se verifica que parte significativa das intervenções legislativas antiabuso têm na sua génese alguma pressão (legítima) desta última, em face da constatação de que determinado desenho normativo não se demonstra eficiente para fazer frente à imaginação e astúcia dos operadores económicos. Em termos práticos, o que sucederá será que, quando se confirma, pelos órgãos administrativos de controlo e inspeção, a descoberta de um novo caminho de fuga aos impostos, prontamente – entenda-se: na lei do orçamento do Estado seguinte – se diligencia no sentido de "convencer" o legislador a obstruir o mesmo, dando cobertura expressa e inequívoca a uma situação que até aí possivelmente suscitaria dúvidas. Convém não perder de vista que a proposta de orçamento do Estado parte do Governo (onde, naturalmente, se integra o Ministério das Finanças ou estrutura orgânica equivalente), de modo que praticamente não existe distância entre quem aplica a lei e quem a propõe ao legislador primário (Assembleia da República). Trata-se, porém, de uma questão de natureza mais política que jurídica propriamente dita, de modo que o objetivo aqui é meramente alertar para a mesma.

Será, então, momento de avançar no sentido do conhecimento do primeiro remédio legislativo antiabuso, começando precisamente por aquele que é revestido por uma *aura positiva* e de estímulo da cidadania: a criação de incentivos ao cumprimento. Após o mesmo, será dedicada atenção a remédios mais restritivos ou repressivos.

2.1.1. Criação de incentivos ao cumprimento

O modo legislativo mais brando ou moderado de enfrentar os comportamentos de evitação abusiva encerra uma forte dimensão de persuasão e de convencimento, e passa pela criação de estímulos ou incentivos à cidadania fiscal, particularmente com o objetivo de atrair para o sistema pessoas ou entidades que, devendo estar inseridas, estão do mesmo arredadas. É certo que, num verdadeiro e responsável Estado de Direito, a cidadania não deveria precisar de estímulos, pois qualquer cidadão deveria ter consciência de que a pertença a um modelo civilizacional protetor e garantístico não pode deixar de assentar não apenas na afirmação de direitos, mas também no reconhecimento de deveres. Porém, a realidade é bem diferente e demonstra que existe um generalizado sentimento de repulsa ao imposto e uma contínua desconfiança nas instituições e nos órgãos estaduais, nos seus diferentes níveis, ambos potenciadores da evitação fiscal.

No quadro do ordenamento jurídico-fiscal português, um exemplo flagrante deste tipo de medidas corporiza-se na dedução que, em sede de IRS, se pode efetuar de uma parte do IVA suportado relativo a prestações de serviços em determinados setores de atividade, considerados mais propensos à evasão e à fraude, como sejam os seguintes [122]:

- Manutenção e reparação de veículos automóveis e motociclos;
- Alojamento, restauração e similares;
- Salões de cabeleireiro e institutos de beleza;
- Atividades veterinárias e aquisição de medicamentos de uso veterinário;
- Ensino desportivo e recreativo e atividades de ginásio e fitness.

[122] Cf. art. 78.º-F, n.º 1, do CIRS.

Ora, como a dedutibilidade do referido IVA depende da exigência de fatura ou recibo a documentar a operação em causa, e como essa fatura ou recibo deverão ser inseridos *no sistema de controlo*, facilmente se percebe que os profissionais das áreas referidas acabam por ser *convocados* para este último, mesmo que o façam de um modo porventura contrariado. Em todo o caso, independentemente da bondade subjacente a este tipo de medidas, a verdade é que a implementação das mesmas gera no imediato uma redução da receita fiscal – não se perca de vista que o Estado está a conceder uma dedução à coleta, levando à diminuição do IRS a pagar –, o que, compreensivelmente, as torna pouco apelativas do estrito ponto de vista financeiro-público de curto prazo. Em contrapartida, é certo que, com expedientes desta natureza, algumas operações que não seriam declaradas e que passariam completamente à margem da imposição fiscal acabam por cair nas malhas impositivas e, deste modo, contribuir, ainda que de modo ténue, para a diminuição da erosão das bases tributárias.

2.1.2. Criação de normas antiabuso

Bem menos "benévolas" que as medidas referidas no apartado anterior são as denominadas "normas antiabuso", as quais demonstram uma natureza substancialmente mais intrusiva e restritiva.

§ Prévio: normas e "cláusulas" antiabuso (gerais e específicas)

As normas antiabuso são normas jurídicas em matéria fiscal que visam, como a própria denominação sugere, prevenir abusos ou, quando os mesmos já tenham sido efetivados, corrigi-los, reintegrando a legalidade que se deve ter por verificada.

Importa começar por precisar que, apesar de correntemente designadas como "cláusulas antiabuso", se trata de verdadeiras normas jurídicas, isto é, verdadeiros enunciados deônticos aos quais se associam efeitos jurídicos indiscutivelmente vinculativos, e não meras orientações para a administração ou para o juiz ou simples regras de *soft law*. Em geral, tais efeitos passam pela desconsideração das concretas vantagens fiscais que os sujeitos pretenderiam obter com uma atuação abusiva (*operações, construções, séries de construções, esquemas*), funcionando como uma espécie de "corte" nas suas pretensões, passando os mesmos a sujeitar-se ao regime-

-regra que existiria sem a consecução do dito abuso. De um modo mais específico, é possível afirmar que as normas antiabuso podem comportar, entre outras, as seguintes consequências (eventualmente cumulativas, consoante as situações):

- Desconsideração fiscal de certos custos, corrigindo-se a matéria tributável declarada pelos sujeitos e exigindo-se *a posteriori* o imposto eventualmente em falta (por exemplo, através de liquidações adicionais no contexto de procedimentos de inspeção tributária);
- Imputação (automática, *ope legis*) de certos rendimentos a certas entidades (*e.g.*, rendimentos de entidades não residentes sedeadas em Estados não cooperantes e aí sujeitos a regimes fiscais privilegiados, genericamente designados como "paraísos fiscais");
- Agravamento de taxas de imposto (designadamente quando existam ligações entre sociedades residentes e países, territórios ou regiões como os acabados de mencionar);
- Alargamento de prazos de *caducidade* ou de *prescrição*, em termos de permitir à administração tributária uma maior janela temporal para atuar (inspecionar, avaliar, liquidar, cobrar, etc.).

Ao estudo destes efeitos dedicar-se-á maior atenção aquando da análise particularizada, nos apartados subsequentes, de algumas dessas normas. No momento, merece referência um aspeto curioso relacionado com a sua particular teleologia: é que visando as mesmas o combate a abusos em matéria fiscal, numa certa medida elas são (ou deveriam ser) normas condenadas à partida, ou "normas suicidas": se o seu propósito for conseguido, evitando os ditos abusos por parte dos contribuintes, tais normas não encontrarão mais espaço para aplicação e acabarão, mais tarde ou mais cedo, por cair em desuso.

Ainda quanto aos propósitos subjacentes – combater os abusos –, e de modo a obter uma mais profunda compreensão (que ultrapasse a simples literalidade dos preceitos fiscais), será pertinente convocar os valiosos contributos do Direito Privado e da denominada *teoria da causa* dos atos e negócios jurídicos, enfatizando que qualquer um destes é desenhado normativamente tendo em vista o atingimento de certos efeitos, os quais constituem a respetiva teleologia típica: a transferência da propriedade;

a disponibilidade do gozo de certo bem; a prossecução de uma atividade económica; o asseguramento de um rendimento periódico para certa pessoa; o acautelamento de riscos gerais ou específicos, etc. Quando os sujeitos os levam à prática pensa-se que será para atingir tais resultados – protegidos pelo mundo do Direito – e, em princípio, não outros. Neste sentido, compreende-se que a causa de um ato ou negócio jurídico tenha uma natureza eminentemente objetiva – nisto se distinguindo da *motivação*, a qual terá natureza subjetiva e dirá respeito aos fundamentos psicológicos determinantes da vontade – e se deva identificar com o conjunto dos efeitos típicos previstos pelo legislador.

Ora, quando os sujeitos utilizam certo ato ou negócio, desviando-se do seu fim típico, e com isso obtêm uma poupança fiscal significativa, o legislador reage e considera tal comportamento abusivo, pois entenderá que se *respeitou a letra da lei, mas não o seu espírito*. Trata-se, na verdade, de usar um meio lícito ou legal para prosseguir um fim não lícito, desrespeitando a teleologia.

Do ponto de vista da sua abrangência material, as normas antiabuso podem ser gerais (NAAG) ou específicas (NAAE). As primeiras são aquelas que, sem recortar uma específica situação material a que se apliquem, procuram atingir de modo indiscriminado qualquer comportamento abusivo fiscal, independentemente do domínio substantivo em causa e do regime a que o mesmo se sujeita (geral ou especial, sujeição ou isenção, residente ou não residente, etc.); neste sentido, pode dizer-se que irradiam os seus efeitos em relação a um círculo normativo jurídico-fiscal subjetiva e objetivamente indeterminado, abrangendo potencialmente quaisquer impostos, quaisquer regimes e quaisquer pessoas; por tal motivo, aliás, cada ordenamento se basta com a existência de *uma* norma deste género. As segundas, diferentemente, existem em quantidade elevada e procedem ao recorte – abstrato, claro, uma vez que se trata de normas jurídicas – das específicas situações jurídicas materiais e dos sujeitos a que se aplicam, sinalizando determinadas zonas que o normador supõe que são de elevada probabilidade de práticas abusivas, como, por exemplo, a dedução de encargos com viaturas ou com juros de empréstimos, o recebimento de acréscimos salariais, a transmissão de ações, as alterações de residência, a dedutibilidade do IVA, a utilização de contratos-promessa ou de procurações irrevogáveis, etc. Suspeitar-se-á que nestes domínios os atores usam uma forma jurídica civilisticamente limpa para prosseguir um fim de afastamento, redução ou diferimento fiscal que não foi pensado para lhe corresponder.

Importa advertir para a circunstância de que, tratando-se de *normas de alerta*, nem sempre o abuso se pode assumir como verificado, podendo dar-se o caso de o comportamento em causa ser eventualmente motivado por outras razões que não a fuga aos impostos. Por exemplo, alguém pode deslocalizar a sua residência para Belize, Gibraltar ou Panamá e, por este motivo, induzir-se normativamente o comportamento como abusivo, pese embora tal mudança geográfica possa igualmente ser causada por razões académicas, familiares ou profissionais, não fiscais. O mesmo poderá suceder com uma fusão de sociedades ou com um empréstimo em condições muito onerosas. Por tais razões, a qualificação jurídica pode revelar-se problemática, sucedendo frequentemente que determinada norma seja qualificada como antiabusiva sem na realidade o justificar, antes se tratando de simples normas de alargamento do tipo, de limitação de deduções ou de presunções ou ficções cujos intuitos serão bem mais práticos e operativos: "trazer" para o âmbito fiscal realidades que seriam difíceis de descortinar ou de clarificar ou facilitar o controlo de certas factualidades. Neste sentido, e em rigor, não se deveriam considerar NAAE propriamente ditas aquelas que *ab initio* (isto é, mesmo sem qualquer indício de abuso) excluem a dedutibilidade de despesas não documentadas ou não comprovadas documentalmente [123], ou estabelecem um limite percentual de dedutibilidade de gastos relativamente aos quais é difícil aferir da sua pertinência, porque se encontram situadas em "zonas de fronteira" (por exemplo, despesas com rendas, energia, água ou comunicações relativas a um imóvel simultaneamente destinado à habitação e à atividade empresarial ou profissional do sujeito passivo) [124]. O mesmo se dirá das normas que determinam a exclusão do direito à dedução do IVA relativo a despesas com viaturas, combustíveis, transportes, viagens, alojamento, alimentação, bebidas, lazer, etc. [125].

[123] Cf., por exemplo, art. 23.º-A, n.º 1, alíneas *b)* e *c)*, do CIRC.

[124] Assim, art. 33.º, n.º 5, do CIRS.

[125] Cf. art. 21.º do CIVA.

Em todo o caso, e porque os presentes propósitos são eminentemente pedagógicos, continuar-se-á a considerar essas normas como sendo antiabusivas, na medida em que se entende que o propósito legislativo para aí se direciona, mesmo sabendo que o legislador, por vezes, "vê abusos onde não existem".

Por outro lado, e sem constituir propriamente uma novidade, atentos os ensinamentos da hermenêutica geral da teoria do Direito – e particularmente da regra *lex specialis* –, compreende-se que as NAAE, atendendo ao seu perímetro de abrangência mais focalizado, têm prevalência aplicativa relativamente à NAAG. Neste sentido se poderá falar em subsidiariedade desta última, bem assim como da sua natureza de *ultimum remedium*, apenas podendo ser invocada e utilizada nas situações em que, urgindo efetivamente combater as práticas abusivas, não existem normas antiabuso de natureza específica.

Pois bem, considerando a preferência aplicativa das normas específicas, por estas se imporá começar o estudo e a análise subsequentes.

2.1.2.1. Normas antiabuso específicas (NAAE)

Como já se adiantou, as NAAE revestem natureza bastante mais recortada e rígida, procedendo ao desenho abstrato das específicas situações jurídicas materiais a que se aplicam e dos respetivos sujeitos, em casos em que se revelam acrescidos riscos de evitação abusiva ou evasão. Também se depreende do que já foi exposto que a qualificação de determinada norma como antiabusiva pressupõe a sinalização de uma situação de abuso (evasão) na sua hipótese de incidência, como sucede quando, por exemplo, se deslocaliza a residência, se assume excessivo endividamento, ou se adquirem sociedades com prejuízos significativos, sempre com o intuito de obtenção de poupança fiscal.

Em termos de regime jurídico das *autênticas* NAAE, identificam-se os seguintes traços normativos como os mais relevantes:

- Todas comportam, pela sua própria natureza, um ou mais efeitos restritivos ou limitadores relativamente a um regime-regra eventualmente mais favorável, delas decorrendo, por exemplo, a impossibilidade de dedução de certos encargos que em outras cir-

cunstâncias seriam dedutíveis ou a sujeição a uma taxa de imposto mais elevada do que aquela que seria normalmente aplicável;
- Ao contrário do que se passa com a NAAG, a sua aplicação às situações em concreto é, a maior parte das vezes, absolutamente vinculada, na medida em que os seus efeitos restritivos e impositivos (como a correção de valores declarados, a desconsideração de certos encargos, a imputação de determinados lucros, a alteração da qualificação de residência, o alargamento de prazos de atuação, etc.) decorrem diretamente da lei, sem intermediação volitiva por parte de quem as utiliza. Particularmente a administração não dispõe de poderes autónomos de conformação, em termos de decidir se aplica ou se não aplica à realidade empírica, devendo fazê-lo em decorrência *instantânea* da previsão normativa;
- Como consequência dessa acentuada vinculação, não se torna necessária a propulsão ou efetivação de um especial procedimento tendente à sua aplicação (igualmente ao contrário do que se passa com a NAAG [126]);
- Do mesmo modo, não se exige uma específica fundamentação que não a que decorra do dever legal de justificação, mediante a indicação do substrato fáctico e das normas correspondentes que legitimam a atuação administrativa;
- Não existe meio específico de defesa dos contribuintes em caso da sua convocação, antes se devendo aplicar os meios reativos gerais (*e.g.*, reclamação graciosa, recurso hierárquico, pedidos de revisão da matéria tributável fixada por métodos indiretos, pedido de revisão dos atos tributários, impugnação judicial, ação administrativa).

Pois bem, assumido este enquadramento, identificam-se de seguida algumas dessas NAAE, a título meramente exemplificativo, e com indicação muito sumária dos seus contornos, porquanto o sentido de grande parte destas normas apenas será convenientemente compreendido quando se percecionam na plenitude os comportamentos evasivos que estão na sua base, o que pressupõe desenvolvimentos que apenas poste-

[126] Cf. art. 63.º da LGT.

riormente serão tocados. Por agora, será útil apenas enfatizar a sua existência e relevância jurídicas, o que será feito pela ordem seguinte:

- Normas de alargamento do tipo normativo e do âmbito de incidência;
- Normas de alargamento dos prazos do exercício de poderes por parte da administração tributária;
- Normas de agravamento de taxas de imposto;
- Normas que estabelecem limitações à dedutibilidade de componentes negativas;
- Normas que impõem correções de valores declarados;
- Normas de imputação especial de rendimentos;
- Normas que determinam a perda de situações fiscais vantajosas.

a) Alargamento do tipo normativo e do âmbito de incidência

Um dos modos mais utilizados para combater a evasão fiscal consiste no alargamento do tipo normativo ou na extensão do âmbito de incidência da norma fiscal *evadida*. Tal acontece quando o legislador constata que em determinados segmentos materiais (remunerações do trabalho, atividades comerciais, transações de bens imóveis, remuneração de capitais, etc.) as partes contornam a literalidade da previsão normativa, arranjando formas jurídicas alternativas ou desviantes, no intuito de escapar ao pagamento do imposto devido.

A adequada compreensão desta temática implica que se tenham presentes as características do tipo legal fiscal – taxativo, seletivo, claro e denso, e exclusivo –, as quais, pese embora procurem assegurar segurança jurídica aos destinatários e aplicadores, em certa medida, acabam por potenciar um efeito perverso, que consiste no contorno da previsão legal por meio de figuras juridicamente distintas, mas facticamente próximas. Na realidade, sabendo os contribuintes que fora da previsão típica não pode existir sujeição fiscal, tratam de procurar caminhos alternativos (outros tipos contratuais ou reditícios) para conseguir o mesmo objetivo: em vez de receber salários, convencionam receber "gratificações, abonos ou gorjetas"; no lugar de comprar diretamente um bem imóvel, adquirem ações de uma sociedade que é titular de um bem imóvel; ao invés de receberem uma renda de um imóvel destinado a habitação, recebem um "aluguer de mobiliário"; em detrimento de um contrato definitivo, celebram somente um contrato-promessa com tradição da coisa, esperando que um eventual poder tributário se extinga por prescrição para então realizarem o primeiro. Os exemplos seriam, na verdade, incontáveis [127].

Ora, como modo de evitar este circundar (*Umgehung*) da norma, o legislador, estribando-se no já referido *princípio da prevalência da substância sobre a forma,* pode procurar o alargamento do tipo, tencionando trazer para o âmbito de incidência factos que, na interpretação literal e restrita do preceito, dele estariam excluídos, o que pode ser levado à prática por meio de técnicas jurídicas diversas, umas mais diretas, outras menos, entre as quais se podem incluir *(i)* o recurso a adaptações ou deformações conceituais, *(ii)* a utilização de conceitos indeterminados, ou *(iii)* a criação de pressuposições jurídicas (ficções e presunções). Procurando explicar:

i) Por vezes, a vontade legislativa antiabusiva é bem enfática e direta, como sucede nas adaptações conceituais (*stricto sensu*), situações nas quais o criador normativo modela aos desígnios tributários os conceitos e enunciados oriundos de outros segmentos ou ramos de Direito, procurando imprimir-lhes um significado diverso e mais alargado. Como resultado, acaba atraindo para o círculo de abrangência do imposto realidades que, com elevada probabilidade, poderiam dele estar arredadas, na medida em que o conceito puro não as conseguiria abarcar;
ii) Em outros casos, o legislador, de um modo mais indireto e ambíguo – mas com o mesmo objetivo de abranger no perímetro normativo realidades cuja caracterização e definição é difícil de alcançar –, utiliza conceitos indeterminados e elásticos, com auras de significado propositadamente flexíveis e extensíveis [128];

[127] V., por exemplo, e entre bastantes outros, os acórdãos do STA de 13 de janeiro de 2021, processo n.º 02163/15.1BEALM; de 12 de maio de 2021, processo n.º 02279/13.9BELRS; de 07 de abril de 2022, processo n.º 01564/10.6BELRS. Sobre o alcance restrito (à norma que integra o conceito) ou alargado (irradiando a sua aplicação a outras normas) dos conceitos deformados, v. acórdão do STA de 12 de abril de 2012, processo n.º 01061/11.

[128] Sobre a utilização destes conceitos em Direito Fiscal, v., por exemplo, acórdãos do TC n.os 252/05 ou 271/05.

iii) Em outros casos ainda, o legislador vai mais longe, e assume (infere, deduz) determinada realidade que não existe e que sabe não existir, requalificando-a, seja através de ficções jurídicas – situações nas quais o grau de probabilidade de *ocorrência efetiva* da realidade inferida é diminuto, criando-se legislativamente uma verdade alternativa –, seja através de presunções – casos em que esse grau de probabilidade é substancialmente maior, e admitindo-se inclusivamente a possibilidade de contestação ou questionamento por parte do eventual visado ou lesado (ilisão) [129].

Bem vistas as coisas, pode até suceder que estas técnicas se sobreponham, nem sempre sendo fácil separar e distinguir as situações nas quais as mesmas se aplicam; por exemplo, uma deformação conceitual pode conduzir a uma ficção jurídica, quando o desenho legal expressa que determinada realidade "é considerada" ou "é havida" como sendo abrangida por uma determinada definição fiscal, sem prejuízo de o respetivo conceito puro (*e.g.*, civilístico: "salário", "transmissão", "prestação de serviços", "prédio", "renda") poder apontar em sentido diverso.

Pois bem, como modo de melhor captar o sentido destas técnicas legislativas e o alcance dos problemas envolvidos, atente-se nos seguintes exemplos de Direito positivo, alguns dos quais já anteriormente referidos em outros contextos:

- Para efeitos de IRS, as remunerações consideradas rendimentos do trabalho dependente abrangem, além dos ordenados, salários e vencimentos – enquanto contrapartidas diretas do trabalho –, quaisquer direitos, benefícios ou regalias não incluídos na remuneração principal, como gratificações, percentagens, comissões, subsídios, ou senhas de presença, bem assim como a utilização de casa de habitação ou de viaturas automóveis fornecidas pela entidade patronal[130];

[129] Cf. arts. 73.º da LGT e 64.º do CPPT.

[130] Cf. art. 2.º, n.os 2 e 3, do CIRS. Aliás, o próprio conceito de entidade patronal é substancialmente deformado e alargado, ao ponto de abranger, para efeitos fiscais e de IRS, entidades que estejam em relação de grupo, domínio ou simples participação com a mesma, independentemente da respetiva localização geográfica (v. n.º 10 do mesmo artigo). Por outro lado,

- Ainda no âmbito do mesmo imposto, "são havidas como rendas" tipos reditícios que civilisticamente não integram os contratos de arrendamento, como sejam as importâncias relativas ao aluguer de mobiliários, à cedência do uso de imóveis para publicidade ou à cedência do uso de partes comuns de prédios em regime de propriedade horizontal [131];
- No quadro ainda da tributação do rendimento das pessoas singulares, o conceito de "capitais" é alargadíssimo, ao ponto de se poder dizer que praticamente *tudo* nele cabe, uma vez que o mesmo compreende todos os frutos e demais vantagens económicas procedentes de elementos patrimoniais, bens, direitos ou situações jurídicas de natureza mobiliária (independentemente da sua natureza ou denominação, e sejam pecuniários ou em espécie) [132];
- Idêntico alargamento pode ser sinalizado a respeito do conceito de prestação de serviços para efeitos de IVA, o qual abarca todas as operações efetuadas a título oneroso que não constituem transmissões, aquisições intracomunitárias ou importações de bens (em termos práticos, tudo o que não se inclua nas demais operações tributáveis, inclui-se aqui) [133];
- Também no IVA, uma "viatura de turismo" será uma realidade bem diferente daquela que é considerada para efeitos do Código da Estrada, abrangendo "qualquer veículo automóvel, com inclusão do reboque, que, pelo seu tipo de construção e equipamento, não seja destinado unicamente ao transporte de mercadorias ou a uma utilização com carácter agrícola, comercial ou industrial ou que, sendo misto ou de transporte de passageiros, não tenha mais de nove lugares, com inclusão do condutor [134];

não pode deixar de se considerar que o alargamento do círculo conceitual em causa não é exclusivo do legislador fiscal, na medida em que o próprio legislador privatístico cuida de referir que "presume-se constituir retribuição qualquer prestação do empregado ao trabalhador" (art. 258.º, n.º 3, do Código do Trabalho). Simplesmente, em matéria de impostos, esse alargamento torna-se ainda mais evidente e enfático.

[131] Cf. art. 8.º, n.º 2, alíneas *b)*, *d)* e *e)*, do CIRS.

[132] Cf. art. 5.º, n.º 1, do CIRS.

[133] Cf. art. 4.º, n.º 1, do CIVA.

[134] Cf. art. 21.º, n.º 1, alínea *a)*, do CIVA.

- Para efeitos de IMI, um prédio pode abranger as águas, as plantações e as construções de qualquer natureza incorporadas ou assentes, com carácter de permanência, numa fração de território [135];
- No âmbito do IMT, o conceito de "transmissão" (de bens imóveis) não necessita de um ato translativo da titularidade para efeitos civilísticos, pois podem integrar-se quer os contratos-promessa com tradição, quer os arrendamentos de longa duração, quer ainda a aquisição de partes sociais, quotas de sociedades ou unidades de participação em fundos de investimento [136];
- Para efeitos do IMI, cada fração autónoma, no regime de propriedade horizontal, é havida como constituindo um prédio [137].

* * *

Um pequeno desvio discursivo pode aqui ser efetuado para aludir às situações em que as ficções são utilizadas para neutralizar os efeitos decorrentes de certas alterações intencionais de *estatuto jurídico-fiscal*, casos em que, embora não se possa falar propriamente em alargamento do tipo fiscal, existe indubitavelmente uma intenção de "recapturar" certo contribuinte evadido, e evitar a fuga aos tipos impositivos existentes. Um *estatuto*, para os presentes propósitos, consiste na *situação posicional* de determinada pessoa ou entidade face a um certo segmento do ordenamento jurídico (estatuto jurídico do cônjuge, do menor, do não residente, do estrangeiro, do arguido, do eleito ou, naturalmente, do contribuinte), sendo o mesmo integrado por várias situações jurídicas ativas e passivas dignas de tutela. Facilmente se percebe que, consoante o revestimento normativo que lhe está associado, o estatuto poderá ser mais ou menos moldável: em determinadas situações, a alteração é completamente impossível por ato de vontade do próprio, por assentar exclusivamente em qualificações legais inderrogáveis e imperativas, como se passa, por exemplo, com o estatuto de maior, descendente ou

[135] Cf. art. 2.º, n.º 1, do CIMI.

[136] Cf. art. 2.º, n.º 2, alíneas *a), c), d)* e *e)*, do CIMT. Sobre tal conceito, v., por exemplo, os já citados acórdãos do STA de 13 de janeiro de 2021, processo n.º 02163/15.1BEALM; e de 07 de abril de 2022, processo n.º 01564/10.6BELRS.

[137] Cf. art. 2.º, n.º 4, do CIMI.

ascendente; porém, em muitas outras situações, os sujeitos (pessoas singulares ou pessoas coletivas ou equiparadas), utilizando a sua autonomia de vontade, podem criar, alterar ou extinguir estatutos, modelando-os de acordo com os seus interesses, como acontece com o de residente, casado, divorciado, separado, sócio, empresário, portador de incapacidade (deficiente), microempresa, microempresário, profissional independente, etc.

Ora, quando se manipulam essas situações jurídicas com o estrito propósito de evitação fiscal, sem qualquer outra razão substancial, o ordenamento jurídico qualifica esse comportamento como abusivo (evasão fiscal) e pode reagir em conformidade, tentando limitar os efeitos perversos decorrentes dessa alteração. Assim sucede, por exemplo, quando, para efeitos de tributação do rendimento, se deslocaliza a residência com o único propósito de escapar à tributação universal ou de base mundial no ordenamento de origem, procurando sujeitar-se apenas à tributação *local* ou *restrita* [138]. Em tais casos, o legislador português determina que a pessoa que assim procede é "havida" (ficciona-se) como residente, no ano da mudança e nos quatro anos subsequentes, caso se preencham as seguintes condições [139]:

i) Tenha nacionalidade portuguesa (esta será das pouquíssimas situações em que a nacionalidade se afigura relevante para efeitos fiscais);
ii) A deslocalização seja efetuada em direção a país, território ou região, sujeito a um regime fiscal claramente mais favorável (nos termos legalmente previstos [140]);
iii) O interessado não consiga provar que essa alteração se deve a razões atendíveis (laborais, empresariais, familiares, afetivas, académicas, etc.) [141].

[138] Cf. art. 15.º, n.os 1 e 2, do CIRS.

[139] Cf. art. 16.º, n.º 6, do CIRS.

[140] Cf. art. 63.º-D da LGT e Portaria, do Secretário de Estado dos Assuntos Fiscais, n.º 150/2004. Importa enfatizar que a condição de residente deixa de se aplicar no ano em que o sujeito em causa se torne residente fiscal em país, território ou região que não seja qualificado como tendo um regime fiscal claramente mais favorável (art. 16.º, n.º 7, do CIRS).

[141] A respeito deste ónus *probandi* que recai sobre o sujeito passivo poder-se-iam suscitar dúvidas quanto à sua conformidade constitucional, considerando o facto de se poder estar a

Do mesmo modo, mas já em matéria de IRC, o legislador altera a qualificação da residência de pessoas coletivas híbridas [142] quando se verifique que existem por parte de entidades não residentes interesses ou condições especiais de titularidade da respetiva participação no capital, dos respetivos direitos de voto ou dos direitos a uma parte dos lucros [143].

Trata-se, como se disse, e de um modo figurado, de uma espécie de "recaptura" do contribuinte que se pretenderia *evadir* por motivos fiscais.

* * *

Retomando as técnicas de alargamento do tipo, importa insistir na ideia de que nem sempre se poderá dizer que o propósito antiabusivo efetivamente exista, designadamente nas situações em que o legislador recorre a ficções, como sucede, por exemplo, com a consideração como rendas (para efeitos de categoria F do IRS) das importâncias relativas à cedência do uso de partes comuns de prédios em regime de propriedade horizontal. Aqui, crê-se que o tipo será alargado por motivos meramente *egoísticos* de arrecadação, apenas para abranger situações símiles que de outro modo ficariam arredadas de imposto [144]. Seja como for, e para os presentes efeitos, tais normas são aqui consideradas, pois o próprio legislador frequentemente invoca o combate aos abusos como o móbil da intervenção normadora [145].

fazer impender sobre o mesmo um encargo que deveria respeitar à administração tributária e, por tal motivo, estar-se-ia em presença de uma restrição de direitos desnecessária e desadequada, violando o princípio da proporcionalidade (art. 18.º, n.º 2, da CRP). Parece, todavia, que se pode com plausibilidade afirmar não ser o caso, uma vez que se tratará da imposição de um ónus perfeitamente justificada, desde logo porque ninguém melhor do que o próprio conhecerá as razões da deslocalização em causa e estará em condições plenas de a justificar e fundamentar.

[142] Quanto à respetiva noção, v. art. 68.º-A, n.º 1, alínea *h)*, do CIRC.

[143] Cf. art. 68.º-C, n.º 1, do CIRC.

[144] Do mesmo modo que em outras situações, a utilização de ficções não procede a qualquer alargamento normativo, mas apenas é usada por razões de praticabilidade, como sucede no art. 13.º, n.º 8, do CIRS, nos termos do qual se prevê que a situação pessoal e familiar dos sujeitos passivos relevante para efeitos de tributação é aquela que se verificar no último dia do ano a que o imposto respeite.

[145] V., uma vez mais, o preâmbulo do CIMT.

Em termos de apreciação jurídica, não pode deixar de se colocar em evidência que qualquer das aludidas técnicas antievasivas de alargamento do tipo (deformação conceitual, conceitos indeterminados, ficções e presunções) pode suscitar reais problemas de conformidade jurídico-constitucional, pois, conforme os casos, a previsão normativa torna-se imprecisa e insegura – irradiando em direção a âmbitos não perfeitamente delimitados – ou coloca em crise o princípio da tributação de acordo com a capacidade contributiva – exigindo a imposição fiscal a pessoas ou entidades relativamente às quais não se sabe ao certo se titulam ou obtêm manifestações de riqueza. Em certas situações, aliás, até se criam verdadeiras cláusulas gerais de imposto que redundam na consequência de que *tudo* pode ser abrangido e tributável, em confronto claro com o princípio da tipicidade; pense-se nos exemplos acima expostos da noção de rendimentos de capitais para efeitos de IRS ou de prestação de serviços para efeitos de IVA, os quais são legislativamente desenhados em termos de abrangência ilimitada, pois num caso o conceito é de tal modo lato que inclui "todos os frutos e demais vantagens económicas", e no outro contém tudo o que não for contido nos demais factos impositivos do mesmo imposto!

De todo o modo, como não se concebem princípios absolutos, aceita-se que as fortes exigências decorrentes dos princípios da tipicidade e da capacidade contributiva possam ser esbatidas por via da ação de um princípio de sinal diverso que é o princípio da proibição do abuso (também já atrás mencionado), legitimando o combate à erosão das bases de tributação e a dificultação de atos, contratos ou construções potencialmente artificiosos[146].

[146] O próprio Tribunal Constitucional já teve ocasião de se pronunciar a respeito, evidenciando que o emprego de conceitos amplos e indeterminados garante a plasticidade que possibilita a adaptação do tipo, permitindo cumprir o mandato de igualdade em sentido material e obstando ao aparecimento constante de "refúgios de evitação fiscal". Porém, não deixa igualmente de advertir que o recurso aos mesmos "deve encontrar na letra da lei" um suficiente grau de densificação que permita, por um lado, a antecipação por parte dos obrigados tributários do quadro normativo impositivo e, por outro lado, a possibilidade de os tribunais sindicarem e fiscalizarem convenientemente as atuações administrativas. Cf., por exemplo, acórdãos do TC n.os 233/94, 756/95 e 271/05.

b) Alargamento dos prazos do exercício de poderes por parte da administração tributária

Outra forma encontrada pelo legislador para, mediante recurso a normas específicas, colocar entraves, ou no mínimo dissuadir, a um determinado tipo de comportamentos evasivos consiste no alargamento dos prazos que delimitam o tempo que as entidades administrativas têm para levar à prática o procedimento tributário, especificamente para investigar, avaliar, liquidar e cobrar. Assim se passam as coisas quando, nas situações em que se esteja em presença de determinados factos *abusivos* e *suspeitos*, os prazos de caducidade e de liquidação são estendidos.

Para melhor se compreender esta reação legislativa, importa captar convenientemente a ideia de que existem certas limitações temporais que beneficiam os obrigados tributários, assegurando-lhes que a administração tem tempos marcados para atuar – transcorridos os quais precludem os respetivos poderes – e que eles têm o direito a não ficar *ad aeternum* debaixo da alçada da imposição. Constituem, nesta perspetiva, *garantias dos contribuintes*. Porém, nas situações em que o exercício dos poderes administrativos se torna mais difícil por motivos relacionados com a atuação dos próprios contribuintes, comprometendo a eficácia dos controlos fiscais, tais prazos podem ser alargados, permitindo uma janela temporal mais lata, como sucede quando aqueles deslocalizam atos e atividades para ordenamentos ou territórios não cooperantes ao nível do fornecimento ou troca de informações. É este o alcance dos preceitos da LGT que determinam que os prazos de caducidade do direito à liquidação de tributos e de prescrição das obrigações tributárias são alargados, respetivamente, de 4 para 12 anos e de 8 para 15 anos, quando se estiver em presença de factos tributários conexos com países, territórios ou regiões sujeitos a um regime fiscal claramente mais favorável ou contas de depósito ou de títulos abertas em instituições financeiras ou sucursais não localizadas em Estados-Membros da União Europeia [147].

Com efeito, deve aceitar-se com naturalidade a ideia de que nestes casos a administração necessita de maior tempo para agir, na medida em que o arsenal probatório necessário à descoberta da concreta situação

[147] Cf. arts. 45.º, n.º 7, e 48.º, n.º 4, da LGT.

fiscal dos contribuintes e outros obrigados tributários se encontra distante ou difícil de alcançar, sendo particularmente complexo o acesso a elementos documentais reveladores de capacidade contributiva, principalmente quando se está em presença de administrações não cooperantes (o que, em princípio, não sucederá, ou não deverá suceder, no âmbito da UE ou do espaço económico europeu). Importa igualmente perceber que essas dificuldades de acesso podem ser frequentemente potenciadas pelos próprios visados, que se deslocalizam para territórios "do outro lado do mundo", que já sabem de antemão que provavelmente não revelarão as informações necessárias à descoberta da verdade material, seja por impossibilidades técnicas (estruturas orgânicas e aparatos organizatórios débeis), seja por motivos de política de dados informacionais, seja ainda por razões corruptivas. Nesta conformidade, o ordenamento jurídico reage a esse abuso do exercício dos direitos de deslocação e estabelecimento – exercício esse não motivado por razões económicas válidas e substanciais, mas apenas pela fuga aos deveres fiscais – "compensando" a administração tributária com mais tempo para agir e "castigando" os contribuintes com mais tempo de sujeição (e paralelamente, em certo modo, tentando dissuadi-los dessas práticas) [148].

c) Agravamento de taxas de imposto

Um outro meio reativo utilizado pelo legislador para dissuadir determinados comportamentos evasivos consiste em incrementar a tributação, aumentando as taxas de imposto, nas situações em que se considera que a manifestação de capacidade contributiva em causa e que origina a exigência fiscal tem uma licitude duvidosa ao nível da sua intencionalidade.

[148] A respeito desta temática, o TJUE (no já citado acórdão de 27 de janeiro de 2022, processo C-788/19) teve oportunidade de se pronunciar, reconhecendo que o legislador nacional (no caso, o legislador espanhol) pode "estabelecer um prazo de prescrição alargado com a finalidade de garantir a eficácia dos controlos fiscais e de combater a fraude e a evasão fiscais ligadas à dissimulação de ativos no estrangeiro". Porém – e sem novidade, dir-se-ia, pois de outro modo não poderia ser –, esse tipo de medida deverá respeitar os princípios da proporcionalidade (proibição do excesso) e da segurança jurídica, não se admitindo que a duração desse prazo vá além do necessário para alcançar os objetivos de combate ao abuso, evasão e fraude, em caso algum se revelando possível uma prorrogação indefinida do período durante o qual as autoridades públicas possam agir.

Será o que se passa, por exemplo, nas seguintes situações, que têm em comum o (suposto) aproveitamento de localizações fiscais privilegiadas ou zonas de baixa pressão fiscal:

- As taxas liberatórias de retenção na fonte em sede de IRS, bem assim como as taxas de tributação autónoma, são elevadas para 35% (comparativamente às taxas *ordinárias* de 25% ou 28%), nas situações em que os rendimentos em causa sejam pagos ou colocados à disposição de titulares ou beneficiários não identificados ou sejam obtidos por entidades não residentes sem estabelecimento estável em território português, e domiciliadas em país, território ou região sujeitos a um regime fiscal claramente mais favorável [149];
- As taxas de tributação autónoma em IRC também são alteadas para 35% ou 55% (!) quando existirem despesas com ligações a ordenamentos dessa natureza (salvo contraprova do sujeito passivo no sentido de demonstrar o seu carácter "normal") [150];
- As taxas de IMI elevam-se para 7,5% quando estiverem em causa prédios de sujeitos passivos que tenham domicílio fiscal em país, território ou região sujeito a um regime fiscal mais favorável ou sejam uma entidade dominada ou controlada por outra aí domiciliada [151];
- As taxas de IMT também são incrementadas para 10% sempre que o adquirente tenha domicílio fiscal em país, território ou região sujeito a um regime fiscal mais favorável ou seja uma entidade dominada ou controlada por entidade aí domiciliada [152].

Assim, por exemplo, um contribuinte residente em Belize ou em Monserrate que aufira rendimentos de capitais ou seja titular de um prédio situado em território português será sujeito a tributação a uma taxa bastante superior, sem dificuldade se percebendo que o objetivo será desin-

[149] Cf. arts. 71.º, n.º 17, e 72.º, n.º 18, do CIRS.

[150] Cf. art. 88.º, n.º 8, do CIRC.

[151] Cf. art. 112.º, n.º 4, do CIMI. Idêntica solução se consagra quanto ao adicional ao IMI, se bem que neste caso somente quando estiver em causa a titularidade de prédios por parte de pessoas coletivas, nos termos do art. 135.º-F, n.ºs 5 e 6, do CIMI.

[152] Cf. art. 17.º, n.º 4, do CIMT.

centivar o mesmo a seguir caminhos que são reputados como abusivos, normalmente ligados a localizações fiscais suspeitas ou não cooperantes.

Importa acentuar que em algumas destas situações até poderá não existir evasão em sentido estrito e técnico-jurídico, pois a deslocalização para as referidas zonas de baixa pressão fiscal pode ser motivada por desígnios diferentes da poupança de impostos (as pessoas podem deslocalizar a residência por motivos matrimoniais, laborais, terapêuticos, académicos, etc.). Porém, a suspeita de intencionalidade abusiva é aqui bastante poderosa e sugestiva.

d) Limitação à dedutibilidade de componentes negativas

Outro tipo legislativo antiabuso específico – dos mais utilizados – direciona-se à limitação das possibilidades de dedução de componentes negativas (*e.g.*, despesas, gastos, encargos, prejuízos, perdas) que concorrem para o cálculo da base de imposto (*e.g.*, matéria tributável, matéria coletável, lucro tributável). Com efeito, nas situações em que o legislador supõe que *(i)* tais componentes apresentadas pelos contribuintes para efeitos de dedução fiscal não são absolutamente reais, seja quanto à sua existência, seja quanto ao seu valor, ou *(ii)* se está em presença de realidades de fronteira – como bens ou serviços não absolutamente indispensáveis à atividade empresarial ou profissional do sujeito, e eventualmente relacionados com a sua esfera particular – uma das formas de enfrentamento passa por colocar barreiras à dedutibilidade, o que pode ser feito de modo mais ou menos intenso: nuns casos, vedando absolutamente a dedução; em outros, permite-se a mesma apenas até determinado montante.

Como se salientou, pode suceder que a consagração positiva deste tipo de normas não tenha estritos intentos antiabusivos, mas antes finalidades de simplificação ou transparência de procedimentos; ainda assim, e em geral, a sua consideração no presente contexto não parece apresentar-se absolutamente deslocada ou imprópria [153].

Os especiais cuidados do legislador com a colocação de travões às dedutibilidades abusivas manifestam-se principalmente naqueles impostos que assentam fortemente em métodos dedutivos de cálculo da base

[153] Cf., no mesmo sentido, acórdão do TCA Sul de 10 de julho de 2014, processo n.º 07558/14.

de tributação, como são o IRC ou o IVA. No contexto do primeiro, podem apontar-se os seguintes exemplos:

- Não são dedutíveis as importâncias pagas ou devidas a pessoas ou entidades residentes em zonas de baixa pressão fiscal [154] (salvo se o sujeito passivo provar que tais encargos correspondem a operações efetivamente realizadas e não têm um carácter anormal ou um montante exagerado);
- Quando se verificar em relação a determinada sociedade uma alteração significativa da titularidade do capital social ou da maioria dos direitos de voto, sem que existam razões económicas válidas que o justifiquem, impõe-se uma restrição ao reporte de prejuízos e fixa-se um limite máximo de dedutibilidade relativamente aos gastos de financiamento (custos de remuneração de capitais alheios como, por exemplo, os juros de empréstimos) [155];
- Nos casos de assimetrias híbridas, envolvendo *dupla dedução* ou *dedução sem inclusão*, estabelece-se a limitação de dedução de pagamentos, despesas ou perdas [156].

Já em matéria de IVA, e também a título exemplificativo, exclui-se do direito à dedução o imposto relativo a despesas com [157]:

- Viaturas de turismo, barcos de recreio, helicópteros, aviões, motos e motociclos;
- Combustíveis;
- Viagens, alojamento, alimentação, bebidas e tabacos;
- Divertimentos e luxo.

[154] Cf. art. 23.º-A, n.º 1, alínea *r)*, do CIRC. Idêntica norma limitativa pode ser encontrada no âmbito do CIRS (cf. art. 33.º, n.º 9).

[155] Cf. arts. 52.º, n.º 8, e 67.º, n.º 8, do CIRC.

[156] Cf. arts. 68.º-B, n.º 1, alíneas *a), b)* e *c)*, e 68.º-D do CIRC. Como já se assinalou, uma assimetria híbrida, como melhor se compreenderá em momento mais adiantado, consiste numa situação na qual os sujeitos exploram de modo abusivo as diferenças de regime jurídico-fiscal entre os diversos ordenamentos, conduzindo a um duplo afastamento, redução ou diferimento tributário.

[157] Cf. art. 21.º do CIVA.

Em qualquer dos casos, neste segundo imposto, o legislador tem o cuidado de permitir a dedução quando as despesas em causa (sobre as quais incide o imposto potencialmente dedutível) sejam justificáveis, considerando a atividade do sujeito ou outros fatores relevantes [158].

e) Correções de valores declarados

Uma das mais frequentes formas de evasão fiscal consiste na manipulação de valores e preços, em termos de se alterar ou adulterar aqueles que seriam os valores considerados normais a ser praticados entre sujeitos independentes e em condições regulares de mercado, no sentido de os moldar aos desígnios de evasão fiscal. Tal pode suceder quando sujeitos ou empresas que têm entre si relações especiais – por exemplo, porque existem entre eles relações familiares ou de influência decisiva [159] – sobem (sobrevalorizam) ou descem (subvalorizam) intencionalmente os preços de bens ou serviços nas transações entre si, com o estrito objetivo de erodir a base de tributação, diminuindo os valores patrimoniais e os lucros ou aumentando os custos, consoante os casos, e, dessa forma, pagar menos impostos. Trata-se, bem entendido, de preços ou valores substancialmente diferentes daqueles que seriam praticados em condições normais de mercado entre sujeitos independentes (preços de transferência).

Nestas situações, a NAAE limita ou restringe essas possibilidades manipulatórias, impondo a correção dos valores declarados, alinhando-os com os valores que seriam considerados normais, e concedendo à administração os poderes necessários para atuar em conformidade. É o que sucede, por exemplo, nos domínios do IRC ou do IVA, quando em operações entre sujeitos em situação de relações especiais não sejam praticados valores ou preços substancialmente idênticos aos que normalmente seriam praticados entre entidades independentes em operações comparáveis. Em tais casos, o fisco pode (deve) efetuar as correções necessárias ao lucro tributável, de molde a adaptar aos parâmetros que seriam regulares se as operações se tivessem efetuado numa situação nor-

[158] V. art. 21.º, n.º 2, do CIVA.
[159] Cf. art. 63.º, n.º 4, do CIRC.

mal de mercado [160]. Identicamente, podem tais correções ser realizadas quando não se adotem, nas transações de bens imóveis, os valores normais de mercado [161].

f) Imputação especial de rendimentos

Neste contexto temático, cumpre colocar em realce um outro tipo legislativo antiabusivo, especialmente frequente quando se está em presença de entidades interpostas ou meramente formais, criadas com o exclusivo ou predominante propósito de subtração a impostos por meio da canalização para as mesmas de lucros ou outras formas de capacidade contributiva.

Frequentemente, as partes, através das prerrogativas inerentes à autonomia de vontade e às liberdades de iniciativa económica e empresarial, criam *sociedades de fachada* ou outros entes com ou sem personalidade jurídica meramente aparentes, sem instalações físicas, pessoal ou atividade relevante, localizando-as em zonas de baixa pressão fiscal, e para as mesmas direcionando rendimentos avultados, aliviando outros sujeitos que, na ausência desta construção, estariam sujeitos a tributação mais pesada. Em tais casos, o ordenamento jurídico encontrou na imputação de rendimentos uma forma eficaz de obstar a essas técnicas evasivas, determinando através de NAAE que os lucros das entidades localizadas no exterior são considerados como rendimentos das entidades residentes que sobre as mesmas tenham uma influência dominante. São, enfim, imputados a estas.

Podem ser encontradas várias situações em que tal acontece, salientando-se as normas de *imputação especial* nos termos das quais os lucros ou rendimentos obtidos por entidades não residentes sujeitas a um regime fiscal claramente mais favorável são diretamente considerados rendimentos das pessoas residentes que detenham partes significativas do respetivo capital, dos respetivos direitos de voto ou dos respetivos ativos patrimoniais [162].

[160] Cf. arts. 63.º, n.º 9, do CIRC e 16.º, n.º 10, do CIVA.
[161] Cf. arts. 31.º-A do CIRS e 64.º, n.º 6, do CIRC.
[162] Cf. arts. 20.º, n.º 3, do CIRS e 66.º, n.º 1, do CIRC.

g) Perda de situações fiscais vantajosas

Por último, um outro meio a que o legislador pode recorrer para combater abusos em matéria fiscal materializa-se no não reconhecimento de benefícios e outras situações fiscais vantajosas ou na respetiva perda e reposição da vantagem, quando já tiver havido eventual aproveitamento ou fruição.

No que respeita ao não reconhecimento, importa esclarecer que, embora se saiba que em abstrato a não concessão de benefícios pode ocorrer de modo direto – logo por ação da norma legal, quando o próprio criador normativo exclui determinadas pessoas ou situações do perímetro de abrangência da *norma beneficente* – ou indireto – por devolução para a administração tributária, mediante a outorga de um poder de reconhecimento ou não ao caso concreto –, no presente contexto, apenas o primeiro modo interessará, na medida em que a temática das normas antiabuso se reveste de natureza legislativa estrita.

Especificamente quanto ao que aqui releva, constata-se que a atribuição ou o reconhecimento de alguns benefícios fiscais ou outras situações fiscais vantajosas ficam condicionados à inexistência de práticas abusivas, designadamente ao nível da manipulação de residência com propósitos fiscais (ligações a localizações de baixa pressão fiscal). Por exemplo, a localização em – ou a ligação a – países, territórios ou regiões sujeitos a um regime fiscal claramente mais favorável tem os seguintes efeitos:

- Os rendimentos de capitais, prediais e mais-valias deixam de ser excluídos do lucro tributável dos organismos de investimento coletivo (fundos de investimento mobiliário, fundos de investimento imobiliário, sociedades de investimento mobiliário e sociedades de investimento imobiliário), passando, em decorrência, a estar sujeitos a tributação [163];
- Os rendimentos de unidades de participação ou de participações sociais em organismos de investimento coletivo deixam de benefi-

[163] Cf. art. 22.º, n.º 3, do EBF.

ciar, consoante os casos, da aplicação das taxas de retenção na fonte ou taxas autónomas mais baixas, ou de isenção de IRS ou de IRC [164];

- As mais-valias mobiliárias deixam de estar isentas de IRS ou de IRC [165];
- Os juros e outros ganhos decorrentes de determinadas operações financeiras (empréstimos e operações de *swap*) praticadas por instituições financeiras não residentes, bem assim como os juros de depósitos a prazo efetuados por instituições de crédito não residentes deixam de estar isentos de IRC [166];
- Os sócios ou acionistas das sociedades licenciadas para operar na Zona Franca da Madeira perdem a isenção de IRS ou de IRC a que tenham direito [167];
- Os prédios ou parte de prédios destinados a habitação própria e permanente do sujeito passivo ou do seu agregado familiar ou a arrendamento para habitação deixam de estar isentos de IMI [168].

Enfim, em todos estes casos a localização tem como efeito o não acesso às vantagens ou benefícios referidos. Mas não apenas. Também a realização de atos, contratos ou construções sem substância económica (inexistência de razões económicas válidas) pode ter esse *efeito repelente*. Por exemplo, a participação numa construção artificial, com o principal ou determinante objetivo de obtenção de uma vantagem fiscal, torna inaplicável a isenção de IRS e de IRC relativamente a mais-valias mobiliárias[169], bem assim como a isenção de IMI ou de IS no âmbito de operações de reorganização empresarial (em resultado de reestruturação ou acordos de cooperação). Aliás, neste último caso, procede-se à liquidação adicional dos impostos devidos, majorados em 15% [170].

[164] Cf. art. 22.º-A, n.º 3, alínea *a)*, do EBF. V., ainda, o art. 24.º, n.º 2, alínea *a)*, do mesmo diploma.

[165] Cf. art. 27.º, n.º 2, alínea *b)*, e n.º 3, do EBF.

[166] Cf. arts. 30.º, n.º 3, alínea *a)*, e 31.º, n.º 2, alínea *a)*, do EBF.

[167] Cf. art. 36.º-A, n.º 10, do EBF.

[168] Cf. art. 46.º, n.º 10, do EBF.

[169] Cf. art. 27.º, n.º 2, alínea *a)*, subalínea *v)*, do EBF.

[170] Cf. art. 60.º, n.º 6, do EBF.

A finalizar este tema, não será despropositado referir uma norma que, não obstante não dizer respeito a benefícios fiscais ou situações de vantagem, acaba por se situar num plano próximo do aqui tematizado: trata-se da norma constante do CPPT que determina que, em sede de processo de execução fiscal e especificamente na fase da venda, não podem ser adquirentes dos bens as entidades não residentes submetidas a um regime fiscal claramente mais favorável ou aquelas relativamente às quais não se consiga identificar os titulares efetivos do capital [171]. Embora se não trate propriamente de uma vantagem, a verdade é que essas entidades são excluídas de um estatuto que lhes poderia ser proveitoso (adquirente em venda executiva) e, nesta medida, ainda se poderá falar em norma antiabuso.

De qualquer dos modos, em todas estas situações é patente a intenção legislativa de demover os contribuintes e outros obrigados tributários da prática de atos, contratos ou construções abusivos, assinalando que se tal prática for levada adiante deixam de se aplicar determinados resultados favoráveis eventualmente consagrados na lei.

2.1.2.2. Norma antiabuso geral (NAAG)

Após o exame de algumas das mais significativas NAAE positivadas no ordenamento jurídico-fiscal português, dedicando a cada um dos tipos a atenção possível no contexto do presente enquadramento discursivo, chega o momento de avançar no estudo da NAAG, constante do n.º 2 do art. 38.º da LGT, o qual, na sua configuração atual, tem a seguinte redação:

> "As construções ou séries de construções que, tendo sido realizadas com a finalidade principal ou uma das finalidades principais de obter uma vantagem fiscal que frustre o objeto ou a finalidade do direito fiscal aplicável, sejam realizadas com abuso das formas jurídicas ou não sejam consideradas genuínas, tendo em conta todos os factos e circunstâncias relevantes, são desconsideradas para efeitos tributários, efetuando-se a tributação de acordo com as normas aplicáveis aos negócios ou atos que correspondam à

[171] V. art. 256.º, n.º 1, alínea *b)*, do CPPT.

substância ou realidade económica e não se produzindo as vantagens fiscais pretendidas".

Superada a questão de saber se tal norma seria necessária – principalmente em face do instituto civilístico do abuso de direito [172] –, e seguramente recebendo patente inspiração do § 42 da *Abgabenordnung* alemã (*Missbrauch von rechtlichen Gestaltungsmöglichkeiten*: abuso de formas jurídicas), o legislador criou um preceito que tem suscitado inúmeros debates e problemas, relacionados quer com os pressupostos (confusos) da sua aplicação, quer com os respetivos efeitos e procedimento de utilização. Em presença das dificuldades suscitadas, a norma tem sido redesenhada e reconstruída frequentemente, muito a partir dos impulsos do Direito da União Europeia, particularmente da jurisprudência influente do TJUE e, mais recentemente, do próprio legislador europeu, designadamente da já mencionada Diretiva (UE) 2016/1164 do Conselho, de 12 de julho de 2016 ("Diretiva antiabuso") [173].

Nos desenvolvimentos seguintes, esses debates e problemas serão abordados de um modo faseado e, espera-se, racionalmente enquadrado.

a) Fundamentos, natureza jurídica e traços gerais de regime

Como já foi referido aquando do brevíssimo enquadramento efetuado no início deste apartado sistemático, as NAAG procuram combater os comportamentos evasivos dos sujeitos tributários sem, contudo, recortar qualquer situação material aplicável – nisto se distinguindo das NAAE –, antes abrangendo qualquer ato, contrato ou construção que tenha desiderato evasivo. Também já se salientou que são verdadeiras normas jurídicas, o que significa que constituem autênticos enunciados deônticos e transportam uma inegável carga de vinculatividade, não se tratando, por conseguinte, de meras orientações interpretativas ou *indirizzos* dirigidos à administração ou aos tribunais.

[172] V. art. 334.º do CC.

[173] Cf. art. 6.º da Diretiva (UE) 2016/1164. Sobre o tema, e com descrição das disposições de vários ordenamentos, v. o volume 9 da revista *Studi Tributari Europei / European Tax Studies*, disponível em *https://ste.unibo.it/issue/view/859*.

Adiantando um pouco mais a este respeito, importa realçar que, em geral, a NAAG assume uma dupla natureza jurídica: por um lado, é norma atributiva de competência, pois prescreve e outorga poderes para a administração tributária agir, quando os correspondentes pressupostos se considerem verificados, corrigindo, ajustando ou emendando certos efeitos vantajosos que os contribuintes alcançaram e que supostamente não deveriam ter alcançado. Por outro lado, incorpora deveres (adstrições) vinculando os agentes administrativos ao seu acionamento, sendo que a inércia sem razão justificada poderá ter como consequência a ilegalidade, designadamente por violação do princípio (e dever) do inquisitório [174]. É, por conseguinte, uma norma que incorpora poderes-deveres.

Igualmente ficou já patenteado que os seus propósitos são claros: evitar os abusos por parte dos contribuintes (ou *possíveis contribuintes*), nas situações em que estes utilizam formas jurídicas previstas na lei para perseguir um resultado que aos olhos do ordenamento jurídico-tributário se configura como claramente desviante ou não típico, obtendo com isso uma poupança fiscal ilegítima.

Por conseguinte, a NAAG cumpre a sua função quando consegue fazer prevalecer sobre a forma – artificiosa, imaginativa, engenhosa – a substância das situações (*princípio da prevalência da substância sobre a forma*), constituindo uma medida de emergência do sistema fiscal para atingir uma capacidade contributiva que de outro modo se esfumaria. Claro que, como medida de emergência, apenas deve ser utilizada *em casos justificados*, sendo a sua utilização indevida considerada ilegal.

A partir de todo o antedito, e em modo de resumo, é possível afirmar que as principais características da NAAG são as seguintes:

- Ampla abrangência material, considerando que inclui no seu perímetro de alcance todas as situações jurídicas com relevância fiscal, independentemente do tributo em causa (IRS, IRC, IVA, IMT, IS, etc.), do segmento jurídico subjacente (Direito dos Contratos, Direito das Sociedades, Direito Bancário, Direito da Família ou das

[174] Cf. art. 58.º da LGT.

Sucessões, etc.), ou do benefício obtido (*e.g.*, isenção, redução, diferimento do pagamento);

- Elasticidade dos respetivos enunciados, na medida em que utiliza – e precisa de apelar a – inúmeros conceitos indeterminados e margens autónomas de valoração, como, entre outros, os conceitos de "construções", "séries de construções ", "abuso", "genuínas", etc.;
- Instrumentalidade, na medida em que constitui o pressuposto ou a antecâmara para a ativação de outras normas. Na realidade, materializando autorizações legais para tributar, a NAAG não é, ela mesma, uma norma impositiva, pois a imposição fiscal não resulta diretamente da sua previsão, mas antes das normas de incidência que fundamentam os atos gravosos subsequentes, como os atos de fixação da matéria tributável ou de liquidação;
- Subsidiariedade, pois apenas pode ser aplicada como *ultimum remedium*, nas situações em que não existem normas antiabuso de natureza especial ou específica e urge efetivamente combater as práticas abusivas. Neste sentido, pode-se afirmar com propriedade que a mesma *cede* em termos de preferência aplicativa;
- Hetero-exequibilidade, uma vez que os respetivos efeitos não se arrancam diretamente dos seus enunciados, mas dependem fortemente do labor hermenêutico da administração tributária (designadamente em sede inspetiva) e do juiz para poderem ser concretizados.

Com tais características, facilmente se depreende que esta é uma norma que tem um alto potencial de adaptabilidade, permitindo aos atores de controlo tributário dar cobertura às situações que o legislador não conseguiu prever, nem por via das normas de incidência comuns, nem por via das normas antiabuso específicas, as quais, atenta a sua natureza direcionada e rígida, só se aplicam a situações taxativamente nelas acauteladas. Nesta medida, procura constituir um bom remédio contra as vicissitudes evolutivas do sistema fiscal, decorrentes da *agressividade* das construções planificadoras e da fértil imaginação dos contribuintes evasivos e fraudulentos, materializando uma reação que se pretende adequada no quadro da dialética de evitação referida logo no início da presente exposição.

Porém, tratando-se de uma norma extremamente complexa e assente em conceitos pouco rígidos e densos, com alguma dificuldade passará pelo crivo da constitucionalidade, designadamente tendo em presença as exigências de segurança jurídica e proteção da confiança. Este tópico, porém, será abordado adiante. Por ora, procurar-se-á desconstruir os enunciados linguísticos utilizados pelo legislador, tentando averiguar qual o seu sentido e alcance, e para tal desdobrar-se-á a análise da NAAG em vários segmentos distintos e sucessivos [175]:

- Em primeiro lugar, os pressupostos de aplicação;
- Em segundo lugar, as consequências;
- Em terceiro lugar, o procedimento necessário para a sua efetivação;
- Em quarto lugar, a colocação em crise dos atos decorrentes; e,
- em quinto lugar, os problemas de conformidade jurídica que se podem abstratamente suscitar.

b) Pressupostos de aplicação: a artificialidade das construções e o propósito abusivo

Em termos escorreitos, pode dizer-se que são dois os pressupostos de aplicação da NAAG: um objetivo (existência de artifício ou abuso) e um subjetivo (intencionalidade artificiosa ou abusiva).

Desde logo, a NAAG encontra o seu campo de aplicação quando se esteja em presença de atos, negócios ou construções que tenham sido efetuados com recurso a meios artificiosos e com abuso das formas jurídi-

[175] A mais autorizada doutrina, encabeçada por Gustavo Lopes Courinha (*A Cláusula Geral Anti-Abuso no Direito Tributário, Contributos para a sua compreensão*, Almedina, Coimbra, 2009), adota uma abordagem sistemática diversa – embora percorrendo os mesmos planos análise e, em termos práticos, culminando nas mesmas conclusões –, distinguindo quatro "elementos": meio, resultado, intelectual e normativo. Esta abordagem tem sido quase unanimemente acolhida pela jurisprudência (v., por exemplo, e entre muitos outros, os acórdãos do STA, de 27 de janeiro de 2016, processo n.º 01720/13, ou de 12 de janeiro de 2022, processo n.º 02507/15.6BEBRG; do TCA Sul de 24 de fevereiro de 2022, processo n.º 77/09.3BELRS, ou de 15 de fevereiro de 2011, processo n.º 04255/10; e a decisão do CAAD de 03 de outubro de 2022, processo n.º 860/2021-T, disponível em *www.caad.org.pt*). V., também, Pedro Menezes Cardoso, *Os desafios da "maioridade" da cláusula geral anti-abuso: análise estática e dinâmica do seu estado evolutivo*, AAFDL Editora, Lisboa, 2017.

cas. Será este o sentido mais adequado para interpretar a expressão "não sejam consideradas genuínas", procurando significar atuações jurídicas que, podendo ser válidas em termos de Direito Privado – e este é um ponto essencial, não se estando, em princípio, perante atos nulos ou anuláveis –, são artificiais tendo em vista o fim (fiscal) que se pretende atingir.

Pense-se, por exemplo, na realização de operações de financiamento de sociedades (suprimentos, prestações suplementares, etc.); na transmissão de posições contratuais (cessão de créditos); na criação de empresas-fantasma e interpostas (sem atividade comercial, instalações próprias, bens ou existências físicas); ou na utilização de sociedades isentas (no próprio ordenamento fiscal ou fora dele) unicamente com o objetivo de manipular proveitos ou custos, canalizar lucros, arquitetar pagamentos sob as mais diversas formas jurídicas, em todos os casos esvaziando a matéria tributável de um grupo que, em outras circunstâncias, estaria sujeito ao pagamento de imposto(s) [176].

A referida artificialidade tanto pode ter na sua origem a utilização de *(i)* formas negociais típicas, previstas e delineadas pelo legislador, mas às quais as partes associam fins atípicos ou desviantes, como de *(ii)* formas negociais atípicas, não previstas, mas nas quais a atipicidade não se justifica a não ser pelos fins de poupança fiscal, não resultando das mesmas outros efeitos jurídicos, económicos ou sociais relevantes ("razões económicas válidas", como alude o legislador [177]). Enfim, trata-se de reconhecer que, nestes casos, a aparência (forma externa) do ato, negócio ou

[176] A jurisprudência pode ser um valioso instrumento de identificação de tais práticas e de compreensão dos concretos detalhes. V., por exemplo, e entre muitíssimos outros, os seguintes acórdãos, onde são expostas diversas operações ou construções, envolvendo estruturas e relações societárias complexas e intrincadas, contratos e respetivas vicissitudes (alterações, adendas, substituições, etc.):
do STA, de 27 de janeiro de 2016, processo n.º 01720/13; de 30 de setembro de 2020, processo n.º 025/20.0BALSB; ou de 26 de maio de 2022, processo n.º 444125;
do TCA Sul, de 30 de setembro de 2020, processo n.º 2925/04.5BELSB; de 24 de fevereiro de 2022, processo n.º 77/09.3BELRS; de 26 de maio de 2022, processo n.º 1215/08.9BELRS;
do CAAD de 03 de outubro de 2022, processo n.º 860/2021-T;
do TJUE de 26 de fevereiro de 2019, nos processos apensos C-115/16, C-118/16, C-119/16 e C-299/16 (conhecidos como *Danish cases*); ou processos apensos T-778/16 e T-892/16 (*caso Apple*), já citados.

[177] Cf. art. 38.º, n.º 3, alínea *a)*, da LGT.

construção que se leva à consecução é enganadora e se assume para as partes muito mais relevante do que o seu interior (conteúdo).

Além disso, essa mesma artificialidade tanto pode materializar-se em um único ato ou negócio (*e.g.*, um contrato de permuta, doação, ou compra e venda) como numa pluralidade deles, designadamente quando se esteja em presença de um esquema negocial complexo composto por várias etapas ou partes, com relação entre si ("*step transaction doctrine*": uma arquitetura global, planeada, composta por atos ou negócios jurídicos preparatórios e complementares, para além do ato ou negócio jurídico que é objetivamente censurado [178]). Nestes casos, as instâncias de controlo (administração e tribunal) devem proceder a um dedicado inquisitório, procurando averiguar a natureza dessa relação, e determinando se os diferentes passos convergem no mesmo fim de poupança fiscal, pois pode acontecer – e frequentemente acontece – que um ato isoladamente considerado tenha reais propósitos económicos (por exemplo, a racionalização dos modelos produtivos ou distributivos de determinado produto ou serviço) e outro ou outros tenha(m) unicamente propósitos de poupança de impostos.

Por outro lado, para que a NAAG seja invocada e aplicada exige-se também uma dimensão subjetiva, relacionada com os motivos determinantes da vontade dos sujeitos: é necessário que as construções ou séries de construções prossigam o objetivo determinado de obtenção de uma vantagem fiscal que se considere contrária ao espírito das normas. É verdade que o legislador utiliza enunciados linguísticos nebulosos – para dizer o mínimo –, mas parece ser este o alcance das suas palavras ("realizadas com a finalidade principal ou uma das finalidades principais de obter uma vantagem fiscal que frustre o objeto ou a finalidade do direito fiscal aplicável").

Em termos simples, significa que as partes ou os contratantes estarão a utilizar uma ou várias formas negociais sem *razões económicas válidas*[179], mas

[178] Cf. art. 38.º, n.º 3, alínea *b)*, da LGT. V., também, acórdão do TCA Norte de 18 de outubro de 2018, processo n.º 00917/13.3BECBR.

[179] V., a respeito, por exemplo, os já citados acórdãos do TJUE de 17 de julho de 1997 (*Leur-Bloem*); de 5 de julho de 2007 (*Koefed*); e de 10 de novembro de 2011 (*Foggia*), onde o órgão máximo da judicatura europeia tem procedido a uma concretização pela negativa da expres-

com o estrito propósito de contornar a legislação fiscal, afastando, diminuindo ou postergando o pagamento dos impostos que, na sua ausência – isto é, em circunstâncias consideradas normais –, seriam devidos. E nem sequer se exige que essa seja a finalidade única, pois o legislador expressamente refere que a evitação fiscal pode ser a finalidade principal ou uma das finalidades principais. Em qualquer caso, a intenção subjacente é claramente desviante relativamente aos fins típicos prosseguidos por aquela espécie negocial: compra-se, doa-se, cede-se, permuta-se, mutua-se, empresta-se, não para atingir os fins habituais que regularmente se pretende com tal atuação (resultante do desenho legal dispensado pelo ordenamento), mas para poupar ou evitar impostos.

Claro que a tarefa de discernir a concreta finalidade que as partes tiveram em mente não se afigura fácil, podendo revelar-se mesmo impossível; aliás, sempre que o legislador invoca desígnios, propósitos ou planos, como aqui acontece, apela-se a determinações psíquicas e interiores que, na maior parte das situações, apenas o(s) próprio(s) conhece(m), não as revelando a ninguém, muito menos aos agentes de controlo tributário. Neste sentido, admitindo que não se conseguirá obter uma confissão das concretas intenções, nem que é possível perscrutar o interior da mente das pessoas, a única via jurídica admissível de lidar com este requisito e de não se ter o mesmo por inútil – e, consequentemente, não escrito – passa por uma consideração objetiva da intenção. Esta última resultará, não da vontade real (psíquica), mas da *vontade declarada*, materializada nos contornos específicos que foram dados ao ato, negócio ou operação, e na envolvência do mesmo, determinada de acordo com parâmetros racionais e de razoabilidade, podendo apelar-se, por exemplo, aos padrões que normalmente se seguiriam naquele segmento negocial ou naquele *nicho* de mercado para procurar averiguar se a atuação em causa teve propósitos exclusivos ou predominantes de evitação fiscal. De resto, o próprio legislador, de modo um tanto tortuoso, acaba por apelar à "consideração de todos os factos e circunstâncias relevantes" e, neste sentido – e apenas neste –, a censurabilidade da conduta ou a culpa do agente acabará por se revelar irrelevante.

são "razões económicas válidas", identificando e delimitando casos em que entende não se verificarem tais razões.

Deve reconhecer-se que se trata de uma construção lógica e terminologicamente contraditória (apelando a uma espécie de " intenção objetivada"), mas será, como se disse, a única forma de atribuir algum efeito útil ao preceito.

c) Consequências da sua aplicação: ineficácia das construções

Verificando-se, nos termos aludidos, *(i)* uma construção ou série de construções não genuína(s) e *(ii)* com o propósito determinado de obter vantagens fiscais abusivas, o ordenamento jurídico-fiscal reage, desconsiderando estas últimas. Procura-se, por esta via, introduzir no mundo do Direito as correções necessárias a estabelecer a justa tributação – e apenas esta aqui interessa, e não a validade do ato, negócio ou construção para efeitos de Direito Privado – que terá sido afastada em consequência da operação artificiosa utilizada. A reação, de resto – e assumindo a imprescindibilidade da sua existência –, dificilmente poderia ser outra, na medida em que as normas fiscais apenas terão *legitimidade* para disciplinar questões fiscais ou com incidência fiscal, não devendo envolver-se na dimensão jusprivatística das atuações.

A correta compreensão das consequências do acionamento da NAAG pressupõe a consideração de duas premissas em relação ao ato, negócio ou operação praticados:

- Primeiro, do ponto de vista jusprivatístico, os mesmos mantêm-se intocados, produzindo ou podendo produzir os seus efeitos típicos e normais, designadamente translativos [180];
- Segundo, do ponto de vista fiscal, os mesmos são "corrigidos", expurgando-os das vantagens fiscais, efetuando-se a tributação de acordo com as normas "normalmente" aplicáveis.

Deste modo, comina-se *ope legis* (sem dependência de qualquer declaração administrativa ou judicial nesse sentido) a sanção de ineficácia

[180] Tal apenas não sucederá, evidentemente, se outras instâncias, designadamente o tribunal, anularem ou declararem nulo o ato ou o negócio subjacente, devendo nestes casos ser restituído tudo quanto haja sido eventualmente prestado (assim, art. 289.º, n.º 1, do CC). Porém, mesmo nestes casos, determina a LGT (art. 38.º, n.º 1) que " [a] ineficácia dos negócios jurídicos não obsta à tributação, no momento em que esta deva legalmente ocorrer, caso já se tenham produzido os efeitos económicos pretendidos pelas partes".

no plano tributário dessas construções artificiosas, procurando evidenciar a substância ou a realidade económica dos factos, em detrimento da concreta forma utilizada. Em consequência, a ATA poderá exigir o(s) imposto(s) eventualmente em falta – por exemplo, no contexto de uma inspeção tributária da qual resulte uma liquidação adicional –, acrescido(s) de juros compensatórios, aqui devidos a uma taxa substancialmente mais elevada (mais 15 pontos percentuais, relativamente à taxa normal! [181]).

Nesta medida, facilmente se compreende que a NAAG é uma norma instrumental (como já se mencionou), pois vai servir de base a atos de liquidação alicerçados nas normas de incidência contornadas ou evadidas, não configurando ela própria uma norma impositiva.

Do ponto de vista da projeção pessoal, os efeitos da aplicação da NAAG podem suscitar situações problemáticas, designadamente nas relações complexas em que existam sujeitos passivos indiretos, como entidades obrigadas a retenção na fonte (substitutos tributários). Pense-se, por exemplo, numa situação em que determinada empresa utiliza um esquema contratual artificioso (vários contratos de mútuo, empréstimo, locação, cessação de posições contratuais, etc., com sociedades sujeitas a regimes fiscais favoráveis) para "transformar" um rendimento tributável (por exemplo, juros de um empréstimo) num rendimento não tributável (por exemplo, dividendos que beneficiam de isenção) e, dessa forma, não apenas fugir à tributação, mas igualmente contornar a obrigação de retenção na fonte. Neste caso, sendo acionada a NAAG e desconsiderada a vantagem fiscal, levanta-se a questão de saber se o imposto devido é exigível apenas ao beneficiário do rendimento (sujeito passivo direto, substituído, credor dos valores em causa) ou também o pode ser à entidade que lhe paga e que estaria obrigada a efetuar retenção na fonte caso não existisse a construção artificiosa (sujeito passivo indireto, substituto, devedor dos valores em causa).

Durante muito tempo, não existia solução legal expressa, mas, entretanto, o legislador teve uma intervenção pacificadora e procurou sanar as dúvidas, prescrevendo para os casos de não retenção – a qual, insiste-se,

[181] Cf. art. 38.º, n.º 6, da LGT.

em circunstâncias normais, deveria ter sido efetuada – uma solução a dois níveis:

- Quando o substituto (entidade obrigada à retenção) não tenha ou não deva ter conhecimento do esquema contratual artificioso, incide sobre o beneficiário do rendimento (o substituído) a obrigação de pagamento dos impostos em falta, pois considera-se que a vantagem ou poupança fiscal é produzida na esfera deste [182]. De resto, solução diversa poderia mesmo colidir com o princípio da justiça material, efetivado na titularidade da capacidade contributiva;
- Quando o substituto (entidade obrigada à retenção) tenha ou deva ter conhecimento do esquema contratual artificioso, são de aplicar as regras gerais de responsabilidade em caso de substituição tributária [183], o que implica que o mesmo pode ser chamado (originariamente) com o seu património ao pagamento da dívida em causa [184].

Por outras palavras: o legislador assume que o beneficiário efetivo da construção ou esquema será o credor e será na sua esfera jurídica que se fará sentir a consequência da ineficácia decorrente da NAAG. Qualquer vantagem ou poupança fiscal por ele obtida deverá ser desconsiderada. Em todo o caso, nas situações em que o substituto participa conscientemente na construção ou esta seja tão ostensiva que ele a devesse com razoabilidade conhecer, poderá o mesmo ser chamado ao pagamento dos impostos eventualmente em falta, em decorrência da aplicação das regras da responsabilidade subsidiária.

d) O procedimento de aplicação

A invocação e aplicação da NAAG por parte da ATA não pode ser efetuada de modo livre, exigindo-se o cumprimento de um conjunto de regras específicas, as quais, dependendo das situações, tanto poderão materializar um procedimento tributário autónomo, como integrar um procedimento já existente, designadamente uma inspeção tributária

[182] Cf. art. 38.º, n.º 4, da LGT.
[183] Cf. art. 38.º, n.º 5, da LGT.
[184] Cf. art. 28.º, n.º 3, da LGT.

(que, em certos casos, até será obrigatória [185]) [186]. Certo é que, nuns casos ou nos outros, a não observância das ditas regras implicará a ilegalidade das correções eventualmente propugnadas. Em termos simples, o regime jurídico-legal aqui em consideração passa pelas seguintes exigências:

i) Em primeiro lugar, e antes de tudo o mais, exige-se a notificação do projeto de aplicação da disposição antiabuso, para que o visado possa, querendo, exercer o seu direito de audição no prazo de 30 dias [187];
ii) Em segundo lugar, e em termos de competência, o funcionário da administração tributária que invoque a aplicação da NAAG necessita de autorização expressa, ou do dirigente máximo do serviço, ou de quem deste tiver recebido delegação de competência para o efeito [188];
iii) Em terceiro lugar, a decisão de aplicação da NAAG – e bem assim do correspondente projeto (acima referido) – necessita de fundamentação jurídica adequada e acrescida, nos termos que melhor se aprofundarão.

Além de todas as exigências descritas – que bem demonstram que não se está em presença de um "cheque em branco" passado às entidades administrativas –, a NAAG não pode ser invocada e aplicada pela ATA se o contribuinte tiver apresentado um pedido de informação vinculativa

[185] V. art. 63.º, n.º 4, alínea *b*), do CPPT.
[186] Cf. art. 63.º, n.º 1, da LGT. Na verdade, a redação literal do preceito parece apontar para a conclusão de que apenas quando existem liquidações na sequência da aplicação da NAAG é que se justifica um específico *iter* de aplicação, dispensando-se o mesmo quando tal não sucede. Porém, na prática, acaba por tratar-se de uma falsa questão, pois, por um lado, não se vislumbram casos em que se invoque a aplicação dessa norma sem que se proceda a uma liquidação (mesmo que existam atos diversos, como a revogação de um benefício fiscal ou a anulação de um reembolso), e, por outro lado, como a tramitação deve ser determinada *ab initio*, a administração tributária não pode "esperar para ver" qual o resultado decorrente da invocação e aplicação que pretende efetivar.
[187] Cf. art. 63.º, n.ºs 5 e 6, do CPPT.
[188] Cf. art. 63.º, n.º 7, do CPPT.

sobre os factos subjacentes, e não tiver obtido resposta no prazo de 150 dias[189].

Em momento mais avançado da presente exposição, especificamente quando se abordar as reações administrativas aos comportamentos abusivos, proceder-se-á a maiores desenvolvimentos a respeito desta temática, focando a NAAG do ponto de vista da sua concreta aplicação pelo fisco[190].

e) Colocação em crise

Como foi referido, o normal é que da aplicação da NAAG resultem atos de liquidação (adicional ou corretiva), introduzindo as precisões necessárias a estabelecer a justa tributação, a qual terá sido contornada com a utilização da construção artificiosa utilizada pelas partes. Na prática, exigir-se-ão aos visados os impostos que deixaram de ser cobrados quando eles, por exemplo, beneficiaram de um regime de isenção do qual não deveriam ter beneficiado, ou quando deduziram indevidamente determinados custos que agora se conclui que deveriam ser desconsiderados.

Ora, num ordenamento, como o português, em que se intenta assegurar uma tutela garantística efetiva e completa, não pode deixar de se abrir a possibilidade de colocação em crise de qualquer ato lesivo, como aqui sucede. Neste particular, os meios de reação não são substancialmente distintos dos aplicáveis aos casos ditos "normais" (isto é, casos em que existem liquidações correntes, sem suporte na dita norma), e passam pelo acionamento da reclamação graciosa ou da impugnação judicial, entre outros. A primeira, dirigida a um ente administrativo superior, deverá ser interposta no prazo regra de 120 dias e normalmente limitar-se-á a meios probatórios sob forma documental, ao passo que a segunda, dirigida ao tribunal, deverá ser interposta no prazo regra de 3 meses e é enformada por uma regra de plenitude probatória[191]. Em ambos os casos, poderão ser invocadas quaisquer ilegalidades, designadamente a errónea qualificação ou quantificação dos valores ou rendimentos, a incompetência administrativa, a falta ou vício na fundamentação, ou a preterição de

[189] Cf. art. 63.º, n.º 8, do CPPT.

[190] Cf., nesta Parte II, *infra*, apartado 2.2.4. (Aplicação de normas antiabuso).

[191] Cf., respetivamente, arts. 68.º e ss. e 99.º e ss. do CPPT.

formalidades legais essenciais (como a não notificação para exercício do direito de audição).

Normalmente, quer um quer outro dos meios têm efeito meramente devolutivo, o que equivale a dizer que o ato impugnado (*e.g.*, liquidação) continua a produzir os seus efeitos independentemente da impugnação que o tem por objeto; porém, quando prestada garantia adequada – ou requerida a respetiva dispensa –, o efeito suspensivo pode ser obtido e tal ato fica paralisado em termos de produção de efeitos.

Porém, se quanto a todos estes aspetos o regime aqui em consideração não se afasta do regime dito normal, a verdade é que um ponto específico se impõe então como distintivo: é que, nestes casos, o acesso a tribunal por via do processo de impugnação judicial depende do prévio acionamento da via administrativa por meio da reclamação graciosa [192]. Por outras palavras: antes de recorrer a tribunal, o contribuinte/visado pela aplicação da NAAG vê-se obrigado a esgotar a via administrativa, numa solução em que o legislador, porventura considerando o melindre das matérias, procura forçar uma nova e melhor análise dos pressupostos de aplicação por parte da ATA.

Em tudo o mais, como se disse, seguem-se os termos gerais do regime destas formas impugnatórias tributárias.

f) Problemas de conformidade jurídica

Não se pode dizer que a NAAG, nas suas diferentes versões, alguma vez tenha tido uma existência tranquila, pois o respetivo desenho legal sempre esteve na base de vários debates e polémicas, e envolto em inúmeros questionamentos jurídicos (o mesmo acontecendo, de resto, com a própria existência do preceito). Para o presente contexto, mais importante do que traçar o roteiro desses debates e polémicas será atentar nos principais motivos de preocupação e discussão, designadamente em termos de suscitação de questões de conformidade constitucional. Neste quadro, enfatizar-se-ão de seguida alguns tópicos problematizantes que permanecem em aberto e que podem, em certa medida, fragilizar a sua força normativa, adiantando-se a ideia de que o simples argumento de que grande parte dos

[192] Cf. art. 63.º, n.º 11, do CPPT.

enunciados resulta de diretivas europeias – e especificamente da "Diretiva antiabuso" – não pode servir de pretexto justificativo.

Em primeiro lugar, ganha patente relevo a profusão de fórmulas vagas e conceitos indeterminados, conferindo à NAAG uma fluidez de contornos e uma elasticidade aplicativa que poderá ser questionável face às exigências constitucionais de legalidade e segurança jurídica. Pense-se, por exemplo, nos enunciados linguísticos "construções", "abuso", "genuínas", "circunstâncias relevantes", "substância económica", ou "razões económicas válidas", os quais, além de conterem uma alta dose de imprecisão, são utilizados de modo encadeado e sobreposto, num domínio jurídico (o Direito Fiscal) que deveria primar pelo especial revestimento garantístico conferido pelo princípio da legalidade na sua formulação mais estrita (reserva absoluta de lei e tipicidade fechada e exclusiva). Convém não perder de vista que a NAAG, com uma redação deste género, acaba devolvendo à ATA um poder de conformação e de concretização conceitual que não deveria deixar de estar nas mãos do legislador primário, corroendo de modo decisivo a regra *nullum tributum sine lege*, transformando-se a si mesmo numa *norma auxiliar de incidência* (subjetiva ou objetiva). Com efeito, com a utilização de uma hermenêutica flexível por parte da ATA, a NAAG poderá potenciar o arrastamento para o perímetro da abrangência tributária de pessoas e situações que dele estariam arredadas se fossem consideradas apenas as normas de incidência, as quais, como é por demais sabido, integram os domínios fiscais que a Constituição (art. 103.º, n.º 2) faz questão de sujeitar expressamente a um regime de disciplina jurídica apertado e rigoroso. Quanto a tal regime, mesmo que não se adote uma leitura extrema dos seus preceitos, admite-se razoavelmente que as metodologias que apelam à interpretação extensiva ou à integração por analogia deverão ser excluídas. Assim sendo, na medida em que a NAAG poderá equivaler a uma espécie de extensão das normas de incidência tributária – valendo menos como auxiliar interpretativo (*Auslegungshilfe*) e mais como alargamento do tipo (*Tatbestandsergänzung*) –, coloca-se a dúvida relativamente à sua conformidade com as ditas exigências constitucionais [193].

[193] Não se ignora que as leituras ortodoxas do princípio da legalidade e das exigências de reserva absoluta de lei devem ser suavizadas com imperativos de equidade na tributação – não

Mas além da elasticidade conceitual, outro problema aqui surge: o criador normativo enreda-se em si mesmo, sobrepondo qualificações e tornando os enunciados redundantes. Por exemplo: a falta de genuinidade de determinada construção não estará já ínsita ou, no mínimo, implícita na – anteriormente por si mencionada – intenção de obtenção, a título principal, de uma vantagem fiscal? Existirão neste contexto situações nas quais esta última exista sem que exista a primeira?

Enfim, divorciando-se dos imperativos que sobre si impendem de exclusivismo de disciplina jurídica, e devolvendo o preenchimento de dimensões fiscais essenciais para a ATA, o legislador espalha confusão e torna a aplicação normativa extremamente difícil (e quase impossível), o que colide indubitavelmente com as exigências de segurança jurídica ínsitas a qualquer Estado de Direito.

Mas não apenas.

Além das questões relacionadas com o recorte das soluções legais e respetiva conformidade com os princípios da legalidade e da segurança jurídica, também o alcance dessas soluções e a pertinência com parâmetros de adequação e razoabilidade podem ser questionados. Alude-se, claro está, ao princípio da proporcionalidade, apontando-se especificamente os seguintes tópicos de reflexão, os quais, tendo em vista os fins que se pretendem atingir (combate à evasão e ao abuso fiscais), se poderão configurar como soluções normativas desadequadas ou excessivas:

- A previsão (já proveniente da "Diretiva antiabuso") de acionamento da NAAG nas situações em que a finalidade de obtenção de vantagem fiscal está diluída entre várias outras, constituindo uma de várias intenções subjacentes ao ato, contrato ou construção realizados. Na verdade, admitir-se que existe evasão fiscal mesmo que a finalidade principal não seja a poupança no pagamento de impostos, além de conferir uma amplíssima margem de apreciação para a ATA (difi-

deixando escapar manifestações relevantes de capacidade contributiva –, bem assim como de flexibilidade e adaptabilidade (praticabilidade) do sistema fiscal e das suas normas. Porém, aqui coloca-se a questão de saber se a ponderação efetuada não pendeu em demasia para o lado do alargamento dos poderes inquisitivos e interpretativos da administração tributária, desguarnecendo as garantias de segurança jurídica e de previsibilidade.

cilmente controlável pelos tribunais), constitui uma solução que se pode revelar excessivamente pesada, pois secundariza outras finalidades relevantes – eventualmente legítimas e até desejadas pelo ordenamento jurídico (*e.g.*, iniciativa económica, liberdade de circulação, criação de postos de trabalho) – que os contribuintes podem prosseguir, não obstante prossigam também a poupança fiscal;

- Uma certa privatização do controlo tributário por meio da criação de um *dever geral de fiscalização* incidente sobre os substitutos tributários (*e.g.*, devedor de um determinado rendimento sujeito a retenção na fonte). Tal acontece por via da *insinuação* de que estes últimos devam – ou, no mínimo, possam – ter conhecimento da construção ou série de construções na(s) qual(is) os substituídos (seus credores) intervêm, prevendo-se que, em tais casos, se apliquem as regras gerais de responsabilidade em caso de substituição tributária. Ora, também uma tal solução legal se pode revelar desproporcional, desde logo porque não se concretiza a dita *insinuação*, dizendo em que casos é que tal dever de conhecimento se tem por verificado (será, por exemplo, nos casos de existência de relações especiais, de grupos de sociedades?). Desloca-se para os substitutos uma tarefa investigatória que cabe ao fisco, criando-se sobre os primeiros um dever geral de atenção que não pode deixar de se considerar irrazoável;
- A majoração em 15 pontos percentuais (!) dos juros compensatórios exigidos quando seja acionada a NAAG, a qual, além de ser manifestamente elevada – repare-se que a norma nem sequer se refere a uma margem de valoração até 15%, mas de um valor imperativamente fixo em tal montante –, ainda pode cumular com a aplicação de eventuais coimas;
- A obrigatoriedade de esgotamento da via administrativa antes da abertura da via judicial de impugnação, num domínio em que não se vislumbra razão válida para a criação de uma dificuldade no caminho conducente à tutela jurisdicional efetiva.

Enfim, e em resumo, compreende-se que haja necessidade de combater os abusos, e de introduzir fatores de flexibilização e de ponderação nas rígidas normas de incidência tributária – e, neste quadro, a NAAG pode constituir um precioso instrumento –, mas tal deve ser feito dentro dos quadros gerais de legalidade e de proporcionalidade inerentes a um Estado de Direito, o que, bem vistas as coisas, nem sempre se pode dizer que terá acontecido.

2.1.3. Criação de imposições tributárias sobre a deslocação

A par das normas denominadas *antiabuso* acabadas de mencionar, outra forma legislativa de minimizar os efeitos dos comportamentos evasivos passa pela criação de encargos fiscais especificamente incidentes sobre os mesmos, procurando dissuadir os respetivos sujeitos de levar tais atos à prática. É o que se passa com os genericamente denominados "impostos de saída" (impostos de expatriação, impostos de emigração, "restrição à saída do território", *exit taxes*), os quais consistem numa técnica usada pelos Estados quando se verifica a erosão das suas bases de tributação em direção a ordenamentos não cooperantes. Num certo sentido, aliás, tais impostos também pode ser considerados normas *antiabuso*, pois visam prevenir comportamentos elisivos [194].

2.1.3.1. Os impostos de saída (*exit taxes*)

Em termos simples, os impostos de saída são imposições tributárias exigidas em consequência da deslocalização da residência fiscal, de estruturas económicas, ou de certas atividades ou operações fiscalmente relevantes, para outro Estado (ou subunidade territorial deste), com puras finalidades de obtenção de poupança fiscal. Temos, assim, *(i)* um Estado de origem ou de residência, *(ii)* um outro de acolhimento, destino ou imigração e *(iii)* um contribuinte que pretende evadir-se.

[194] Sobre o tema, v. o volume I da revista *Studi Tributari Europei / European Tax Studies*, disponível em *https://ste.unibo.it/*.

Em termos de técnica legislativa, os *exit taxes* tanto poderão ser normativamente desenhados como um verdadeiro imposto autónomo (uma imposição tributária criada de raiz), como integrar um imposto já existente (designadamente, alargando a base de incidência dos impostos sobre o rendimento ou neles introduzindo alguma "sobretaxa"), mas, em qualquer dos casos, está-se sempre diante de prestações pecuniárias que, sem ter carácter sancionatório, visam dissuadir relativamente a certos comportamentos evasivos mediante os quais se transferem realidades fiscalmente relevantes para outro Estado. Não se trata, importa enfatizá-lo, de multas ou coimas, mas de autênticos *impostos sobre a deslocação,* no sentido em que encontram a sua razão de ser nos movimentos de contribuintes de umas circunscrições para outras, movimentos esses que estão frequentemente – embora não necessariamente – associados à alteração de residência ou de nacionalidade e à quebra da ligação física com determinado território, o que implica a consequência de o Estado de origem perder a soberania fiscal e o respetivo direito de tributar relativamente a certa pessoa, ato ou facto.

Compreende-se que os Estados de residência ou de origem sustentem a expectativa de tributar as situações jurídicas respeitantes às pessoas ou entidades que com eles mantêm um nexo de pertinência temporal e espacial suficientemente relevante. O facto é que, após uma eventual deslocalização – a qual pode ser relativamente fácil de conseguir –, se torna problemático ou mesmo impossível atingir as manifestações de capacidade contributiva efetivas, atenta a distância física e a possível falta de cooperação do Estado de destino, o que justifica que se tente prevenir essa potencial perda de receita através de uma solução derradeira, que é a tributação no momento da saída. Procura-se, enfim, assegurar a efetiva tributação de riqueza gerada antes da saída, enquanto o contribuinte é ainda considerado residente para efeitos fiscais.

Particularmente no quadro normativo do ordenamento português, o tipo impositivo aqui em referência não é propriamente novo ou recente, e tem sofrido uma evolução considerável ao longo dos tempos, complexificando-se, muito por influência dos fenómenos da globalização e da europeização. Na verdade, sem prejuízo de outras pontuais manifestações, pode apontar-se como marcos históricos significativos:

- O *imposto de saída do país*, criado pela Lei n.º 35/83, o qual deveria ser pago por meio de estampilha (selo) fiscal, por todos os indivíduos nacionais ou estrangeiros residentes em Portugal que saíssem do país por qualquer via e no momento da transposição da fronteira;
- A (mais sofisticada) tributação em sede de IRS, a título de mais-valias, das valorizações de ações permutadas, quando o sujeito passivo perde a qualidade de residente em território português [195].

Trata-se, em qualquer dos casos, de impostos incidentes apenas sobre pessoas singulares residentes, sendo interessante mencionar que no primeiro ficam isentos *(i)* os estrangeiros portadores de passaportes diplomáticos, *(ii)* os residentes que entrem ou saiam por fronteira terrestre por um período inferior a 72 horas, e *(iii)* os emigrantes nos seus movimentos "pendulares" [196]. Seja como for, já nenhum dos dois existe: a Lei n.º 35/83 foi revogada pouco tempo depois da sua entrada em vigor, ao passo que o preceito do CIRS foi alterado em decorrência, nomeadamente, da jurisprudência do TJUE e do já referido acórdão *Lasteyrie du Saillant* [197].

Já no quadro normativo atual, o preceito mais significativo a considerar é o art. 83.º do CIRC, cujo n.º 1 prescreve [198]:

> "Para a determinação do lucro tributável do período de tributação em que ocorra a cessação de atividade de entidade com sede ou direção efetiva em território português (...), em resultado da transferência da respetiva residência para fora desse território, constituem componentes positivas ou negativas as diferenças, à data da cessação, entre os valores de mercado e os valores fiscalmente relevantes dos elementos patrimoniais dessa entidade, ainda que não expressos na contabilidade".

[195] Cf. art. 10.º, n.º 9, alínea *a)*, do CIRS, na versão em vigor até à republicação deste código por meio da Lei n.º 82-E/2014.

[196] Cf. art. 3.º da Lei n.º 35/83 (na versão alterada pelo DL n.º 267/84).

[197] Cf., respetivamente, art. 52.º da Lei n.º 2-B/85 (que aprovou o Orçamento do Estado para 1985) e art. 2.º da Lei n.º 82-E/2014 (a qual procedeu a uma "reforma da tributação das pessoas singulares").

[198] V., ainda, o art. 10.º-A do CIRS.

Este número é complementado por vários outros preceitos, originando um regime complexo, composto, em cúmulo, por sub-regimes alternativos, especificidades, exceções, derrogações, remissões, etc., o que torna a respetiva leitura e compreensão extremamente intrincada. Ora, atentos os propósitos pedagógicos da presente colocação discursiva, e procurando simplificar tal desenho, será conveniente efetuar uma análise escalonada e separada dos respetivos pressupostos e consequências, limitada aos aspetos essenciais de regime, sob pena de desviar o curso essencial do que aqui se pretende expor.

Em termos gerais, será exigível uma tributação à saída em sede de IRC quando se verifique *(i)* uma transferência de residência, *(ii)* uma cessação de atividade, e *(iii)* um nexo de ligação entre ambas.

Explicando:

i) Em primeiro lugar, a tributação à saída será exigida a sujeitos passivos de IRC residentes que deixem de o ser, ou seja, entidades que tenham a sua sede ou direção efetiva em território português e que deslocalizem para fora deste *uma e outra*. É importante frisar que se torna essencial a deslocalização de ambas, pois se uma delas permanecer em território português (a sede ou a direção efetiva), a entidade em causa continuará, como se sabe, a ser considerada residente [199], e o instituto aqui em análise não se tornará aplicável;
ii) Em segundo lugar, deve verificar-se a cessação de atividade dessa entidade;
iii) Em terceiro lugar, essa cessação deve dar-se em resultado da transferência da residência para fora do território, e não por outro motivo. Parece ser este o melhor [*rectius*: o único] entendimento juridicamente aceitável dos enunciados linguísticos utilizados pelo legislador, pois admitir-se a aplicação do preceito sem a existência deste nexo de causalidade, além de contrariar a literalidade do mesmo, seria considerado uma restrição desproporcional de direitos fundamentais (*e.g.*, deslocação, liberdade de atuação empresarial, liberdade de gestão), consubstanciando, consequentemente, uma inconstitucionalidade material.

[199] Cf. art. 2.º, n.º 3, do CIRC.

Configurando-se uma situação como a descrita (i. é, uma empresa societária que deslocaliza a sede e a direção efetiva para fora do território português e, em sequência, cessa neste a sua atividade), as diferenças, à data dessa cessação, entre os valores de mercado e os valores fiscalmente relevantes dos elementos patrimoniais dessa entidade constituem componentes positivas ou negativas do lucro tributável, o que vale por dizer que se sujeitarão a IRC, integrando os ganhos ou as perdas, consoante os casos.

Por outras palavras, e de um modo simples: o legislador sujeita os contribuintes "migrantes" ao pagamento do imposto, assumindo-se que, no ano da cessação de atividade, os mesmos realizam o seu património a valores de mercado, sujeitando-se os correspondentes rendimentos a IRC. Tenta prevenir-se que o sujeito passivo mude a localização da residência para outro Estado ou região, com o intuito de, tornando-se não residente, fugir ao pagamento do imposto em Portugal. Trata-se – enfatiza-se este aspeto – de mais-valias não realizadas, mas meramente latentes, isto é, ganhos ficcionados e provavelmente não realizados, resultantes da diferença entre os valores de mercado e os valores fiscalmente relevantes dos elementos patrimoniais. No fundo, será como se a perda da residência provoque uma mais-valia e a correspondente sujeição a IRC.

Este será, se assim se pode dizer, o regime-base constante do n.º 1 do art. 83.º do CIRC. Porém, os desdobramentos do mesmo obrigam a uma mais cuidada leitura dos preceitos subsequentes. Desde logo, importa precisar que nos casos em que a transferência nos termos *supra* descritos tem por destinatário um ordenamento jurídico-tributário cooperante ou que, aos olhos do legislador português, se demonstra "confiável" – porque se trata *(i)* de Estado-Membro da União Europeia ou *(ii)* de um país terceiro com o qual esteja em vigor um acordo sobre assistência mútua em matéria de cobrança de créditos fiscais –, o imposto eventualmente devido (na parte correspondente ao saldo positivo das componentes acima referidas) pode ser pago de acordo com uma de duas modalidades[200]:

[200] Cf. art. 83.º, n.ºs 2, 3 e 4, do CIRC.

- Primeira modalidade: pagamento imediato, e pela totalidade, do imposto;
- Segunda modalidade: de modo diferido e faseado, em frações anuais de igual montante, embora com sujeição a juros moratórios e eventual prestação de garantia bancária (em caso de fundado receio de frustração da cobrança do crédito tributário) [201].

Seja como for, nos casos em que os elementos patrimoniais da entidade deslocalizada permanecerem efetivamente afetados a um estabelecimento estável da mesma situado em território português, contribuam para o respetivo lucro tributável, e não se demonstrem propósitos de evasão fiscal, a exigência do *exit tax* pode ficar sem efeito, na medida em que o nexo de soberania fiscal com o Estado português permanece sólido. Pelo contrário, caso a transferência de residência tenha na sua base tais propósitos – designadamente por não se vislumbrarem razões economicamente válidas –, a afetação dos elementos em causa a um estabelecimento estável não será considerada e o imposto continuará a entender-se devido [202].

2.1.3.2. Problemas de conformidade jurídica

Não obstante se reconheça que os referidos impostos podem ser perspetivados como instrumentos estaduais apelativos no sentido da dissuasão de certos comportamentos evasivos, a verdade é que a sua criação e aplicação têm sido sujeitas a um rigoroso escrutínio, particularmente por parte do TJUE, tendo em consideração o quadro jurídico-normativo europeu.

[201] Interessa frisar que, optando-se pela segunda modalidade (diferimento do imposto), a falta do pagamento de qualquer prestação implica o imediato vencimento das seguintes, instaurando-se processo de execução fiscal pela totalidade do montante em dívida (cf. n.º 8 do art. 83.º do CIRC). Esta modalidade ficará sem efeito quando se verificar qualquer das situações previstas no n.º 16 do artigo, designadamente quando *(i)* os elementos patrimoniais da entidade em causa sejam extintos, transmitidos, transferidos para país, território ou região não cooperantes (nos termos acima referidos, no texto) ou desafetados da atividade, *(ii)* a residência fiscal da entidade seja transferida para uma localização de iguais características ou ainda *(iii)* a entidade entre em processo de insolvência ou liquidação.

[202] Cf. art. 83.º, n.ºs 10 e 13, do CIRC (com remissão para o art. 73.º, n.º 10, do mesmo código).

A este respeito, o Direito da União Europeia não deixa de reconhecer a legitimidade dos Estados-Membros para instituir medidas legislativas no sentido de "proteger" o respetivo sistema fiscal nacional; porém, também não deixa de vincar a ilegalidade das mesmas quando por seu intermédio se introduzem discriminações infundadas e violações da proporcionalidade, nomeadamente quando não se consideram outras medidas menos gravosas que eventualmente poderiam ser adotadas.

Um marco jurisprudencial significativo foi firmado com o acórdão do TJUE de 11 de março de 2004 (*Lasteyrie du Saillant*[203]), no âmbito do qual se questionava a conformidade jurídica de um conjunto de preceitos da legislação francesa que previa a sujeição a imposto de certas mais-valias ainda não realizadas (latentes) obtidas por contribuintes que se preparavam para transferir para fora de França o seu domicílio fiscal. No contexto do processo, argumenta-se que uma tal imposição fiscal, além de consagrar uma presunção generalizada e automática de evasão, criava uma restrição desproporcional e injustificada à liberdade de estabelecimento prevista nos Tratados, e introduzia uma diferença de tratamento discriminatória entre os contribuintes, na medida em que "diferentemente do que sucede com os contribuintes que residem em França e que são tributados pelas mais-valias só depois da realização [...] destas, os que transferem a sua residência para o estrangeiro são tributados pelas mais-valias latentes". Tal regime "penaliza os contribuintes que saem de França, relativamente àqueles que lá ficam" [204]. Em sentido contrário, defendia-se que a adoção da disposição em causa se justificava em face dos comportamentos evasivos de determinados contribuintes, os quais transfeririam temporariamente o seu domicílio fiscal com o único fim de eludir o pagamento do imposto devido sobre as mais-valias em França.

[203] V. o já citado acórdão de 11 de março de 2004, processo C-9/02 (*Lasteyrie du Saillant*).

[204] Foi ainda argumentado – no sentido de amparar a desconformidade jurídica de tal imposto – que a possibilidade de se obter uma suspensão de pagamento não é suscetível de excluir o efeito restritivo desproporcional, uma vez que a concessão da mesma não é automática, estando sujeita a condições que não são fáceis de cumprir (*e.g.*, requerer o benefício da suspensão, designar um representante com domicílio em França, e constituir, antes da sua partida, garantias bastantes para assegurar a cobrança do crédito fiscal).

O Tribunal – em jurisprudência que posteriormente foi seguida – decidiu no sentido de reconhecer que a medida "é suscetível de entravar a liberdade de estabelecimento", e apenas poderia ser admitida se prosseguisse um objetivo legítimo e compatível com o Tratado e respeitasse o princípio da proporcionalidade, o que, no entendimento judicativo, não acontecerá, desde logo porque o objetivo de impedir a evasão poderia ser atingido por medidas menos restritivas da liberdade de estabelecimento[205]. Constata-se igualmente a existência de um efetivo tratamento discriminatório entre contribuintes, e que o normativo em questionamento, pela sua natureza geral, não permite discernir, caso a caso, se a transferência foi efetivamente "inspirada por uma finalidade de evasão fiscal". Na verdade, reconhece-se que a transferência do domicílio de uma pessoa singular para fora do território de um Estado-Membro não implica, em si mesma, evasão fiscal, não sendo admissível uma presunção geral de evasão ou de fraude [206]. Na prática, um sujeito torna-se devedor de imposto pelo simples facto de transferir a sua residência.

Neste contexto, e como se disse, reconhecendo-se que os Estados-Membros podem adotar medidas destinadas a proteger as receitas tributárias e fiscais e a prevenir ou evitar a erosão das bases de tributação, não o podem fazer de um modo desproporcionado, criando obstáculos difíceis de superar ou impondo garantias ou custos extremamente onerosos para os contribuintes, por exemplo exigindo imediatamente todo o imposto devido – gerando problemas de liquidez – ou estabelecendo condições onerosas (*e.g.*, garantias bancárias) associadas ao eventual pagamento diferido ou faseado. Uma possível forma de superar este óbice, sem recorrer a restrições às liberdades fundamentais, passaria por permitir o pagamento faseado sem fazer impender qualquer ónus excessivo sobre o contribuinte, ou em utilizar os mecanismos de informação

[205] De resto, se bem que seja possível beneficiar de uma suspensão de pagamento, a mesma "não é automática e está sujeita a condições estritas", entre as quais figura a constituição de garantias, o que comporta em si mesmo um efeito extremamente penalizador.

[206] Tal sentido decisório foi posteriormente reforçado por ocasião do já citado acórdão de 7 de setembro de 2006, processo C-470/04 (*N*), no qual se tinha por subjacente uma situação com contornos idênticos (um contribuinte que se tornava, por mero efeito da transferência de domicílio dos Países Baixos, devedor de um imposto sobre um rendimento que ainda não tinha auferido).

entre as autoridades competentes dos Estados-Membros e de assistência mútua em matéria de cobrança [207].

O impacto desta jurisprudência foi significativo, embora não ao ponto de o ordenamento europeu negar a existência e a validade dos impostos de saída. Na realidade, o legislador europeu expressamente os reconhece e aceita, tentando modelar o seu desenho jurídico em termos que sejam juridicamente adequados, designadamente diante das exigências dos Tratados em matéria de liberdades fundamentais. Os principais aspetos de regime e as mais significativas exigências constam da já referida Diretiva (UE) 2016/1164 do Conselho, de 12 de julho de 2016 (que estabelece regras contra as práticas de elisão fiscal que tenham incidência direta no funcionamento do mercado interno, genericamente conhecida como "diretiva antiabuso"), estando prescritos no seu art. 5.º os seguintes traços fundamentais:

- Podem existir impostos de saída quando um contribuinte *(i)* transfere a sua residência fiscal para outro Estado-Membro ou para um país terceiro ou *(ii)* transfere ativos ou a atividade, entre a sua sede e o seu estabelecimento estável situado noutro Estado-Membro ou num país terceiro (ou vice-versa);
- Tal exigência fiscal apenas pode ser imposta quando o Estado-Membro da sede deixou de ter o direito de tributar os ativos transferidos devido à transferência;
- O imposto em causa incidirá sobre a diferença entre o valor de mercado (aquando da saída) dos ativos transferidos, e o seu valor para efeitos fiscais;
- Ao contribuinte deve ser dado o direito a diferir o respetivo pagamento quando a transferência se efetue no sentido de um Estado cooperante (outro Estado-Membro ou país terceiro que seja parte no Acordo sobre o Espaço Económico Europeu com o qual tenha

[207] Cf., por último, o já referido acórdão do TJUE de 21 de dezembro de 2016, processo C-503/14 (*Comissão Europeia contra República Portuguesa*).

sido celebrado um acordo sobre assistência mútua em matéria de cobrança de créditos fiscais) [208].

Como se intui a partir do exposto no apartado sistemático precedente, estas determinações legislativas foram já incorporadas pelo legislador português em matéria de IRC.

2.1.4. Criação de listas de territórios

Outro modo de procurar combater legislativamente a erosão das bases de tributação resultante da deslocalização de entes, atos ou situações materializa-se na sinalização dos ordenamentos não cooperantes, integrando-os em listas negras (*blacklists*). Trata-se de estabelecer um rol de localizações que têm "má fama", no sentido de adotar práticas legislativas, administrativas ou judiciais de concorrência fiscal desleal ou de falta de cooperação, seja porque criam regimes favoráveis e benefícios fiscais com o único objetivo de atrair pessoas e empresas que normalmente pagariam impostos em outros ordenamentos jurídico-fiscais, seja porque não fornecem a estes as informações requeridas e necessárias para que as competentes entidades possam efetuar um controlo justo e eficaz (normalmente sob pretexto de que não dispõem de estruturas para o efeito ou porque se escudam em opacas regras de sigilo, designadamente fiscal ou bancário). Neste sentido, tais listas terão o objetivo de persuadir essas localizações não cooperantes a adotarem práticas jurídica e eticamente mais recomendáveis.

As listas revestem natureza unilateral – não obstante se poderem basear em intensos trabalhos prévios de concertação entre Estados e organizações –, adotam como critérios determinantes de seleção e integração precisamente a baixa pressão fiscal e a falta de cooperação e, dependendo

[208] Porém, se o contribuinte diferir o pagamento, podem ser cobrados juros e, existindo risco demonstrável e real de não cobrança, ser exigida a prestação de uma garantia como condição de procedência (assim, v. n.º 3 do art. 5.º da Diretiva 2016/1164). Quanto à cessação da possibilidade de diferimento (*e.g.*, por posterior alienação dos ativos, transferência da residência para um país terceiro, ou declaração de insolvência), v. n.º 4 do mesmo preceito. Nestes casos, o imposto torna-se imediatamente exigível.

do ordenamento, podem revestir forma legislativa, administrativa, ou até uma combinação de ambas.

No quadro do ordenamento jurídico português, é possível identificar um procedimento normador com dois níveis, integrando *(i)* um quadro de base legislativa e *(ii)* uma densificação infralegal:

i) A nível legislativo, a LGT limita-se a consagrar uma norma impositiva, estabelecendo um quadro com requisitos *orgânicos* (competência do membro do Governo responsável pela área das finanças), *formais* (forma de portaria), *procedimentais* ("parecer prévio" da Autoridade Tributária e Aduaneira) e *materiais* (baixa pressão fiscal e falta de cooperação) para a criação de uma lista dos países, territórios ou regiões com regime fiscal claramente mais favorável [209]. Particularmente no que a estes últimos requisitos diz respeito, o legislador identifica os seguintes critérios, sem prejuízo da possibilidade de existirem outros:

   - Inexistência de um imposto similar ao IRC;
   - Existência de um imposto similar ao IRC mas cuja taxa seja inferior a 60% relativamente à taxa normal prevista no ordenamento jurídico português;
   - Consagração de regras de determinação da matéria coletável em sede de impostos sobre o rendimento significativamente divergentes em relação aos padrões internacionais (designadamente ao nível da OCDE);
   - Existência de regimes especiais ou de benefícios fiscais dos quais resulte uma redução substancial da tributação comparativamente à legislação nacional; ou
   - Dificuldade de acesso e troca efetiva de informações relevantes para efeitos fiscais.

ii) A nível infra legal, foi aprovada a Portaria n.º 150/2004 (Secretário de Estado dos Assuntos Fiscais), na qual é adotado o método da tipificação, enumerando-se um rol de várias dezenas de loca-

[209] Cf. art. 63.º-D, n.os 1 e 2, da LGT. Porém, notando-se alguma ausência de sinonímia relativamente a estes critérios, v. art. 66.º, n.º 6, do CIRC.

lizações de baixa pressão, no qual praticamente todas as latitudes e longitudes estão "representadas" (basta pensar em espaços geográficos tão diversos como as Bahamas, o Bahrein, a Gâmbia, Hong Kong ou o Panamá). De resto, mesmo a Europa continental – que tem desenvolvido significativos esforços nesta matéria – não consegue deixar de ter várias localizações, como o Liechtenstein, o Principado do Mónaco ou San Marino [210].

Será conveniente salientar um aspeto que bem se percebe: tratando-se de um mero rol (listagem, catálogo) de países, territórios ou regiões, a lista tem natureza meramente enunciativa e declarativa, não sendo possível arrancar da mesma qualquer regime jurídico, muito menos consequências, sanções ou efeitos vinculativos diretos, o que, aliás, até seria bastante problemático, considerando a sua natureza administrativa (enfatiza-se que foi aprovada por portaria, e não por lei ou decreto-lei). Tal não significa, contudo, que não existam efeitos, por assim dizer, indiretos, pois, como acima se constatou, não raramente o legislador remete para aquela lista, cominando consequências desfavoráveis para certos atos, contratos ou construções, como, por exemplo (e como já atrás se referiu), o alargamento dos prazos de caducidade ou de prescrição, o incremento das taxas liberatórias de retenção na fonte ou das taxas especiais, ou a desconsideração da alteração do estatuto de residente [211].

Por outro lado, também ao nível do ordenamento jurídico da União Europeia, existe uma lista com idênticas características embora com uma carga normativa menos acentuada: a lista de "jurisdições" não cooperantes, publicada como anexo I das conclusões adotadas pelo Conselho ECOFIN de 5 de dezembro de 2017, cujo objetivo é incentivar, através da coopera-

[210] Importa neste ponto relevar dois aspetos: primeiro, o de que a cronologia não é precisamente a que vem referida no texto, pois, na verdade, a portaria é bastante anterior ao preceito da LGT, de modo que o quadro legislativo apenas desempenhou a sua função parametrizadora em versões posteriores da primeira; segundo, o de que a não integração na lista referida não significa o afastamento da qualificação que vem sendo tratada (v. art. 63.º-D, n.º 5, da LGT).

[211] Igualmente digna de menção é a qualificação do crime de fraude fiscal tendo por referência a interposição de pessoas singulares ou coletivas residentes fora do território português e aí submetidas a um regime fiscal claramente mais favorável [art. 104.º, n.º 1, alínea *f)*, do RGIT].

ção, uma mudança positiva na legislação e nas práticas em matéria de fiscalidade [212]. As "jurisdições" são analisadas com base em vários critérios, dos quais resulta a sua qualificação como cooperante ou não cooperante, sendo de destacar *(i)* a transparência em matéria de informação fiscal, e *(ii)* a aplicação de medidas de combate à erosão das bases de tributação.

2.1.5. Imposição de deveres acessórios de comunicação (Lei n.º 26/2020)

Diante do crescendo de técnicas evasivas e da sofisticação com que as mesmas vão sendo revestidas num contexto globalizado, deslocalizado, despersonalizado e tecnológico, uma das armas de combate mais recentemente utilizadas passa por uma certa ideia de privatização das funções inspetivas e investigatórias, fazendo impender sobre a esfera jurídica dos privados (contribuintes e não só) a obrigatoriedade de comunicar ao fisco determinadas operações que, aos olhos do legislador, se revelam indiciadoras de esquemas abusivos e, nesta medida, potencialmente suspeitas.

Assim sucede, no quadro do ordenamento jurídico-tributário português, com a Lei n.º 26/2020, um diploma que, transpondo uma norma europeia sobre a matéria [Diretiva (UE) 2018/822 do Conselho, de 25 de maio de 2018], impõe deveres acessórios de reporte e comunicação de informações fiscalmente relevantes. Em boa verdade, não se pode dizer que se trate de uma inovação, pois já antes existiu um diploma semelhante, entretanto revogado – o DL n.º 29/2008 [213] (e relativamente ao qual já se suscitavam as inquietações a seguir expostas em referência ao atual regime).

Como se procurará demonstrar, a Lei n.º 26/2020 é um diploma complexo, assaz intrusivo, que levanta sérias dúvidas de constitucionalidade e que, de um modo linear e simples, impõe a obrigatoriedade de comunicação à ATA por parte de "intermediários" ou "contribuintes relevantes" de qualquer "mecanismo" (interno ou transfronteiriço) que passe pelo "teste do benefício principal" e que contenha, pelo menos, uma de determinadas "características-chave" legalmente previstas.

[212] V. *https://data.consilium.europa.eu/doc/document/ST-15429-2017-INIT/pt/pdf*.

[213] V. art. 25.º da Lei n.º 26/2020.

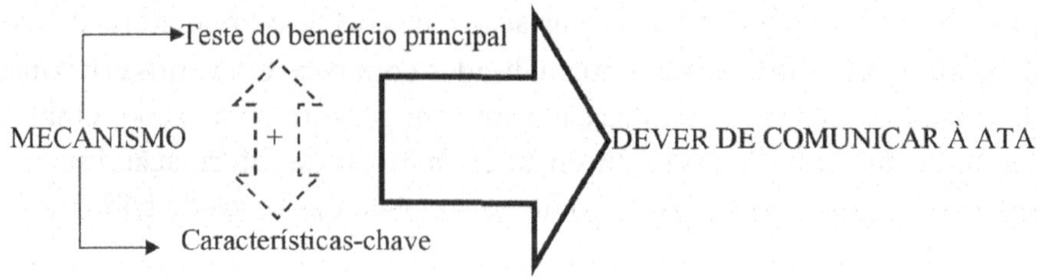

Como se pode constatar, não se trata de um desenho legal simples, pelo que se torna indispensável um trabalho analítico e faseado, tendente a determinar o pleno alcance das respetivas disposições. Nas presentes considerações, tentar-se-á levar à prática esse trabalho, começando por abordar *(i)* a dimensão objetiva – intentando saber o que deve ser comunicado, e procurando perceber em que consiste um "mecanismo", seja ele interno ou transfronteiriço – e, após isso, *(ii)* a dimensão subjetiva, indagando quem está em concreto sujeito ao dever de comunicar ao fisco. Posteriormente, *(iii)* serão abordadas dimensões mais específicas de regime jurídico.

Metodologicamente, as matérias serão tratadas de um modo linear e simples, expurgando os conceitos de lateralidades discursivas e vocabulares que mais não farão do que introduzir fatores de perturbação e confusão.

a) Dimensão objetiva: mecanismos comunicáveis, teste do benefício principal e características-chave

Importa começar por perceber que, para estes efeitos, um mecanismo consiste em qualquer plano, projeto, proposta, conselho, instrução ou recomendação [214] que, objetiva e razoavelmente, tenha em vista a obtenção de uma vantagem fiscal (designadamente a redução, eliminação ou

[214] Como acima se disse, procura-se aqui expurgar os conceitos de aspetos secundários e laterais que pouco ajudam. A este propósito, o (confuso) legislador nacional – de resto, dando sequência ao (confuso) legislador europeu – acrescenta que os mecanismos podem ser exteriorizados de modo expresso ou tácito, e podem ser constituídos por uma construção com uma ou mais de uma etapa ou parte, ou por uma série de construções, simultâneas ou sequenciais.

diferimento temporal de imposto) [215]. Quando esse mecanismo apresentar elementos de estraneidade – designadamente por respeitar a mais do que um Estado-Membro da UE ou a um Estado-Membro e um país terceiro [216] –, deve ser qualificado como transfronteiriço e, diferentemente, quando não apresentar tais elementos deve ser qualificado como interno. Nestes últimos casos, e para os presentes efeitos, consideram-se como impostos relevantes o IRS, o IRC (e as tributações autónomas com os mesmos relacionadas), as derramas, o IVA, o IMI, o IMT e o IS [217]. Já no que concerne aos primeiros (mecanismos transfronteiriços), o perímetro material é um pouco distinto pois, apesar de o legislador não proceder ao recorte dos impostos abrangidos – o que poderia ser difícil, atendendo à diversidade de ordenamentos – e utilizar um enunciado bastante amplo ("impostos de qualquer natureza, cobrados pelos Estados-Membros, ou pelas suas subdivisões políticas territoriais ou administrativas"), exclui expressamente o IVA, os direitos aduaneiros, os impostos especiais de consumo (bem assim como as contribuições obrigatórias para a segurança social) [218].

Nos termos formulados pelo legislador, para que um mecanismo tenha relevância e deva ser objeto de comunicação deve passar pelo denominado "teste do benefício principal", indagando-se se a finalidade predominante, ou uma das finalidades predominantes, é a obtenção da vantagem fiscal – em caso afirmativo, o esquema sujeita-se ao regime da Lei n.º 26/2020 e deve ser objeto de comunicação; em caso negativo, não o deve ser [219]. Trata-se de uma análise objetiva – ponderando todos os factos pertinentes – e à luz de critérios razoáveis, e não de uma mera suspeição ou intuição das autoridades administrativas tributárias que, considerando o perfil, o histórico ou a atitude de certo contribuinte, "acham" que o mesmo pode querer evadir-se ao pagamento de tributos.

[215] V. art. 2.º, n.º 1, alíneas *f)* e *l)*, da Lei n.º 26/2020.

[216] Cf. art. 2.º, n.º 1, alínea *j)*, da Lei que se vem mencionando. Importa sublinhar que esta mesma alínea identifica alguns critérios (relacionados com a residência dos sujeitos, o local de exercício de atividades, etc.) que tornam operativa e relevante a referida estraneidade.

[217] V. art. 8.º da Lei n.º 26/2020.

[218] V. art. 4.º da Lei n.º 26/2020.

[219] V. art. 2.º, n.º 1, alínea *k)*, da Lei n.º 26/2020.

Além disso, o mecanismo em causa deve preencher uma das "características-chave" indiciadoras de potencial risco de evasão fiscal, havendo a distinguir as *genéricas* e as *específicas*, ambas previstas na lei [220]:

- As características-chave genéricas dizem respeito, não ao conteúdo ou estrutura do mecanismo propriamente dito, mas antes à relação jurídica subjacente que se estabelece entre o profissional que delineia ou apresenta esse mecanismo e o respetivo *cliente*, aqui se incluindo *(i)* a previsão de cláusulas de sigilo, reserva ou confidencialidade das vantagens fiscais, *(ii)* o estabelecimento de honorários por referência à vantagem fiscal, ou *(iii)* a *normalização* ou *standardização* do mecanismo, permitindo que o mesmo possa ser disponibilizado sem alterações substanciais a mais do que um destinatário [221];
- As características-chave específicas, essas sim, já dizem respeito ao conteúdo e aos termos do mecanismo em si, identificando-se algumas atuações que são, logo à partida, suspeitas, como a utilização abusiva de prejuízos fiscais, a conversão ou requalificação de rendimentos, ou o recurso a operações circulares, em carrossel ou com entidades interpostas, com o objetivo de compensar ou anular mutuamente resultados fiscalmente relevantes [222].

Em resumo, passando o mecanismo em causa pelo teste do benefício principal – apresentando como finalidade predominante a obtenção de uma vantagem fiscal – e tendo acoplada uma das características-chave descritas, considera-se o mesmo abrangido pelo regime da Lei n.º 26/2020 e deve ser objeto de comunicação.

b) Dimensão subjetiva: intermediários e contribuintes relevantes

Após se procurar perceber *o que* deve ser comunicado, importa agora saber sobre quem impende o dever de comunicação que se vem mencio-

[220] Cf. arts. 2.º, n.º 1, alínea *b)*, e 5.º da Lei n.º 26/2020.

[221] Cf. art. 5.º, n.º 1, da Lei n.º 26/2020.

[222] Cf. art. 5.º, n.º 2, da Lei n.º 26/2020. Quanto às características-chave específicas relacionadas com operações transfronteiriças, v. o n.º 3 do mesmo preceito.

nando e, para tal efeito, o desenho legal abrange duas espécies de sujeitos que podem potencialmente ficar adstritos [223]:

i) Em primeiro lugar, o "intermediário", isto é, a pessoa que projeta ou propõe a outrem para aplicação um mecanismo com propósitos evasivos [224]. Em termos práticos, aqui se incluirão, por exemplo, advogados, solicitadores, técnicos ou revisores de contas, consultores, ou quaisquer outros profissionais que prestem aconselhamento ou assessoria (jurídico-) fiscal. Releva considerar que, para estes fins, a pessoa (profissional) que se limite a comunicar (descrevendo) regimes tributários, que aconselhe quanto a uma situação tributária já existente, ou que assista no âmbito do contencioso tributário, contraordenacional ou penal não é considerada intermediário. Ainda assim, o perímetro subjetivo de abrangência é bastante alargado, chegando o legislador ao ponto de estender a qualificação às pessoas que, como técnicos, prestem ajuda, assistência ou aconselhamento na conceção, comercialização, organização ou disponibilização de um mecanismo (sem prejuízo da possibilidade de contraprova, designadamente invocando-se que não se sabia do mecanismo, ou que não se podia razoavelmente esperar que soubesse) [225];
ii) Em segundo lugar, o denominado "contribuinte relevante", ou seja, qualquer pessoa ou entidade que aplique, tencione aplicar, ou a quem seja disponibilizado para aplicar, um mecanismo com propósitos evasivos [226].

[223] Considerando que as definições legais são algo enredadas e complexas, crê-se que a delimitação conceitual exposta no texto, se bem que simplificada e reduzida aos seus contornos básicos, é suficientemente esclarecedora e permite captar o essencial do que realmente releva para os presentes propósitos.
[224] Cf. art. 2.º, n.º 1, alínea *e)*, da Lei n.º 26/2020.
[225] Cf. art. 9.º, n.ºs 2 e 3, da Lei n.º 26/2020 (problemática poderá ser a questão de saber quem deve ser considerado intermediário nas situações de trabalho em estruturas matriciais, em rede ou em equipa).
[226] Cf. art. 2.º, n.º 1, alínea *c)*, da Lei n.º 26/2020.

Deve salientar-se que a sujeição a este regime e à obrigatoriedade de comunicação dos mecanismos potencialmente evasivos apenas se verificará se o intermediário ou o contribuinte relevante tiverem um *nexo significativo de ligação* com o ordenamento jurídico-tributário português, designadamente por *(i)* serem considerados residentes para efeitos fiscais ou *(ii)* terem em território português um estabelecimento estável que beneficie do mecanismo através do qual sejam prestados os serviços com o mesmo relacionados. Quanto ao contribuinte relevante, constitui igualmente nexo significativo de ligação o facto de estar registado para efeitos fiscais em Portugal, de exercer uma atividade em território português, ou de aqui receber ou gerir rendimentos [227]. Já no que diz respeito ao intermediário – e além da mencionada residência ou estabelecimento estável –, esse nexo pode materializar-se na circunstância de ser constituído em Portugal ou regido pela legislação portuguesa, ou de estar registado em Portugal junto de uma associação profissional relacionada com a prestação de serviços de natureza jurídica, fiscal ou de consultoria [228].

c) Dimensão procedimental, conteúdo dos deveres comunicativos e sanções

O específico regime vinculativo desenhado pelo diploma ora em apreciação assume contornos distintos consoante *(i)* exista ou não um intermediário (no sentido apontado, i. é, alguém que projeta ou propõe a outrem para aplicação um mecanismo com propósitos evasivos, como um advogado, um consultor, etc.) e, existindo, *(ii)* impenda ou não sobre o mesmo um dever legal ou contratual de sigilo.

Quando não houver um intermediário, o dever de comunicação do mecanismo ou esquema potencialmente evasivo – e, bem assim de todas as informações com o mesmo relacionadas, e atualizações anuais das mesmas (!) – incide sobre o contribuinte relevante, o qual terá um prazo de 30 dias para o fazer [229], sem prejuízo de ficar "dispensado" se, havendo mais do que um contribuinte relevante, for apresentada junto da ATA

[227] Cf. art. 11.º da Lei n.º 26/2020.

[228] Cf. art. 9.º, n.º 1, da Lei n.º 26/2020.

[229] Cf., a respeito, art. 12.º, n.ºs 1 e 2, da Lei n.º 26/2020.

prova documental de que as informações já foram previamente comunicadas [230].

Diversamente, quando existe um intermediário, e nas situações não cobertas pelo dever legal ou contratual de sigilo, o mesmo deve comunicar à ATA todas as informações relativas aos mecanismos evasivos que sejam do seu conhecimento ou que estejam na sua posse ou sob o seu controlo, igualmente num prazo de 30 dias, e, tratando-se de um mecanismo comercializável, deve ainda apresentar-se à ATA, de três em três meses, um relatório de atualização com "novas informações" (!) [231]. Havendo mais do que um intermediário, o dever comunicação de informações à ATA incumbe a todos eles, quando envolvidos num mesmo mecanismo a comunicar [232] / [233].

Impendendo sobre o intermediário um dever legal ou contratual de sigilo, determina o legislador uma regra clara, de acordo com a qual o dever comunicativo recai sobre o contribuinte relevante. Porém, o modo de operacionalizar essa regra poderá suscitar alguma perplexidade nos quadros de um Estado de Direito que se repute bondoso e de boa-fé, prescrevendo-se a propósito um regime que se pode qualificar como desresponsabilizante para a administração, e do qual ressalta a ideia de que o objetivo é colocar os privados "a trabalhar para o fisco"; senão veja-se: o intermediário deve notificar o contribuinte relevante do dever de comunicação num prazo bastante apertado (5 dias); após isso, este último deve, no prazo de 30 dias, informar o primeiro da execução desse dever, e, no caso de tal não suceder, a comunicação das informações deve ser cumprida pelo intermediário, no prazo de 10 dias seguidos.

Acresce que, além de ser exigente quanto à imposição do dever em si, o legislador é igualmente rigoroso em termos de conteúdo, impondo a obrigatoriedade – a um ou a outro –, não apenas de passar ou transmitir

[230] Cf. art. 12.º, n.º 6, da Lei n.º 26/2020.

[231] Cf. art. 10.º, n.ºs 1 e 4, da Lei n.º 26/2020. Quanto à noção de "mecanismo comercializável", v. art. 2.º, n.º 1, alínea *g)*, da mesma lei.

[232] Assim, art. 10.º, n.º 7, da Lei n.º 26/2020.

[233] Sobre as situações de deveres múltiplos de comunicação perante várias autoridades tributárias (nos casos de existência de mecanismos transfronteiriços), v. n.º 5 do art. 10.º e n.ºs 3 e 4 do art. 12.º da Lei n.º 26/2020.

um conjunto alargadíssimo de informações (dados), como igualmente de o fazer com um grau de pormenorização inaudito, realçando a ideia acima exposta de sobrecarga dos privados. Na realidade, exige-se que sejam comunicados [234]:

- A identificação dos intermediários e dos contribuintes relevantes, incluindo os respetivos nomes, as datas e os locais de nascimento (!), as residências para efeitos fiscais, os números de identificação fiscal e, se aplicável, as pessoas que sejam empresas associadas do contribuinte relevante;
- Os detalhes da(s) característica(s)-chave que configure(m) o mecanismo;
- Uma síntese do conteúdo do mecanismo, incluindo a referência do nome por que seja vulgarmente conhecido, caso exista, e uma descrição, em termos abstratos, das atividades empresariais relevantes ou dos dispositivos normativos pertinentes;
- A data em que tenha sido ou venha a ser realizado o primeiro passo na aplicação do mecanismo;
- Os detalhes das disposições normativas que formam a base do mecanismo;
- O valor das operações que constituem o próprio mecanismo, independentemente da vantagem fiscal que se espera;
- A identificação do Estado-Membro dos contribuintes relevantes e de qualquer outro Estado-Membro suscetível de estar relacionado com o mecanismo;
- A identificação de qualquer outra pessoa ou entidade sem personalidade jurídica num Estado-Membro suscetível de ser abrangida pelo mecanismo, com indicação dos Estados-Membros a que essa pessoa ou entidade esteja ligada.

A tudo isto, acresce que a ATA pode notificar o sujeito em causa para que este, num prazo a fixar entre 10 e 20 dias seguidos, esclareça, aperfeiçoe ou complete devidamente a informação prestada [235].

[234] V. art. 15.º, n.º 1, da Lei n.º 26/2020.

[235] Assim, art. 15.º, n.º 2, da Lei n.º 26/2020.

Interessa atentar especificamente na circunstância de que as adstrições acabadas de mencionar não são meras instruções, diretivas ou regras de deontologia, mas sim verdadeiros deveres jurídicos, de cujo incumprimento resultam consequências jurídicas gravosas. Com efeito, o legislador estabelece um quadro sancionatório aplicável aos comportamentos desconformes, quer estes digam respeito às faltas de comunicação propriamente ditas, quer às omissões ou inexatidões da informação transmitida, quer ainda aos posteriores esclarecimentos, aperfeiçoamentos ou complementos, sancionando-os com coimas que podem atingir os € 80 000 [236]. Tais coimas são aplicadas no âmbito de um procedimento contraordenacional tributário [disciplinado no Regime geral das infrações tributárias (RGIT), com remissão para outros diplomas [237]], e o legislador sinaliza que o respetivo pagamento não exonera do cumprimento dos deveres de comunicação legalmente previstos [238].

Acresce também que o cumprimento de todos estes deveres de comunicação ou reporte informacional prevalece sobre os deveres de sigilo, segredo ou reserva a que os intermediários ou os contribuintes relevantes estejam sujeitos, legal ou contratualmente, não sendo legítimo aos mesmos proceder à sua invocação para justificar um eventual incumprimento [239]. Em todo o caso, o perigo de a informação ser divulgada a terceiros estará devidamente acautelado, pois a ATA está, ela própria, sujeita ao dever de manter a informação sob reserva – sob pena de condenação criminal ou contraordenacional dos respetivos agentes [240] –, além de que o sujeito (intermediário ou contribuinte) que, no cumprimento deste regime, transmita informações fiscalmente relevantes, fica exonerado de qualquer responsabilidade eventualmente decorrente da quebra do dever de sigilo (designadamente a nível disciplinar e civil) [241].

[236] V. art. 19.º da Lei n.º 26/2020.

[237] V. art. 20.º da Lei n.º 26/2020. Quanto ao procedimento/processo, v. arts. 51.º e ss. do RGIT.

[238] Assim, art. 21.º da Lei n.º 26/2020.

[239] V. art. 14.º, n.º 1, da Lei n.º 26/2020.

[240] V. art. 14.º, n.º 3, da Lei n.º 26/2020. V., ainda, arts. 64.º da LGT e 91.º e 115.º do RGIT.

[241] V. art. 14.º, n.º 2, da Lei n.º 26/2020.

d) Relevância da informação e problemas de conformidade jurídica

Todo o acervo informacional que é feito chegar à administração tributária nos termos descritos deve ser por esta guardado e mantido durante um longo período de tempo (15 anos), integrando-se numa base de dados à qual os seus órgãos e agentes podem aceder no desempenho das suas funções, e sobretudo para as finalidades seguintes [242]:

- Troca automática de informações (particularmente, embora não só) entre autoridades tributárias dos Estados-Membros, nos casos de informações respeitantes a mecanismos transfronteiriços;
- Tratamento e divulgação anonimizada no *portal das finanças*, para efeitos de prevenção da evasão fiscal, nos termos que adiante melhor se tratará de referir.

* * *

Como se pode constatar, o acervo de dados é, ou pode ser, bastante abrangente e diversificado, compreendendo identidades de pessoas, relações entre as mesmas, localizações, valores, *know-how*, *modus operandi* de atividades, processos de fabrico, segredos comerciais, patentes, criações protegidas por direitos de autor, etc., pelo que o acesso por terceiros e a respetiva titularidade por longos períodos de tempo pode ser problemática, em face dos direitos à proteção da privacidade e à reserva da vida privada. Basta pensar que podem ser vários os funcionários e agentes do fisco que aos mesmos podem aceder no desempenho das suas funções, sem esquecer o risco de consulta por vários serviços externos, como programadores, técnicos de informática, empresas de segurança, ou outros. Por tal motivo, exige-se uma blindagem efetiva e a imposição de um rigoroso dever de sigilo acompanhado de sanções dissuasoras, o que, em verdade, o regime constante da Lei n.º 26/2020 procura fazer com a remissão, no art. 14.º, para o art. 64.º da LGT (sem prejuízo de espaços que podem ser melhorados).

[242] Cf. arts. 15.º, n.ºs 3 e 4, 16.º e 17.º da Lei n.º 26/2020.

Porém, as dúvidas sobre a conformidade jurídica deste regime não se esgotam nas preocupações expostas. Entre outras, podem levantar-se questões relacionadas com os princípios da igualdade e da proporcionalidade (proibição do excesso).

Por um lado, é inquestionável que as dimensões constitucionais atinentes ao princípio da igualdade incorporam a exigência de que os regimes jurídicos legais não introduzam distinções injustificadas de tratamento que se transformem em desincentivos para o exercício de determinada atividade ou profissão, ou distorções das livres escolhas dos sujeitos, cidadãos ou empresas. Ora, face ao exposto, será legítimo perguntar se tal não sucede no âmbito da Lei n.º 26/2020, uma vez que aí se consagra um exigente rol de deveres que impende especificamente sobre os intermediários, onerando – em termos de disponibilidade financeira, temporal e mental – um conjunto concreto de profissionais com obrigações que não se relacionam diretamente com o respetivo exercício, mas antes com a situação tributária de clientes ou destinatários.

Além disso, e numa certa perspetiva, este "aproveitamento" das entidades privadas – e de todos os seus profissionais, técnicos e agentes – na prossecução de tarefas de Interesse público, relacionadas com a inspeção, liquidação e cobrança de impostos, torna-se constitucionalmente controvertido a partir do momento em que se questiona se o mesmo é *absolutamente necessário*, pois não deixa de ser patente que se está a restringir direitos fundamentais (*e.g.*, autonomia da vontade, liberdade de iniciativa económica privada, liberdade de escolha de profissão), tendo o Estado ao seu dispor, ou podendo ter, meios suficientemente persuasivos para desempenhar por si tais encargos: poderes alargados de inspeção tributária, poderes de derrogação de sigilo, mecanismos de troca de informações com outras entidades públicas nacionais ou estrangeiras, medidas cautelares, etc. Ora, não sendo a intrusão na esfera dos intermediários absolutamente necessária, será de admitir que a administração tributária assuma uma atitude mais ou menos passiva, limitando-se a esperar que a informação lhe chegue e, caso isso não aconteça, acione procedimentos repressivos ou sancionatórios? Não se questiona, note-se, que tal intrusão seja meramente necessária; sê-lo-á, eventualmente. A pergunta a fazer, para passar no crivo do princípio da proporcionalidade, é se a mesma é *absolutamente necessária*, configurando a última *medida* ao dispor dos poderes públicos para satisfazer o Interesse público em causa. Não o sendo, isto é, havendo alternativas, a consequente restrição de direitos poderá ser inconstitucional por violação do princípio da proporcionalidade numa das suas dimensões estruturantes e mais básicas.

Saliente-se que se reconhece sem dificuldade a imprescindibilidade de fazer impender sobre os contribuintes e outros obrigados tributários deveres legais de cooperação, no quadro do auxílio na tarefa de prossecução do Interesse público constitucionalmente assacada à administração tributária. O problema será a natureza desigualitária e excessiva do modo como essas adstrições são descarregadas nos ombros de privados [243].

Enfim, numa apreciação crítica, não parece que seja legítimo que o Estado, quando não consegue desempenhar inteiramente as suas atribuições, designadamente por falta de meios, empurre para outrem o trabalho que a si lhe cabe. Porventura tal *repercussão* mais não será do que o reflexo da complexidade do sistema fiscal e da necessidade de existirem mecanismos de controlo que incidam sobre tantos deveres. Porém, crê-se que outra solução não haverá que não seja a simplificação, reduzindo os ónus que sobre os obrigados tributários impendem, tornando o sistema mais *apelativo*.

2.1.6. Punição (criminal e contraordenacional)

A imposição de penas (*lato sensu*: prisão, multas e coimas) materializa a derradeira forma de reação legislativa aos comportamentos de evitação

[243] Convém não esquecer que esses profissionais estão vinculados a um conjunto bem mais abrangente de deveres do que aqueles que se encontram previstos na Lei n.º 26/2020. Apenas a título exemplificativo, recordam-se as obrigações burocráticas em sede de IMT ou de IS (além dos deveres inerentes ao já acima mencionado "dossier" dos preços de transferência). No primeiro destes impostos, os profissionais devem submeter mensalmente ao fisco a relação dos atos ou contratos sujeitos a IMT ou dele isentos em que tiveram intervenção, com a menção ao nome dos contratantes, ao número matricial dos prédios objeto de transmissão, às respetivas freguesias, bem assim como de cópias de escrituras, procurações ou documentos particulares autenticados (cf. art. 49.º, n.os 4 e 5, do CIMT). Deve enfatizar-se que o legislador foi particularmente severo no momento de estabelecer as consequências jurídicas do não cumprimento, tornando os profissionais *solidariamente responsáveis* com o sujeito passivo pelo pagamento do imposto (n.º 6), solução, aliás, que também é acolhida em sede de IS (no âmbito do qual os privados devem proceder à liquidação do imposto, ao pagamento do imposto liquidado e à apresentação da declaração – cf. arts. 41.º e ss. do CIS).

fiscal desconformes, assumindo-se como o último remédio de combate, quando se concluir pela limitação ou inadequação dos restantes. É neste sentido que se afirma a sua *subsidiariedade*, sob pena de se utilizar o arsenal sancionatório mais pesado ao dispor do ordenamento jurídico para reprimir comportamentos que não justificariam tal grau de reação. Na realidade, somente quando se constata que as normas antiabuso (geral ou específicas), os impostos de saída, as listas de territórios, ou os deveres de comunicação não surtem os efeitos pretendidos no sentido de demover os obrigados tributários de comportamentos desviantes, surge a penalização como a última providência, aquela que apenas pode ser levada à prática quando o ordenamento jurídico já testou as demais e concluiu pela sua insuficiência.

Nos termos amplos aqui adotados, a referida penalização de comportamentos fiscais desviantes pode desdobrar-se em dois estádios reativos e valorativos distintos: *(i)* a *criminalização* e *(ii)* a *contraordenacionalização*.

i) A qualificação e tipificação como crime (criminalização) consiste na mais violenta reação do ordenamento a comportamentos ilícitos, materializando-se na imposição de penas de prisão e/ou de multa, e estando reservada para as situações nas quais existe a necessidade imperiosa de proteção de bens jurídicos essenciais. No ordenamento jurídico português, as mais relevantes tipificações criminais relacionadas com os comportamentos duplamente ilícitos – quanto ao meio e quanto ao fim – de afastamento, redução e diferimento fiscal são os seguintes (aqui expostos de modo propositadamente simplificado e resumido):

   - Burla tributária, nas situações em que os sujeitos, utilizando meios fraudulentos (como falsas declarações, ou falsificação ou viciação de documentos fiscalmente relevantes), determinam a administração tributária a efetuar atribuições patrimoniais das quais resulte enriquecimento dos próprios ou de terceiros[244];
   - Frustração de créditos, quando os contribuintes ou obrigados tributários, sabendo que têm de entregar tributo já liquidado ou

[244] Cf. art. 87.º, n.º 1, do RGIT.

em liquidação, alienarem, danificarem, ocultarem, fizerem desaparecer ou onerarem o seu património com a intenção de frustrar a cobrança da dívida em causa (por exemplo, colocando-se propositadamente em situação de insuficiência patrimonial ou dificultando penhoras em processo executivo) [245];
- Fraude fiscal, nos casos em que se ocultam ou alteram factos ou valores, ou se celebram negócios simulados com a intenção de não liquidação, entrega ou pagamento da prestação tributária ou de obtenção indevida de benefícios fiscais, reembolsos ou outras vantagens patrimoniais suscetíveis de causarem diminuição das receitas tributárias [246];
- Abuso de confiança fiscal, nas situações de não entrega ao fisco de quantias tributárias legalmente deduzidas (*e.g.*, a título de retenção na fonte)[247].

Em todos estes casos, insiste-se, os respetivos comportamentos são legalmente qualificados como crime e punidos com penas de prisão e/ou de multa.

ii) A qualificação como contraordenação está dispensada para as situações nas quais a censurabilidade objetiva ou a carga valorativa negativa do comportamento é menos marcada, sendo suficiente a penalização com coimas. Aqui, apesar de existir desconformidade da atuação ou omissão com o ordenamento jurídico – não se tratando, por conseguinte, de insignificâncias ou bagatelas penais –, a verdade é que a imposição de sanções gravosas de prisão ou de multa não se justificaria, como sucede, por exemplo, nos casos seguintes:

- Não entrega, ao credor tributário, de prestação tributária legalmente deduzida, quando os factos não constituam crime (aqui

[245] Cf. art. 88.º do RGIT.

[246] Cf. art. 103.º, n.º 1, do RGIT. Quanto às circunstâncias de *qualificação* do crime, v. art. 104.º do RGIT.

[247] Cf. art. 105.º do RGIT.

se incluindo, por exemplo, a falta de liquidação, a liquidação inferior à devida ou a liquidação indevida de imposto) [248];

- Inexistência de contabilidade ou de livros fiscalmente relevantes [249];
- Não organização da contabilidade de harmonia com as regras de normalização contabilística [250];
- Recusa de entrega, exibição ou apresentação de contabilidade, de escrita ou de documentos fiscalmente relevantes (formato físico ou eletrónico) [251];
- Falta ou intempestividade de apresentação de declarações necessárias ao apuramento da matéria coletável [252];
- Falsificação, viciação, ocultação, destruição ou danificação de documentos fiscalmente relevantes (quando o contribuinte não deva ser punido pelo crime) [253];
- Utilização, alteração ou viciação de programas, dados ou suportes informáticos necessários ao apuramento e à fiscalização da situação tributária do contribuinte [254];
- Transferência para o estrangeiro de rendimentos sujeitos a imposto, obtidos em território português por entidades não residentes, sem que se mostre pago ou assegurado o imposto devido [255].

Compreensivelmente, esta reação gravosa e *pesada* – sem embargo de se poder defender que as molduras penais poderiam, em algumas situações, ser consideravelmente incrementadas – pressupõe que as condutas subjacentes tenham contornos de especial censura e de desvalor significativo relativamente aos bens jurídicos protegidos pelo ordenamento, pois, caso contrário, como se disse, não se justificaria a imposição de prisão,

[248] Cf. art. 114.º do RGIT.
[249] Cf. art. 120.º do RGIT.
[250] Cf. art. 121.º do RGIT.
[251] Cf. art. 113.º do RGIT.
[252] Cf. art. 116.º do RGIT.
[253] Cf. art. 118.º, n.º 1, do RGIT.
[254] Cf. art. 118.º, n.º 2, do RGIT.
[255] Cf. art. 126.º do RGIT.

multas ou coimas. Tais bens jurídicos não são sempre fáceis de identificar, até porque, na mesma situação, vários podem concorrer, mas é possível afirmar que, em geral, dois distintos (mas não apartáveis ou separáveis, bem pelo contrário) segmentos de análise podem ser considerados:

- Nas situações em que o que está em causa é o *desvalor do resultado*, o bem jurídico tutelado e protegido (e atingido pela conduta danosa) será a sustentabilidade financeira pública, em termos de se afirmar que o que está em causa é o prejuízo causado no erário público com a sonegação da receita. Assim se passará, por exemplo, com as infrações que pressupõem a não entrega de prestações pecuniárias devidas[256];
- Nas situações em que está em causa (simplesmente) o desvalor da ação, aí, o bem jurídico a proteger materializar-se-á na relação fiduciária que se pretende estabelecida entre o Estado e os obrigados tributários, em termos de confiarem reciprocamente nas respetivas atuações. Consequentemente, a intervenção punitiva radica a sua justificação na quebra ou fragilização dessa relação, como acontece, por exemplo, nas situações de inexistência de contabilidade, de recusa de entrega de documentos ou de falta de apresentação de declarações (em geral, na violação das obrigações fiscais acessórias de natureza documental ou informativa).

2.2. Ao nível do poder administrativo

As reações internas aos comportamentos abusivos de evitação fiscal não se reduzem à esfera legislativa de atuação estadual, antes irradiam, e de modo significativo, em direção aos agentes e atos de natureza administrativa, particularmente a administração tributária. De resto, nem de outro modo poderia ser, considerando que as medidas legislativas abstrata-

[256] Porém, e como já se afirmou, não se trata simplesmente de proteger o cofre público, pois o que constitui o bem jurídico a proteger não é a quantia pecuniária (dinheiro, receita) em si, mesmo sendo esta pública. Tal quantia constitui um mero instrumento, funcionalizado ao desígnio maior da sustentabilidade (perenidade, permanência) do aparato institucional e organizatório público que tem por função prover bens públicos e satisfazer necessidades de cariz coletivo.

mente desenhadas não se autorrealizam, carecendo de complementação executória por meio de diversos procedimentos e atos administrativo-tributários, os quais, por sua vez, repousam a sua legitimidade e força normativa nas primeiras.

Será tal relação simbiótica abstrato-concreto (ou criador-aplicador) que constituirá o objeto de exposição nos desenvolvimentos subsequentes, debruçando-se a atenção sobre os mais relevantes e comuns modos do agir administrativo relativamente aos quais os propósitos antiabusivos fiscais emergem de modo evidente. Compreensivelmente, muitas das referências constituirão um complemento ou um desenvolvimento – que não uma repetição – relativamente ao que já foi referido nos apartados precedentes.

Começar-se-á por fazer incidir a atenção nos poderes que a administração dispõe para adaptar ou ajustar (acomodar) os factos que tem à sua frente às normas que pode utilizar – salientando-se dois meios, que são a interpretação das normas e a requalificação dos institutos – para, após isso, se passar o foco para as diligências de natureza investigatória, especificamente a inspeção tributária, o procedimento de derrogação do sigilo bancário e os mecanismos de troca de informações. Seguidamente, será feita referência aos procedimentos e atos pós-investigatórios, como a divulgação de construções ou esquemas de evitação abusiva, a aplicação das normas antiabuso – que revestem aqui uma notória centralidade –, o recurso a métodos indiretos e a utilização de medidas cautelares [257]. No fim, vai reservar-se uma brevíssima referência aos meios administrativos relacionados com a investigação de natureza penal.

[257] Facilmente se entende que uma parte significativa dos desenvolvimentos inerentes às matérias referidas constitui objeto da teoria geral do procedimento e do processo tributário, razão pela qual se entende conveniente efetuar aqui um esforço de contenção, cingindo as apreciações ao estritamente necessário para compreender as temáticas no quadro do abuso e da fraude fiscais. Em tudo o mais, remete-se para outras localizações, como o nosso *Lições de Procedimento e Processo Tributário*, 8.ª ed., reimpressão, Almedina, Coimbra, 2022.

2.2.1. Prerrogativas de acomodação recíproca de normas a factos (interpretação e requalificação)

Sendo certo que, do ponto de vista prático, a análise dos modos administrativos de agir contra comportamentos evasivos se direciona primacialmente ao conhecimento dos *atos* (jurídicos ou materiais) em matéria tributária, não se pode ignorar que o cabal conhecimento dos mesmos não pode prescindir de uma alusão inicial e abrangente ao quadro de poderes interpretativos que os órgãos e agentes administrativos têm ao seu dispor, particularmente nesta matéria, quadro esse que é duplamente limitado, nos termos que a seguir se procura expor.

Por um lado, é por demais sabido que o princípio da legalidade – nas suas diferentes dimensões de reserva de lei, prevalência de lei e precedência de lei – baliza sobremaneira as prerrogativas atuantes da administração tributária, sendo que as limitações decorrentes de tal princípio não assumem aqui, em matéria de evitação fiscal, especiais configurações. Em geral, como aqui, a administração tributária não pode criar impostos, nem disciplinar os seus elementos essenciais, o que vale por dizer que não pode, por exemplo – mesmo a pretexto do combate à evasão ou à fraude –, utilizar a NAAG para alargar direta e abertamente o perímetro de incidência objetiva ou subjetiva das normas fiscais, alterar as taxas impositivas, ou restringir as diversas possibilidades dedutivas. Por outro lado, também é sabido que, em princípio, os privados podem modelar as suas atuações do modo que bem entenderem, não sendo lícito à administração estabelecer restrições às prerrogativas inerentes à autonomia da vontade (liberdades de celebração, de conformação e de forma) quando estas são usadas dentro das fronteiras legais.

Mas o que acaba de se referir não significa que os órgãos administrativos estejam acorrentados à literalidade dos preceitos normativos ou ao desenho dos atos, contratos ou construções efetuados pelas partes. Bem pelo contrário, tais agentes dispõem de poderes de modelação e ajustamento que se materializam em duas importantes prerrogativas: *(i)* interpretar adequadamente os preceitos normativos e *(ii)* requalificar os atos, contratos ou construções efetivados pelos privados.

Analise-se cada uma delas separadamente.

2.2.1.1. Interpretação

Em matéria fiscal, como em qualquer outro domínio, interpretar significa estabelecer o sentido de determinado enunciado linguístico, tarefa que assume especial relevância quando se considera e constata a natureza antecipatória, incerta e frequentemente descuidada das intervenções normadoras. Importa considerar, no particular âmbito fiscal, que o legislador não raramente se precipita, ofuscado como está com os desígnios da luta antievasão ou antifraude, recorrendo a fórmulas e conceitos demasiado vagos e indeterminados, com significados carentes de preenchimento, seja logo *ab initio* aquando da introdução da versão original das normas e enunciados no ordenamento jurídico – o que até se poderia compreender, atendendo à novidade, tecnicidade e complexidade das matérias –, seja em decorrência das sucessivas "reformas", acrescentando, suprimindo ou modificando segmentos, sem cuidar de acomodar, conformar, ou adaptar ao tecido normativo pré-existente. Aliás, aqui até existe um grave problema que acresce ao ímpeto normador habitual: a perversa tendência para aproveitar certos momentos legiferantes especiais, como a aprovação do orçamento do Estado, para introduzir camufladamente alterações legislativas que em outras circunstâncias seriam mais difíceis de fazer passar, designadamente por não reunirem amplo consenso ou por suscitarem objeções ou reservas expressivas. Na realidade, estes *riders* ou *cavalier budgetaires*, além de suscitarem problemas sérios de conformidade jurídica (constitucionalidade), introduzem fatores de perturbação e incerteza que não são despiciendos no momento da aplicação das normas aos casos concretos. Em consequência de tudo isto, geram-se desencontros lógicos, linguístico-gramaticais e jurídicos que tornam a tarefa aplicativa assaz complexa: encargos que eram dedutíveis e deixaram de o ser (ou passaram a sê-lo com limites); rendimentos que eram considerados como gerados numa determinada entidade e passaram a ser imputados a outra; requisitos de aplicação de certos regimes que não existiam e passaram a existir; enfim, alterações recorrentes e continuadas, direta ou indiretamente envoltas em conceitos e fórmulas discursivas de difícil densificação e concretização.

Num quadro com esta configuração, a administração tributária não pode deixar de procurar um significado útil que se encerre nos limites da razoabilidade. Com efeito, ao proceder à densificação do que seja uma "construção genuína", uma "operação artificial", um "artifício", um "mecanismo", um "dispositivo", uma "vantagem fiscal abusiva", ou "razões económicas válidas", não devem os órgãos administrativo-tributários encontrar significados que, por um lado, não se adequem a uma compreensão global do ordenamento – em detrimento de compreensões, enfoques ou interpretações parciais ou enviesadas – e, por outro lado, não se baseiem numa metodologia racional – apelativa das dimensões histórica, sistemática e teleológica da norma em questão –, bem diferente da pura especulação ou adivinhação do que possa ter sido a intenção legislativa [258]. Afinal, o arsenal metodológico interpretativo aqui aplicável não é substancialmente distinto daquele que deve ser utilizado em outros segmentos do Direito.

Em termos de resultado, o labor hermenêutico em matéria fiscal, e mais particularmente ainda em matéria de evitação, reconduz-se, como não poderia deixar de ser, ao da ciência jurídica em geral, resultando em interpretações declarativas, enunciativas, extensivas, restritivas, ab-rogantes ou corretivas (entendendo-se esta como verdadeira *interpretação*, e não como um desvio ao espírito do criador). Reconhece-se assim à administração tributária uma importância inafastável no momento de aplicação da lei ao caso concreto, e não se pode negar que à mesma se reconhecem amplas prerrogativas de modelação (adaptação) da norma aos factos, embora tal não signifique que possa estender ou comprimir os perímetros normativos de significado e abrangência como bem entende e sem qualquer controlo. O resultado interpretativo é sempre sujeito a sindicância jurisdicional.

Prova de que a tarefa de interpretação tem de ser cuidadosamente enquadrada, em ordem a não se passar um *cheque em branco* à administração tributária e restantes aplicadores, é a emergência de algumas linhas metodológicas particularmente relevantes neste campo, como a rejeição das interpretações funcionalizadas a finalidades específicas, sejam estas *(i)* a máxima proteção do direito de propriedade e das liberdades de mercado (legitimando um eventual critério de *in dubio contra fisco*), ou *(ii)* a sublimação do Interesse público de arrecadação de receitas ou dos

[258] Sobre a temática da interpretação das normas de Direito Fiscal, v., com muita utilidade, acórdão do TC n.º 182/2020.

desígnios de prevenção e repressão da evasão e da fraude fiscais (legitimando um critério oposto de *in dubio pro fisco*). Do mesmo modo, rejeita-se a absolutização da substância económica dos factos tributários, sendo esta apenas critério subsidiário – não a regra hermenêutica determinante [259] – de busca do sentido específico a procurar. Vale isto por dizer que a realidade económica (materializada nos factos empíricos subjacentes à riqueza, como os recebimentos e os gastos) não é o exclusivo parâmetro norteador da tarefa aplicativa, não sendo juridicamente aceitável um resultado interpretativo que, não obstante atinja uma capacidade contributiva efetiva do ponto de vista fáctico, não se reveja em padrões de razoabilidade jurídica, designadamente desprezando em absoluto as formas jurídicas (civilísticas), ou desconsiderando os diferentes parâmetros valorativos constitucionalmente relevantes. Por conseguinte, a administração tributária até poderá interpretar conceitos ou fórmulas vagos e indeterminados considerando o seu sentido económico e os propósitos de arrecadação da receita fiscal, em ordem à prossecução dos interesses públicos da sustentabilidade financeira pública e da satisfação das necessidades coletivas; agora, o que já não poderá fazer é assumir esse como o único sentido possível, forçando-o em função do caso e desconsiderando outras dimensões jurídico-constitucionais relevantes, desde logo, os direitos fundamentais dos contribuintes e outros obrigados tributários ou outros interesses dignos de tutela ao mesmo nível.

2.2.1.2. Requalificação de atos, contratos ou construções

Além de interpretar as normas, a administração tributária dispõe também da prerrogativa de distanciar-se das qualificações jurídicas utilizadas pelas partes, sobrepondo-lhes outra que lhe pareça juridicamente mais adequada. É este o alcance do art. 36.º, n.º 4, da LGT, nos termos do qual "[a] qualificação do negócio jurídico efetuada pelas partes, mesmo em documento autêntico, não vincula a administração tributária".

Na prática, não é infrequente os contraentes (de boa ou de má-fé, dolosa ou negligentemente, intencional ou não intencionalmente) utilizarem um determinado *nomen iuris* para designar certa realidade jurídica

[259] Cf. art. 11.º, n.º 3, da LGT.

quando, na verdade, o revestimento que lhe estaria reservado seria ou poderia ser outro. Por exemplo, podem denominar determinado contrato como sendo um "mútuo", quando o mais apropriado seria qualificá-lo como uma "compra e venda", ou podem chamá-lo "cessão de créditos" e, na prática, ser um verdadeiro "mandato para cobrança" [260]. Enfim, num certo sentido, as partes estariam a utilizar as suas prerrogativas de autonomia de vontade, não propriamente (ou não apenas) para escolher uma forma contratual ou para lhe imputar um certo conteúdo, mas para lhe emprestar um invólucro jurídico distinto, o que, como se compreende, pode implicar um afastamento, uma redução ou um diferimento da tributação e, neste sentido, consubstanciar um caso de evasão fiscal ou de evitação fiscal ilegítima.

Ora, nas situações em que tal desvio de qualificação conduz a situações de evitação tributária será compreensível que a administração possa olhar para os concretos termos do ato, contrato ou construção e considerar que, afinal, se trata de outra coisa, podendo imputar-lhes efeitos fiscais diversos e eventualmente mais gravosos do que aqueles que seriam imputados se a qualificação das partes se mantivesse. Na realidade, nestes casos, mais não estará do que a fazer prevalecer a substância sobre a forma, secundarizando a roupagem jurídica anteriormente dispensada.

Claro que esta prerrogativa de requalificação não poderá ser feita de modo incondicionado, devendo a administração basear-se em critérios racionais, objetivos e – atendendo a que se trata de uma (re)qualificação *jurídica* – jurídico-normativos, de entre os quais se destacam:

- O recorte do regime jurídico abstrato – seja ao nível dos seus pressupostos seja ao nível dos respetivos efeitos – dos institutos em causa, quer o que perde a qualificação, quer o novo, que a empresta ou atribui;

[260] V., por exemplo, a decisão do CAAD de 15 de fevereiro de 2019, processo n.º 219/2018-T, e (proveitosa) declaração de voto anexa de Tomás Cantista Tavares. V., também, a decisão do CAAD de 12 de novembro de 2014, processo n.º 410/2014-T, e o acórdão do TCA Norte de 11 de março de 2021, processo n.º 01770/07.0BEVIS.

- As declarações das partes verbalizadas na forma jurídica utilizada pelas mesmas e que se pretende requalificada, declarações essas que devem ser interpretadas com um sentido que normal e habitualmente poderia ser assumido e que não pode deixar de ter um mínimo de correspondência no texto utilizado, ainda que imperfeitamente expresso [261];
- As práticas e os usos habituais no tráfico jurídico-económico em geral, e no específico segmento negocial utilizado;
- Elementos probatórios obtidos no decurso dos procedimentos ou investigações, como sejam o registo contabilístico, as atas de reuniões de órgãos estatutários de pessoas coletivas, os relatórios ou pareceres de órgãos de fiscalização, etc.

Cumpre notar que o relevo ou a amplitude que deve dar-se a qualquer destes critérios – e a outros eventualmente ponderáveis – dependerá largamente dos específicos contornos da situação concreta. Certo é que em casos de manifesta *descoordenação qualificatória* poderá (deverá) a administração fazer corresponder ao ato, contrato ou construção "antigo" (isto é, qualificado pelas partes) os efeitos jurídicos correspondentes a ato, contrato ou construção "novo", por exemplo, no âmbito de um procedimento de inspeção tributária. Ponto essencial é que a nova qualificação seja razoavelmente fundada e que por seu intermédio se não desvirtuem os instrumentos jurídico-privatísticos utilizados pelas partes, assacando-lhes efeitos que eles manifestamente não seriam aptos a produzir.

Torna-se igualmente importante destacar que não se está aqui em presença de qualquer desconsideração dos efeitos fiscais dos atos, contratos ou construções utilizados, em consequência de condutas abusivas, pois tal ineficácia fiscal apenas poderia ser conseguida se a administração usasse a NAAG, a qual, de resto, e como já foi oportunamente referido, até necessitaria da utilização de um procedimento específico (o que não se verifica no âmbito da invocação do art. 36.º, n.º 4, da LGT).

[261] Cf. arts. 236.º, n.º 1, e 238.º, n.º 1, do CC.

2.2.2. Diligências investigatórias

Para os presentes efeitos, considerar-se-ão diligências investigatórias os atos jurídicos ou materiais praticados por órgãos da administração tributária com o objetivo de descoberta e apuramento da verdade material.

Na medida em que toda a atuação administrativa deve ser juridicamente enquadrada, tais atos materializam-se em tramitações legalmente criadas, enformadas e orientadas (procedimentos), cuja inobservância implica a respetiva invalidade ou ineficácia, consoante a natureza e espécie do vício subjacente.

2.2.2.1. Inspeção tributária

O procedimento de inspeção tributária e aduaneira tem natureza investigatória e assume uma importância crucial no quadro do combate às práticas fiscais evasivas e fraudulentas, na medida em que é precisamente no quadro dos seus desenvolvimentos que grande parte das mesmas são descobertas e, quando caso disso, corrigidas e encaminhadas para aplicação de sanções. Ademais, a própria possibilidade de realização de inspeções pode envolver uma forte componente dissuasora das práticas de evitação ilícitas, potenciando uma inflexão comportamental nos obrigados tributários que permite que se possa falar numa verdadeira *função preventiva*, de resto positivisticamente assumida [262].

Em termos gerais, a mencionada natureza investigatória resulta bem patente quando se constata que os tipos de atos praticados no respetivo *iter* podem passar pelo acesso às instalações, dependências ou outros locais onde possam existir elementos relacionados com a atividade do inspecionado ou das pessoas ou entidades que com o mesmo se relacionam (sociedades, sócios, advogados, consultores, técnicos, etc.); pela consulta, requisição e reprodução de elementos probatórios físicos ou digitais, como livros e registos da contabilidade ou escrituração, recibos, faturas, computadores, módulos de armazenamento de dados; ou até por medidas cautelares, como a apreensão de bens ou a selagem de instalações [263], tudo visando quer a confirmação dos elementos declarados pelos

[262] Cf. art. 2.º, n.º 1 e n.º 2, alínea *j)*, do RCPITA (embora, neste último caso, por referência ao nível europeu e internacional).

[263] Cf. arts. 29.º e 30.º do RCPITA.

sujeitos passivos e demais obrigados tributários, quer a perscrutação dos não declarados. Ora, da análise e cruzamento de um tão amplo (e intrusivo) arsenal de atuações pode naturalmente resultar a descoberta de muitas práticas abusivas, como, por exemplo, a prática de preços de transferência entre empresas em situações de relações especiais, a dedução de juros de empréstimos em montante excessivo, a utilização de sociedades de fachada simplesmente com o propósito de desviar certos rendimentos, ou a celebração de contratos ou operações sem substância económica (razões económicas válidas). A relevância da inspeção no quadro do combate à evasão e à fraude fiscais é, como se vê, patente.

Por outro lado, importa reter que, tratando-se de uma tramitação legalmente enquadrada, o procedimento inspetivo e os respetivos atos não podem ser efetivados ao acaso, antes devendo obediência a um conjunto específico de exigências orgânicas, formais e procedimentais, cuja inobservância pode implicar ilegalidade de atuações. Entre bastantes outras, destaca-se que o inspecionado deverá ser notificado com uma antecedência mínima de 5 dias, relativamente ao início do procedimento, por *carta-aviso* com indicação dos elementos pretendidos e da informação sobre as consequências da violação do dever de cooperação e que a notificação do despacho do início da ação de inspeção externa faz suspender o prazo de caducidade da liquidação dos tributos.

Concluída a prática de atos de inspeção, e caso os mesmos possam originar atos desfavoráveis, o inspecionado deve ser notificado do projeto de conclusões do relatório, com a identificação desses atos e a sua fundamentação e, após isso, o obrigado tributário pode conformar-se com essas conclusões, pode exercer o seu direito de audição, expondo motivos de discordância [264], ou pode proceder à regularização da sua situação tributária, mediante requerimento nesse sentido [265].

Importa salientar que o relatório em si *não é* um ato administrativo propriamente dito – logo, não é diretamente impugnável ou suscetível de sindicância jurisdicional –, embora possa servir de base a vários atos em matéria tributária, como determinações da matéria tributável por métodos indiretos, revogações de benefícios fiscais ou liquidações de fei-

[264] Cf. art. 60.º do RCPITA.

[265] Cf. art. 58.º, n.º 2, do RCPITA.

ção corretiva ou adicional. Nos casos mais graves, pode mesmo implicar participações aos órgãos de polícia criminal para efeitos de investigação nessa sede.

Enfim, trata-se, a inspeção, de uma arma de combate ou reação à evitação ilegítima, mas que, podendo comportar medidas restritivas de direitos e liberdades fundamentais (*e.g.*, reserva da vida privada, liberdade de exercício de profissão, liberdade de iniciativa e de exercício económico), deve ser sempre utilizada de modo proporcional, seja na frequência, seja na acutilância dos respetivos atos.

2.2.2.2. Acesso a dados protegidos. Em especial, a derrogação do sigilo bancário

Num contexto globalizado e plurilocalizado, muitas situações de evasão e de fraude fiscais apenas são conseguidas com algum sucesso porque, mais do que se basearem em complexas e sofisticadas construções técnicas, assentam na existência da opacidade decorrente de práticas de sigilo a diversos níveis. Embora se possa dar o caso de tais práticas serem informais e resultado de cumplicidades e relações especiais que se estabelecem entre os infratores e diversos profissionais (advogados, entidades bancárias, etc.) – que se recusam, *na prática*, a prestar informações ao fisco –, a verdade é que frequentemente as mesmas têm assento legal e servem de justificativa para a recusa de colaboração nas diligências necessárias ao apuramento da situação tributária dos contribuintes. Num caso ou no outro, os profissionais que são demandados a colaborar escudam-se no sigilo e o acesso às informações fiscalmente relevantes torna-se bastante mais custoso.

Ora, perante tal panorama, e assumindo sem reservas que os direitos à privacidade e à reserva inerentes ao sigilo não são absolutos, o legislador desenhou um quadro de derrogação de regras de sigilo que permita um eficaz combate às práticas abusivas e fraudulentas em matéria fiscal, auxiliando a administração nas situações em que esta se confronta com barreiras de silêncio (e não só, considerando bastantes outras finalidades em outros quadrantes temáticos, como, por exemplo, o combate à corrupção e ao branqueamento de capitais).

Em geral, prescreve a LGT que o acesso à informação protegida pelo segredo profissional ou qualquer outro dever de sigilo legalmente regulado depende de autorização judicial, o que significa que se os agentes administrativos sentirem a necessidade, por exemplo, de aceder a informações que estejam na posse de advogados, solicitadores, consultores, ou outros profissionais, precisam de consentimento do juiz para que tal se efetive. Porém, especificamente nas situações em que o que está em causa é o acesso a dados ou documentos bancários, essa regra pode ser derrogada por um regime bastante mais intrusivo e agressivo, que permite ao fisco o respetivo acesso direto [266], o que pode acontecer nas seguintes situações [267]:

- Existência de indícios da prática de crime em matéria tributária;
- Existência de indícios da falta de veracidade do declarado;
- Falta de declaração legalmente exigível;
- Necessidade de comprovação dos pressupostos de benefícios fiscais ou de regimes fiscais privilegiados;
- Verificação dos pressupostos para o recurso a avaliação indireta (art. 87.º da LGT).

Importa frisar que o referido acesso pode alargar-se aos documentos bancários respeitantes a familiares ou terceiros que se encontrem numa relação especial com o contribuinte (por exemplo, um sócio relativamente a um profissional, um gerente em relação a uma sociedade ou um cônjuge relativamente ao outro), o que pode ser bastante plausível em situações de evasão ou fraude, uma vez que pode ser necessário o conluio de outros agentes para a consecução da atividade em causa (preços de transferência, simulação, etc.) [268].

[266] Para estes efeitos, e nos termos do n.º 10 do art. 63.º-B da LGT, considera-se documento bancário qualquer documento ou registo, independentemente do respetivo suporte, em que se titulem, comprovem ou registem operações praticadas por instituições de crédito ou sociedades financeiras no âmbito da respetiva atividade, incluindo os referentes a operações realizadas mediante utilização de cartões de crédito.

[267] Cf. art. 63.º-B, n.º 1, da LGT.

[268] Cfr. art. 63.º-B, n.º 2, da LGT.

Por fim, releva enfatizar que a eventual falta de cooperação da entidade bancária ou dos seus agentes é punível a título criminal como desobediência qualificada[269].

2.2.2.3. Mecanismos de troca de informações

Ainda a nível investigatório, e particularmente num plano internacional ou de plurilocalização, a evasão e a fraude podem ser enfrentadas por meio de mecanismos operacionais de troca de informações entre administrações de diferentes Estados, mecanismos esses que se podem revelar extremamente úteis, quer no desenvolvimento, quer na complementação de outras diligências investigatórias.

A verdade é que, diante da ineficiência ou inoperância dos procedimentos de inspeção e de outros mecanismos unilaterais de indagação e investigação, os diversos Estados procuram meios apelativos da cooperação a nível internacional, sob pena de assistirem passivamente à erosão das respetivas bases de tributação e à constante e crescente perda de receitas fiscais. Aliás, o próprio RCPITA faz alusão expressa a estas realidades ao incluir a solicitação de informações às administrações tributárias estrangeiras, no âmbito dos instrumentos de assistência mútua e cooperação administrativa europeia ou internacional, entre as prerrogativas dos funcionários da inspeção tributária[270].

Particularmente no contexto europeu, e entre outros instrumentos, releva a este respeito a já acima aludida Diretiva 2011/16/UE do Conselho, de 15 de fevereiro de 2011, que estabelece as regras ao abrigo das quais os Estados-Membros devem cooperar entre si tendo em vista a troca de informações previsivelmente relevantes para a administração tributária, tendo a mesma sido transposta para o ordenamento jurídico interno por meio do DL n.º 61/2013[271]. Nessa altura, fez-se referência somente ao seu enquadramento geral, pelo que importa aqui descer um

[269] Cf. art. 90.º do RGIT.

[270] Cf. art. 29.º, n.º 1, alínea *i)*, do RCPITA.

[271] O DL n.º 61/2013 (republicado em anexo ao DL n.º 64/2016) tem um âmbito material de aplicação relativamente restrito, na medida em que exclui do seu perímetro os mecanismos informativos respeitantes ao IVA, aos direitos aduaneiros, e aos impostos especiais sobre o consumo (art. 2.º, n.º 2).

degrau analítico, tentando captar sumariamente as principais dimensões de regime a nível administrativo.

Neste contexto, preveem-se três tipos de mecanismos administrativos de troca de informações, a saber:

i) A troca *a pedido*, a qual é realizada com base numa solicitação apresentada pela entidade administrativa competente de um Estado (requerente) à entidade competente de outro Estado (requerido), num caso específico e em referência à situação tributária de uma ou várias pessoa(s) ou entidade(s) [272];
ii) A troca *automática*, respeitante a não residentes, que consiste na comunicação sistemática, sem pedido ou solicitação prévia e em intervalos regulares preestabelecidos, de informações ao Estado de residência dos sujeitos em questão;
iii) A troca *espontânea*, que respeita à comunicação não sistemática, a qualquer momento e sem pedido prévio, de informações a outro Estado.

Não se torna difícil perceber que estes mecanismos revestem uma importância inquestionável quando se está perante situações de evasão e fraude internacionais, nas quais as entidades internas de cada Estado se encontram fortemente limitadas em termos operacionais, muitas vezes não dispondo dos meios e dos funcionários necessários para levar a efeito investigações bem sucedidas. Por isso, no quadro dos trabalhos desenvolvidos a nível supranacional, intenta-se revestir a prestação de informações com uma disciplina vinculativa, configurando um verdadeiro dever – e não uma mera possibilidade –, dever este, aliás, que existe mesmo quando a administração em causa não tenha interesse ou não necessite desses elementos para os seus próprios fins fiscais [273]. Por isso também se prevê que quando a administração tributária tenha necessidade de recorrer a este tipo de instrumentos – e, previsivelmente, necessite de mais tempo para investigar –, o prazo para conclusão do procedimento de inspeção (em regra, prazo máximo de seis meses a contar da notifica-

[272] Cf. arts. 3.º, alínea *h)*, e 5.º, n.ºs 1 e 2, do DL n.º 61/2013.
[273] Neste sentido, v. art. 14.º, n.ºs 1 e 2, *in fine*, do diploma mencionado na nota anterior.

ção do seu início) suspende-se, mantendo-se a suspensão pelo prazo de 12 meses [274].

Deve acentuar-se que, no que concerne à troca de informações a pedido, embora, em regra, a respetiva solicitação deva respeitar somente ao reporte de informações, pode suceder que na mesma (solicitação), se devidamente fundamentadas, se incluam "diligências administrativas específicas", como averiguações, inspeções, controlos, etc. De resto, este dever de fundamentação aplica-se igualmente à recusa de tais diligências por parte da entidade administrativa do Estado requerido, a qual *(i)* apenas deverá executá-las se forem consideradas necessárias e *(ii)* poderá inclusivamente levá-las a efeito por iniciativa própria [275].

Já no que diz respeito à troca automática (recorde-se: respeitante a não residentes), as informações reportadas pelas entidades administrativas do Estado que as presta são pormenorizadas e bastante abrangentes, devendo incluir-se os rendimentos auferidos qualificados como rendimentos do trabalho dependente, remunerações dos membros de órgãos de gestão ou administração, pensões e rendimentos de bens imóveis, além de informações comunicadas por instituições financeiras, incluindo a identificação dos titulares de contas, o número da conta ou equivalente, o saldo ou o valor da conta [276].

Naturalmente que, tratando-se de um conjunto de atuações intrusivas e potencialmente restritivas de direitos, liberdades e garantias – particularmente, ao nível do *direito à reserva* –, o arranjo jurídico encontrado não poderia deixar de consagrar aos contribuintes e outros obrigados tributários algumas garantias, de modo a preservar a sua esfera jurídica de ingerências abusivas ou desproporcionais. Entre tais garantias, salientam-se:

- Na troca a pedido, aos visados devem ser previamente comunicadas, pela entidade administrativa requerida, a identificação da autori-

[274] Cf. art. 36.º, n.º 5, alínea *d)*, do RCPITA.

[275] Cf. art. 5.º, n.ºs 3 e 4, do DL n.º 61/2013. Quanto aos prazos de transmissão da informação, v. n.ºs 8 e 9 do mesmo artigo.

[276] Cf. os vários números do art. 6.º do Decreto-Lei que se vem mencionando.

dade requerente e a natureza das informações solicitadas [277]. Além disso, no mesmo procedimento, dispõem de direito de pronúncia sobre o pedido e direito de oposição ao mesmo, podendo expor as razões pelas quais consideram que as informações não devem ser prestadas [278];
- As informações trocadas entre as diversas entidades administrativas estão sujeitas ao dever de confidencialidade fiscal [279].

De todo o modo, o dever de troca de informações – nas situações em que de um verdadeiro dever se trata, pois há casos em que tal não sucede, como, por exemplo, quando existir a possibilidade de confronto com a legislação nacional [280] – não é absoluto, uma vez que se preveem casos em que o mesmo pode ser recusado. Tal ocorre quando *(i)* não exista reciprocidade da parte do outro Estado ou *(ii)* quando a sua efetivação conduza à divulgação de um segredo comercial, industrial ou profissional, ou de um processo comercial ou de informações cuja divulgação seja contrária à ordem pública [281].

2.2.3. Divulgação antecipada de construções ou esquemas de evitação fiscal abusiva

Já atrás se referiu que uma das formas que o legislador encontrou para descobrir potenciais atuações abusivas consiste na imposição de deveres acessórios de reporte e comunicação de informações fiscalmente relevantes, burocratizando a gestão fiscal e onerando excessivamente a esfera jurídica dos diversos atores fiscalmente relevantes (não apenas os contribuintes, mas igualmente inúmeros profissionais que com os mesmos mantêm relações funcionais). Disse-se então que todo o acervo infor-

[277] Cf. art. 14.º, n.º 3, do DL n.º 61/2013. Porém, tal comunicação poderá ser dispensada se *(i)* o pedido de informações tiver carácter urgente, *(ii)* a comunicação puder prejudicar as investigações sobre indícios de evasão e fraude fiscais e isso for expressamente solicitado pela autoridade competente do Estado requerente ou *(iii)* as informações objeto do pedido constarem da base de dados da Autoridade Tributária e Aduaneira (v. o n.º 4 do mesmo artigo).

[278] Cf. art. 14.º, n.º 5, do DL n.º 61/2013.

[279] Assim, art. 12.º do DL n.º 61/2013.

[280] Cf. art. 13.º, n.º 2, do DL n.º 61/2013.

[281] Cf. art. 13.º, n.ºs 3 e 4, do DL n.º 61/2013.

macional – contendo, inclusivamente, dados sensíveis – que desagua na administração tributária em decorrência dessa *privatização* deverá ser integrado numa base de dados, à qual os seus órgãos e agentes podem aceder no desempenho das suas funções, e particularmente para as finalidades de troca automática de informações entre autoridades tributárias e divulgação anonimizada no *portal das finanças*[282].

Pois bem, a exemplo do que já se fez a propósito de outras matérias, importa, também aqui, aprofundar a análise e fazer uma especial menção a essa base de dados administrativa.

Trata-se de um acervo digital que, como facilmente se percebe, tem subjacente finalidades preventivas ou antecipatórias da prática de atuações desviantes (quando pensada na sua orientação aos contribuintes e outros obrigados tributários) e de facilitação de controlo dessas mesmas atuações (quando tem por referência os funcionários da administração), e do mesmo devem constar as principais informações respeitantes aos "mecanismos" de evitação, entendendo-se como tal, como já se viu, qualquer plano, projeto, proposta, conselho, instrução ou recomendação que, objetiva e razoavelmente, tenha em vista a obtenção de uma vantagem fiscal (redução, eliminação ou diferimento de impostos) [283]. As informações referidas dirão respeito a [284]:

- Identificação dos intermediários e dos contribuintes relevantes, incluindo e respetiva residência fiscal, e das empresas associadas;
- Detalhes das características-chave que configurem o mecanismo a comunicar;
- Síntese do conteúdo do mecanismo a comunicar;
- Data em que tenha sido ou venha a ser realizado o primeiro passo na respetiva aplicação;

[282] Cf. art. 15.º, n.º 3, da Lei n.º 26/2020.

[283] V. art. 2.º, n.º 1, alíneas *f)* e *l)*, da Lei n.º 26/2020. Porém, a divulgação de determinado "mecanismo" poderá não se efetuar nos casos em que a mesma seja considerada inadequada para efeitos de prevenção da evasão fiscal ou da defesa do interesse público (cf. art. 17.º, n.º 2, do mesmo diploma).

[284] Cf. art. 15.º, n.º 1, da Lei n.º 26/2020.

- Disposições normativas que formam a base do mecanismo a comunicar;
- Valor das operações envolvidas;
- Identificação do Estado-Membro dos contribuintes relevantes e de qualquer outro Estado-Membro suscetível de estar relacionado com o mecanismo a comunicar;
- Identificação de qualquer outra pessoa ou entidade sem personalidade jurídica num Estado-Membro suscetível de ser abrangida pelo mecanismo a comunicar, com indicação dos Estados-Membros a que essa pessoa ou entidade esteja ligada.

Toda esta informação deve ser agregada com vista à sua posterior divulgação descritiva, abstrata e *erga omnes* na referida base [285], mas não sem que antes se proceda à expurgação das componentes consideradas sensíveis, sob pena de violação de dimensões constitucionais essenciais atinentes a reservas de sigilo, privacidade e intimidade.

2.2.4. Aplicação de normas antiabuso

Como já se referiu, um dos modos que o legislador encontrou para enfrentar as situações de evitação fiscal abusiva consiste na introdução de normas antiabuso, gerais ou específicas, com o objetivo, precisamente, de corrigir os efeitos distorsivos decorrentes das situações nas quais os contribuintes e outros obrigados tributários manipulam a realidade jurídica em ordem a obter benefícios em matéria de impostos que em *circunstâncias normais* (isto é, sem essa manipulação) não obteriam. Ora, de nada adiantaria a mera consagração em letra de lei dessas normas se, posteriormente, os aplicadores não cuidassem de as subsumir à facticidade e de as utilizar efetivamente nas situações concretas. E aqui reside o importantíssimo papel dos órgãos administrativo-tributários, que devem cuidar para que essas normas sejam efetivamente aplicadas.

A aplicação das normas antiabuso por parte da administração assume configuração diversa consoante a espécie de norma em causa, ou seja, se

[285] Cf. art. 17.º, n.º 1, alínea *d)*, da Lei n.º 26/2020. Para consulta da página eletrónica, v. ***https://** info.portaldasfinancas.gov.pt/pt/apoio_contribuinte/Regime_Comunicacao_Mecanismos_internos_transfronteiricos/Divulgacao_de_Mecanismos/Paginas/default.aspx.*

se está *(i)* perante normas antiabuso específicas (NAAE) ou *(ii)* a norma antiabuso geral (NAAG).

i) Nas situações em que se está perante normas NAAE, e como já se assinalou em devido tempo, na maior parte dos casos a administração está numa posição de quase absoluta vinculação, não dispondo de prerrogativas autónomas de conformação ou de escolha, limitando-se a aplicar o arsenal de efeitos legalmente previstos. Trata-se de *pura subsunção acrítica*. Por exemplo, nas situações em que da norma decorre *(i)* o agravamento das taxas impositivas – como as taxas liberatórias de retenção na fonte em IRS, as taxas de tributação autónoma em IRC, as taxas de IMI ou de IMT –, *(ii)* a desconsideração de certos custos – pense-se nos gastos de financiamento excessivos –, ou *(iii)* a imputação de determinados rendimentos, a solução administrativa não pode ser outra que não a aplicação subsuntiva e automática, impondo as taxas respetivas, não aceitando os custos em causa, ou contabilizando os réditos ou acréscimos em questão, seja *ab initio*, seja procedendo a liquidações corretivas (adicionais), exigindo o imposto eventualmente em falta. O mesmo se passa quando, por exemplo, se impõem correções aos valores declarados (*e.g.*, situações de preços de transferência, que deverão ser retificados em alinhamento com os preços de mercado), se determina a perda de situações fiscais vantajosas (nas quais os benefícios eventualmente auferidos deverão ser revogados) ou de previsões de alargamento de conceitos no âmbito de incidência (caso em que o conceito em questão deve ser interpretado em conformidade, dando concretização ao princípio da *prevalência da substância sobre a forma*). Reconhece-se que, diante de algumas previsões e atendendo ao respetivo recorte, tal linha de subsunção estrita não é tão fácil de identificar, como sucede, por exemplo, nas normas de alargamento dos prazos do exercício de poderes por parte da administração tributária [286]. Em tais casos, o que sucede é que o âmbito temporal que a admi-

[286] Cf., por exemplo, art. 45.º, n.º 7, da LGT.

nistração tem ao seu dispor para investigar é consideravelmente ampliado, nada mais a mesma fazendo do que "continuar a trabalhar", levando à prática as diligências necessárias ao apuramento da verdade material. De todo o modo, tal continuação não estará propriamente na sua disponibilidade volitiva, pois o princípio do inquisitório [287] obriga ao aproveitamento desse alargamento. Nestes casos, não se está diante de qualquer procedimento específico antiabuso a aplicar, mas somente de *procedimentos normais*, no âmbito dos quais se introduzem as correções ou os ajustamentos em questão (designadamente procedimentos de liquidação ou de inspeção tributária). Consequentemente, não existem meios específicos de defesa dos contribuintes, devendo estes recorrer aos meios reativos gerais (e.g., reclamação graciosa, recurso hierárquico, pedido de revisão dos atos tributários, impugnação judicial, ação administrativa);

ii) Quando se está em presença de situações que justificam a aplicação da NAAG, o modo de agir administrativo é um pouco diferente, desde logo porque existe um poder autónomo de valoração nas mãos da ATA que não existe no quadro de aplicação das NAAE acabadas de referir. Na verdade, aqui, as entidades administrativas podem escolher se recorrem ou não à norma antiabuso – pode, por exemplo, ser suficiente a mera requalificação do negócio ou da forma jurídica utilizada pelas partes, daí retirando as devidas consequências fiscais [288]–, ponderando quer a específica factualidade subjacente à situação em concreto, quer as normas e institutos que consideram estar a ser abusivamente utilizados, em ordem a averiguar a existência ou não de artificialidade e de razões económicas válidas. Sem se tratar de um poder discricionário – bem longe disso, atendendo à ampla possibilidade de sindicância jurisdicional e à existência de situações em que a vontade

[287] Cf. art. 58.º da LGT.

[288] Cf. art. 36.º, n.º 4, da LGT. Quanto às possíveis dificuldades de separação entre as duas situações (aplicação da NAAG e mera requalificação da forma jurídica), v. o já citado acórdão do STA de 27 de janeiro de 2016, processo n.º 01720/13.

administrativa é *vedada* [289] –, não pode deixar de se reconhecer ao aplicador uma larga margem de apreciação e de ponderação, no sentido de se devolver para o seu juízo a decisão de subsunção. Mas não apenas. O agir administrativo aqui é substancialmente distinto também porque existe um procedimento tributário autónomo a observar, o qual deve ser levado a efeito, sob pena de se incorrer em vício procedimental (preterição de formalidades) invalidante das decisões administrativo-tributárias posteriores. Em rigor, tal procedimento, não obstante a ênfase colocada pelo legislador [290], não se afasta substancialmente das fases normais de qualquer outro, passando pelo *iter* iniciativa → instrução → audição → decisão (normalmente , um ou mais atos de liquidação [291]) → integração de eficácia (notificação), sucedendo apenas que se aditam algumas especificidades, como sejam:

- Existe uma reserva de competência, na medida em que a aplicação da NAAG é obrigatoriamente autorizada pelo dirigente máximo do serviço ou pelo funcionário em quem ele tiver delegado essa competência[292];
- O prazo para o exercício do direito de audição por parte do visado é um pouco mais lato do que o prazo geral, fixando-se aqui em 30 dias a contar da notificação do projeto de decisão de aplicação da NAAG [293];
- Esse projeto e a própria decisão estão sujeitos a um especial e acrescido dever de fundamentação, devendo conter necessariamente a descrição da construção ou da série de construções que foi realizada com abuso das formas jurídicas; a demonstração de

[289] Cf. art. 63.º, n.º 8, do CPPT, nos termos do qual a aplicação da NAAG não é possível se o contribuinte tiver solicitado à administração tributária informação vinculativa sobre os factos que a tiverem fundamentado e a mesma não tiver respondido no prazo de 150 dias.

[290] Cf. art. 63.º, n.º 1, do CPPT.

[291] Embora se admita que o desfecho normal de aplicação da NAAG seja a existência de liquidações, tal não é absolutamente necessário (apesar da literalidade do n.º 1 do art. 63.º do CPPT), pois podem resultar, por exemplo, revogações de benefícios fiscais ou outras vantagens.

[292] Cf. art. 63.º, n.º 7, do CPPT.

[293] Cf. art. 63.º, n.º 5, do CPPT.

que essa construção ou série de construções foi realizada com a finalidade principal ou determinante de obter uma vantagem fiscal abusiva [294]; e a identificação dos negócios ou atos que correspondam à substância ou realidade económica, bem como a indicação das normas de incidência que se lhes aplicam [295].

Naturalmente que o visado (contribuinte) tem o direito de exercer o contraditório pleno, apresentando as provas que considerar pertinentes (dentro do quadro probatório admitido em Direito, claro) [296]. Poderá, por exemplo, procurar demonstrar a realidade das construções ou transações por meio de depoimentos de peritos na área económica em causa (refutando a "imputação de artificialidade"), ou poderá por meio de prova testemunhal ou documental tentar demonstrar que o principal propósito da operação em crise assentava em razões económicas válidas (refutando a "imputação" de intenção de obter uma vantagem abusiva). Importa ainda sublinhar que se está aqui em presença de uma situação em que a abertura da via contenciosa de sindicância depende do prévio esgotamento das vias administrativas, pois uma eventual impugnação judicial de atos de liquidação resultantes da aplicação da NAAG deverá ser obrigatoriamente precedida de reclamação graciosa (reclamação prévia necessária)[297].

2.2.5. Recurso a métodos indiretos de avaliação

Outro meio operativo que a administração pode utilizar para enfrentar os comportamentos de evasão e fraude fiscais materializa-se no recurso

[294] A este respeito, a jurisprudência tem entendido que a prova exigida no âmbito de aplicação da NAAG "não pode ser uma prova diabólica", isto é, não é exigível que a administração tributária faça prova de que o sujeito passivo optou por determinada construção para intencionalmente evitar a tributação, bastando que demonstre que a operação realizada não tem um propósito racional à luz do ordenamento jurídico. Em todo o caso, tal não significa que a administração construa uma simples "narrativa", tornando-se essencial que esta assente em regras de plausibilidade. V., por exemplo, o já citado acórdão STA de 12 de janeiro de 2022, processo n.º 02507/15.6BEBRG.

[295] Cf. art. 63.º, n.º 3, do CPPT. Quanto às especificidades relativas às construções artificiosas envolvendo substitutos tributários, v. o n.º 4, alínea *b)*, o n.º 8, e ainda o n.º 12 do mesmo preceito.

[296] Cf. art. 63.º, n.º 6, do CPPT.

[297] Cf. art. 63.º, n.º 11, do CPPT.

a indícios, a presunções, ou a outros indicadores ou fatores que permitam atingir uma verdade material aproximada (considerando que a *pura* verdade material não pode ser alcançada em decorrência das manobras elisivas dos obrigados tributários).

Com efeito, tendo a evasão e a fraude fiscais na sua génese atuações desconformes com o ordenamento – seja, como vimos, ao nível dos fins, ao nível dos meios, ou de ambos –, torna-se difícil, se não impossível, comprovar a realidade dos factos, atos e operações, não restando outro caminho que não seja a tributação por aproximação, recorrendo aos parâmetros e valores que, em circunstâncias normais e equivalentes, os sujeitos atingiriam: margens médias de lucro, taxas médias de rentabilidade de capital, coeficientes técnicos de consumos, localização e dimensão da atividade exercida, custos presumidos, valor de mercado dos bens ou serviços tributados [298]. Neste sentido, do mesmo modo que as inspeções tributárias ou os acessos diretos a dados bancários, também a tributação com base em avaliação indireta – que reveste sempre carácter excecional e subsidiário relativamente à avaliação direta [299] – pode constituir um modo minimamente eficaz de combater abusos ou, pelo menos, de minimizar os respetivos efeitos. Convém não perder de vista que frequentemente o fisco não conhece, nem pode conhecer, a origem ou a materialidade inerente a determinado comportamento evasivo ou fraudulento (por exemplo, não sabe nem consegue saber a fundamentação de certo preço recebido, a verdadeira localização de determinada operação, ou a justificação para certo custo incorrido), e, em outros casos, até podendo aceder à base ou fonte probatória, não pode nesta confiar, atenta a falta de credibilidade dos elementos disponíveis (declarações, registos contabilísticos, contratos ou minutas, etc.). Por isso, a avaliação indireta é utilizada quando se constata a inexistência ou insuficiência de elementos de contabilidade, a recusa de exibição de documentos legalmente exigidos, a existência de diversas contabilidades, entre outras ocorrências [300].

[298] Cf. art. 90.º, n.º 1, da LGT.

[299] Cf. art. 85.º, n.º 1, da LGT.

[300] Cf. arts. 87.º e 88.º da LGT.

Em termos procedimentais, na avaliação indireta recai sobre a administração o ónus da prova da verificação dos respetivos pressupostos, cabendo ao sujeito passivo o ónus da prova do excesso na quantificação[301].

2.2.6. Medidas cautelares

Um último modo de enfrentamento que pode aqui ser aludido no contexto das práticas abusivas e fraudulentas em matéria fiscal corporiza-se na efetivação de medidas cautelares por parte da administração tributária. Trata-se de um conjunto de meios bastante agressivos e intrusivos, com natureza antecipatória, que estão pensados para as situações em que os meios ditos "normais" – aliados ao também "normal" decurso do tempo – não se compadecem com a rapidez da vida e com o engenho ou a astúcia dos contribuintes ou obrigados tributários. Significa isto que se a administração e os seus órgãos ou agentes agirem de acordo com os meios e tempos correntes (morosos, burocráticos), dificilmente se conseguirão investigações que verdadeiramente descubram e atinjam os esquemas e construções artificiosas daqueles, muitas vezes com um revestimento de complexidade técnica que demora tempo a estudar, analisar e descobrir. Ademais, com o passar do tempo, o risco de esses mesmos sujeitos "apagarem" provas (perigo de delapidação probatória) vai aumentando significativamente, resultando provável que as investigações sejam votadas ao insucesso, premiando os infratores.

Ora, atendendo à imperiosa necessidade de descoberta da verdade material, a administração tributária tem ao seu dispor um conjunto de poderes que lhe permitem antecipar-se aos potenciais evasores, blindando as provas e impedindo que estes as manipulem ou façam desaparecer, como sejam a apreensão de bens, valores, mercadorias, elementos documentais e suportes informáticos ou a selagem de instalações. Estas *medidas cautelares administrativas* podem ser levadas à prática pela própria administração, sem dependência de autorização judicial, e mediante respeito dos princípios da proporcionalidade (estrita necessidade, adequa-

[301] V. art. 74.º, n.º 3, da LGT.

ção e ponderação quantitativa da medida em causa) e da obrigatoriedade de fundamentação [302].

2.2.7. Ação criminal e contraordenacional

Além dos meios propriamente tributários de enfrentamento dos comportamentos de evitação fiscal abusiva (interpretação de normas, requalificação de atos, investigação, divulgação de esquemas, aplicação de normas de normas antiabuso, utilização de métodos indiretos, medidas cautelares), a administração tem ainda ao seu dispor meios sancionatórios, cuja vocação, como bem se entende, se relaciona com a repressão (punição) de comportamentos infratores. Trata-se, aqui, já não de procurar antecipar, investigar ou corrigir os efeitos distorsivos decorrentes da evasão ou da fraude, mas antes de punir os sujeitos pela prática de um comportamento que *já violou* – melhor dito: que *se considera* que já violou – o ordenamento jurídico.

Considerando que, neste contexto, já não se está em presença de meios tributários propriamente ditos, mas de meios enquadrados por outros segmentos jurídicos (Direito Criminal e Direito Contraordenacional), a menção que aqui se fará resumir-se-á a aspetos genéricos e basilares, remetendo maiores desenvolvimentos para os respetivos quadros legais, jurisprudenciais e doutrinais.

Na prática, importará apenas enfatizar que a administração dispõe, neste particular âmbito, de três tipos de prerrogativas ou competências:

- Tomada de conhecimento de infrações ("aquisição da notícia", "levantamento de auto de notícia"), no seguimento de atuação própria, de participações (entidades públicas), de denúncias (qualquer pessoa, em geral) ou de declarações do próprio infrator (a pedir a regularização da situação tributária) [303];
- Competências de instauração de procedimentos sancionatórios (criminais ou contraordenacionais) [304];

[302] V. arts. 28.º, n.º 2, alínea *g)*, e 30.º, n.ºs 1 e 2, do RCPITA. Quanto às medidas cautelares de natureza judicial (arresto e arrolamento), v. art. 31.º do RCPITA.

[303] Cf. arts. 35.º, n.º 1, 56.º e 60.º do RGIT.

[304] Cf. arts. 40.º, n.º 4, 54.º e 58.º do RGIT.

– Competências para a prática de atos de investigação (atos de inquérito) [305].

Será ainda importante mencionar que, do ponto de vista orgânico, embora na maior parte das situações os atos materiais respeitantes à investigação sejam praticados por agentes da administração tributária e aduaneira *stricto sensu* (*v.g.*, o diretor-geral, o subdiretor-geral para a área da Inspeção Tributária e Aduaneira, ou os Diretores de Finanças), pode suceder que outras entidades públicas também titulem poderes funcionais nesta matéria e sejam, por isso, convocadas a tomar parte nos procedimentos. Será o caso dos oficiais no exercício de funções de comando operacional nas unidades com competências tributárias da Guarda Nacional Republicana [306], e de várias outras entidades, como, por exemplo, a Polícia de Segurança Pública (PSP), a Autoridade de Segurança Alimentar e Económica (ASAE), a Inspeção dos Centros Regionais de Segurança Social (ISS), ou o Serviço de Estrangeiros e Fronteiras (SEF).

Em tudo o mais, como se disse, remete-se para os segmentos legais atinentes.

[305] Cf. arts. 40.º, n.ºs 1, 2 e 3, e 41.º do RGIT.

[306] Cf. art. 40.º, n.º 3, alínea *c)*, do RGIT.

Parte III
Tipos paradigmáticos de comportamentos de evitação fiscal

§ Sequência

Nos desenvolvimentos antecedentes procurou-se estabelecer (na Parte I) uma moldura jurídica teorética que permitisse compreender os diversos comportamentos de evitação fiscal (planeamento, evasão e fraude), incidindo particularmente a atenção nas dimensões concetual, tipológica e valorativa (axiológica), mas sempre de modo abstrato, objetivo, e desprendido de perspetivas *interessadas*, seja do fisco, seja dos contribuintes ou outros obrigados tributários. Após isso, na Parte II, o intuito foi captar tais comportamentos na perspetiva dos poderes impositivos (estaduais e não estaduais), principalmente nas situações em que se justificava uma reação vigorosa da parte dos mesmos, por se estar em presença de comportamentos evasivos ou fraudulentos que implicariam a erosão das bases de tributação, a perda de receitas e o comprometimento dos desígnios fundamentais do ordenamento jurídico, bem assim como a sua própria sustentabilidade. Pois bem, chegou o momento de perspetivar os comportamentos de evitação fiscal no enfoque dos contribuintes, abordando as temáticas do ponto de vista das possibilidades de poupança fiscal e do eventual sucesso das mesmas, expondo alguns casos relevantes.

A tal propósito se dedicará esta Parte III.

Do ponto de vista de alinhamento, adverte-se desde já que se trata de uma apresentação meramente exemplificativa, pois resulta impossível uma análise exaustiva, dado que existirão tantas possibilidades de planeamento quantas as aberturas concedidas pelo normador (ao que se deve aditar o alcance imaginativo e engenhoso dos sujeitos envolvidos).

Metodologicamente, a apresentação discursiva não será, porque não pode ser, uniforme, uma vez que, dependendo da diferente complexidade das temáticas, justificar-se-ão nuns casos maiores aprofundamentos e mais densos desdobramentos sistemáticos, enquanto em outros a linearidade será a tónica característica.

Por outro lado, e como se compreende, nesta parte, a componente positivística-localizada será acentuada, considerando que os exemplos a apresentar terão por referência exclusiva o ordenamento jurídico-fiscal português, sem prejuízo de alguns momentos de estraneidade.

Ademais, alguns dos casos expostos consubstanciarão verdadeiros exemplos de planeamento, na medida em que serão absolutamente lícitos ou até induzidos pelos normador; outros, porém, serão casos de fronteira, levantando-se a dúvida sobre a qualificação como planificadores ou evasivos. Quando assim for, sinalizar-se-á em modo de remissão (para a Parte II) a respetiva reação do ordenamento jurídico.

Sistematicamente:

- Começar-se-á a análise colocando o acento tónico nas áreas típicas de planeamento, isto é, as zonas claras e transparentes, nas quais o legislador não deixa espaços para qualquer dúvida relacionada com a conformidade, considerando-se a atuação de evitação absolutamente lícita e conforme. Aqui se incluirão as situações nas quais os contribuintes optam por regimes de tributação (globais ou específicos) legalmente consagrados (apartado 1.);
- Num segundo momento, serão abordadas várias situações relativamente às quais as dúvidas de conformidade podem emergir, daí resultando incertezas quanto à qualificação como planeamento ou como evasão [apartados 2. (deslocalização), 3. (negócios indiretos), 4. (entidades controladas), 5. (preços e valores), 6. (reorganização empresarial), 7. (gastos, prejuízos e endividamento) e 8. (dispositivos ambíguos)]. Como já se percebeu, e como se reforçará devidamente aquando da específica abordagem, tal qualificação não é intuitiva nem conseguida *a priori* – pois o comportamento não será *em si* planificador ou evasivo –, tudo dependendo da concreta configuração dada ao ato, contrato ou construção;
- Para o final serão deixadas algumas menções para situações que não são comummente referidas nestes âmbitos temáticos e que não são encaradas como formas de evitação fiscal, embora, como se pro-

curará demonstrar, possam ser utilizadas nesse sentido. Fala-se do recurso a instrumentos adjetivos (procedimentos e processos) como modo de afastamento, redução ou diferimento fiscal (apartado 9).

1. Preferência por regimes de tributação

O modo porventura mais intuitivo de se obter poupança fiscal revela-se nas situações em que é o próprio criador normativo a criar regimes vantajosos e a possibilitar escolhas com efeitos fiscais relevantes, em termos de essas escolhas (efetuadas pelos sujeitos passivos) poderem conduzir a poupanças significativas de imposto.

Em tais casos, os sujeitos optam pelo regime X ou pelo regime Y, em função das concretas circunstâncias que rodeiam a situação em causa. Tais circunstâncias tanto podem ter natureza pessoal ou subjetiva (ser ou não casado ou unido de facto, ter ou não dependentes, ser ou não residente, etc.) como real ou objetiva (exercer determinada atividade a título individual ou societário, estar em início de atividade ou não, ter ou não muitos gastos ou encargos, investir num determinado segmento ou em outro, localizar os estabelecimento da empresa num sítio ou em outro, etc.), mas, em qualquer dos casos, serão determinantes para a consecução do eventual afastamento, redução ou diferimento fiscal. É em função delas e por causa delas – das circunstâncias – que as eventuais vantagens serão obtidas, o que vale por dizer que não é possível afirmar que determinado regime fiscal é aprioristicamente benéfico, tudo dependendo do específico revestimento fáctico e jurídico que o envolve.

Os regimes fiscais podem configurar-se como globais (quando repercutem a sua relevância na situação fiscal global do sujeito passivo em questão, seja ele pessoa singular, pessoa coletiva, ou equiparada) ou específicos (quando essa repercussão se faz notar apenas numa particular esfera ou num particular segmento da sua existência ou atuação, como, por exemplo, ao nível da quantificação do rendimento líquido de certa categoria; do enquadramento fiscal de determinado ato, contrato ou construção; do tratamento fiscal de resultados negativos ou da dedutibilidade de um específico encargo), e será atendendo a esta bipartição que a análise subsequente se desdobrará

Importa alertar que não se consideram aqui os regimes favoráveis que resultam de inserção automática ditada pelo preenchimento de determinados pressupostos, pois, como bem se perceciona, aí não existe qualquer opção nesse sentido (não havendo, como tal, qualquer comportamento voluntário que permita qualificar a atuação como "planeamento").

1.1. Regimes globais de tributação

Como acabou de se referir, os regimes globais são, para os atuais propósitos, aqueles que repercutem a sua relevância na situação fiscal global do sujeito passivo em questão. Nos desenvolvimentos que se seguem, e por opção expositiva e pedagógica, selecionam-se dois distintos regimes, um atinente ao IRS e outro ao IRC, como modo de procurar evidenciar a relevância destas eleições ou escolhas quando efetuadas, quer por pessoas singulares, quer por pessoas coletivas: o regime de tributação conjunta (em IRS) e o regime especial de tributação dos grupos de sociedades (em IRC).

Em qualquer dos casos, não interessarão tanto as singularidades, particularidades ou minudências de regime – não se trata, recorde-se uma vez mais, de *fiscalidade* –, mas antes a captação do sentido global dos institutos, de modo a enquadrá-los numa adequada teoria jurídica do planeamento fiscal.

1.1.1. Regime de tributação conjunta (IRS)

Ao contrário do que acontece com os sujeitos passivos de IRS que não estão nessa condição – que não dispõem, neste contexto, de qualquer escolha –, os sujeitos casados (e não separados judicialmente de pessoas e bens) ou unidos de facto, desde que residentes [307], têm ao seu dispor uma possibilidade de opção entre dois distintos regimes, que são a tributação separada e a tributação conjunta, daí podendo retirar algumas vantagens ou minimizar algumas desvantagens.

[307] O referido no texto não prejudica que os sujeitos passivos residentes noutro Estado-Membro da União Europeia ou do Espaço Económico Europeu com o qual exista intercâmbio de informações em matéria fiscal, quando sejam titulares de rendimentos obtidos em território português, que representem, pelo menos, 90% da totalidade dos seus rendimentos relativos ao ano em causa (incluindo os obtidos fora), possam optar, consoante os casos, *(i)* pela tributação de acordo com as regras aplicáveis aos sujeitos passivos não casados residentes ou *(ii)* pelo regime da tributação conjunta desses mesmos residentes, desde que preenchidos determinados pressupostos legalmente previstos (art. 17.º-A, n.os 1 e 2, do CIRS).

No regime de tributação separada, o IRS é apurado segregadamente em relação a cada cônjuge ou unido de facto, apresentando cada um deles uma declaração autónoma com os seus próprios rendimentos e deduções (e dos dependentes a seu cargo), e sendo a cada um deles imputada uma dívida individual de imposto [308]; já no regime da tributação conjunta, tal apuramento é efetuado com base na soma (englobamento) dos rendimentos de todos os elementos do agregado familiar e respetivas deduções, mediante a apresentação de uma declaração conjunta e a geração de um dívida imputada a ambos a título solidário, podendo esta ser exigida pela administração tributária *a qualquer um deles* [309].

Relacionando esta temática com matérias já acima abordadas, será relevante ter presente que este é um domínio em que se verifica uma significativa importação de conceitos oriundos de outros ramos de Direito – especificamente, do Direito da Família –, embora com alcance diverso: enquanto os conceitos de "cônjuge" e de "unido de facto" são utilizados precisamente com o mesmo sentido que originariamente têm [310], já o de "agregado familiar" é substancialmente modificado, pois existe uma noção muito própria e específica para efeitos de IRS (que não coincidirá com muitos "agregados" para efeitos civilísticos) [311]. Aliás, até nem é incomum serem precisamente as normas de outros segmentos do Direito a adotarem o conceito de agregado utilizado pelo CIRS.

Ora, sendo o IRS (por imposição constitucional [312]) um imposto progressivo, naturalmente se percebe que se as consequências fossem apenas as expostas, as vantagens da opção pela tributação conjunta seriam nulas ou irrelevantes, limitando-se a uma mera diferença na obrigação burocrática de entrega de declaração. Na verdade, a junção dos rendimentos de ambos os cônjuges ou unidos de facto – além dos eventuais rendimentos dos dependentes que integrassem o agregado – iriam projetar as taxas para valores superiores, atendendo às mais do que prováveis mudanças de escalão, e não haveria, por tal motivo, qualquer incentivo

[308] Cf. arts. 13.º, n.º 2, e 59.º, n.º 1, do CIRS.
[309] Cf. arts. 13.º, n.º 3, e 59.º, n.º 2, do CIRS.
[310] V., por exemplo, art. 1.º, n.º 2, da Lei n.º 7/2001.
[311] Cf. art. 13.º, n.ºs 4 e 5, do CIRS.
[312] V. art. 104.º, n.º 1, da CRP.

para se fazer planeamento e, mais do que isso, seria até um desincentivo a que a tributação fosse conjunta. Ninguém iria optar por um regime que teria quase certamente a inelutável consequência de ficar a pagar mais.

Precisamente para que não se configure como uma opção artificial, o legislador cuidou de encontrar um esbatimento dos eventuais efeitos negativos decorrentes da opção pela tributação conjunta e do englobamento dos respetivos rendimentos, prescrevendo a aplicação de um quociente conjugal, em termos de as taxas gerais aplicáveis ("no final do ano") serem as correspondentes ao rendimento coletável dividido por dois [313]. Por exemplo, concebendo-se uma situação na qual o cônjuge A aufere um rendimento anual de € 10 000 e o cônjuge B um rendimento de € 90 000, resultariam da aplicação deste regime as seguintes consequências:

- Caso não haja opção pela tributação conjunta, cada um deles verá aplicadas ao seu rendimento as taxas correspondentes ao respetivo quantitativo (€ 10 000, num caso, e € 90 000, no outro);
- Caso exista essa opção, juntando-se os dois rendimentos, aplicar-se-iam as taxas correspondentes a € 50 000 (i. é, € 100 000 a dividir por dois).

Embora as consequências possam ser bem mais complexas do que o que resulta do simplesmente exposto, até intuitivamente se percebe que, do estrito ponto de vista quantitativo, na tributação conjunta um dos cônjuges (A) "fica a perder" e o outro (B) "fica a ganhar", embora tudo dependa, no cômputo global, das deduções eventualmente aplicáveis e, principalmente, do efeito de economia em comum que se possa potenciar.

Outra consequência decorrente da opção pela tributação conjunta situa-se ao nível da tributação que é efetuada, não no final, mas *durante* o período financeiro por meio das taxas de retenção na fonte aplicáveis aos rendimentos do trabalho dependente e das pensões. Trata-se, como se sabe, de retenções a título de pagamento por conta do imposto devido a final, e as mesmas são efetuadas com base em tabelas aprovadas anual-

[313] Cf. art. 69.º, n.º 1, do CIRS.

mente e nas quais a situação conjugal (e o número de dependentes) é extremamente relevante, pois o respetivo quantitativo vai variando em função da mesma. Em termos práticos, o valor das retenções a efetuar (por exemplo, por parte da entidade patronal) será diferente para os "casados" (*rectius*: casados e não separados judicialmente de pessoas e bens ou unidos de facto que tenham exercido a opção pela tributação conjunta) e para os "não casados", tudo dependendo da concreta configuração do agregado, da opção exercida, e da fonte dos rendimentos em causa.

Ainda um outro aspeto importante a salientar – e que, na prática, pode configurar um fator de dissuasão na opção pelo regime da tributação conjunta – diz respeito às consequências que se aplicam às dividas de imposto (neste caso, especificamente do IRS). Sendo exercida a opção pela tributação conjunta, está-se perante uma situação de responsabilidade solidária [314], o que significa que o credor tributário pode exigir a qualquer dos codevedores (qualquer dos cônjuges) o pagamento integral da dívida, ficando o outro exonerado em caso de pagamento pelo primeiro. Além disso, aquele que pagar a totalidade poderá ter depois direito a exigir do outro um eventual *regresso*. Reitera-se este ponto: o credor pode exigir o *pagamento integral* da dívida, não podendo os cônjuges pretender eximir-se com base no argumento de que apenas terão contribuído com um determinado valor para o cômputo do rendimento global (agregado, englobado). É este o preciso alcance do regime da solidariedade (um regime, uma vez mais, decorrente da lei civil [315]).

Enfim, e em resumo, numa ótica de planeamento fiscal, a opção pelo regime da tributação conjunta poderá configurar-se como vantajosa se forem ponderados diversos fatores, como a burocracia inerente à apresentação de declarações fiscais, o valor da matéria coletável a considerar a final, o valor das taxas de retenção a aplicar durante o ano, e o risco de pagamento integral de uma dívida elevada.

De todo o modo, não se perca de vista que a eventual vantagem fiscal obtida poderá ser esbatida ou minimizada quando em confronto com

[314] Cf. art. 102.º-C, n.º 1, do CIRS.

[315] Cf. arts. 512.º e 524.º do CC.

outros fatores que envolvem o casamento ou a união, designadamente de ordem afetiva, social, religiosa, etc.

1.1.2. Regime especial de tributação dos grupos de sociedades (IRC)

Como a própria designação sugere, o Regime especial de tributação dos grupos de sociedades (RETGS) consiste numa disciplina jurídica especial – e optativa – de determinação da matéria coletável em sede de IRC, aplicável a determinados grupos de empresas, juntando-se os resultados fiscais de todas elas numa só, e exigindo-se imposto apenas uma vez. Trata-se, em termos lineares, de considerar o agregado, e não os elementos que o compõem, como a unidade fiscal relevante.

Para os presentes efeitos, torna-se importante acentuar que a noção de "grupo de sociedades" não é unívoca, pois aquilo que por tal se pode entender diverge consoante se esteja no domínio civilístico (Código das Sociedades Comerciais), contabilístico (Sistema de normalização contabilística) ou fiscal (CIRC). Por tal motivo, estando-se em presença de conceitos ou expressões jurídicas indeterminados, revela-se indispensável começar por proceder ao recorte do respetivo perímetro conceitual, de modo a eliminar ambiguidades e incompreensões.

Em termos muito gerais, a noção de grupo de sociedades remete para as ideias de *pluralidade* e de *domínio* aplicadas às sociedades – principalmente às sociedades comerciais –, em termos de se considerar como tal qualquer estrutura na qual estejam em presença, no mínimo, duas pessoas coletivas desse tipo e entre as quais exista alguma espécie de relação que permita afirmar que uma detém algum controlo sobre a(s) outra(s), seja por motivos familiares (*e.g.*, ligações de parentalidade próxima entre os titulares dos respetivos órgãos), político-gestionários (detenção de direitos de voto ou de veto nos órgãos decisores respetivos), financeiros (constituir a fonte de financiamento principal ou predominante), ou outros. Neste sentido, não existirá um grupo nas situações em que uma sociedade se "integra" em outra, perdendo a sua personalidade jurídica e consequente autonomia decisória, como sucede nos casos de fusão, que serão adiante referidos a outro propósito [316], nem naquelas em que existe

[316] V., *infra*, nesta Parte III, o apartado 6. (Reorganização empresarial).

simples partilha de estruturas organizatórias (órgãos), trabalhadores, elementos distintivos, quotas de mercado, etc., sem qualquer influência a nível decisório.

Já num sentido mais restrito, o ordenamento jurídico cuida de recortar um conceito mais preciso, exigindo a verificação de alguns requisitos para que a realidade societária grupal se dê por verificada. Não negligenciando que outros sentidos possam existir [317], para efeitos fiscais um grupo de sociedades consistirá numa estrutura empresarial na qual uma sociedade (dominante) detém, direta ou indiretamente, pelo menos, 75% do capital de outra ou outra [dominada(s)], desde que tal participação lhe confira mais de 50% dos direitos de voto [318]. Serão, pois, dois os requisitos primários ou essenciais *cumulativos* para que este instituto *exista* fiscalmente – participação social e real possibilidade decisória –, importando salientar que qualquer destas circunstâncias isoladamente considerada não permitirá a assunção de se estar perante um grupo para estes propósitos: nem a participação maioritária no capital desacompanhada da maioria dos direitos de votos, nem a maioria dos direitos de voto sem maioria do capital. Além disso, a sociedade dominante deve ser titular da participação há mais de um ano (com referência à data em que se inicia a aplicação do regime), não pode ser considerada dominada de nenhuma outra sociedade residente em território português, nem pode ter renunciado à aplicação do regime aqui em menção nos três anos anteriores (com referência à data em que se inicia a aplicação do regime) [319].

Porém, tal não será suficiente. Para além dessas imposições, o legislador requer, em regra, que todas as sociedades do grupo [320]:

- Assumam a forma jurídica de sociedade por quotas, sociedade anónima ou sociedade em comandita por ações;

[317] Como se disse, este conceito (de grupo de sociedades) não é unívoco ou sequer transversal a todo o ordenamento jurídico, havendo a distinguir diferentes enfoques consoante o segmento normativo em causa. Por exemplo, para efeitos civis, v. arts. 482.º e ss. do CSC, e, para efeitos contábeis, arts. 2.º e 6.º do DL n.º 158/2009, na versão resultante da republicação operada por determinação do DL n.º 98/2015.

[318] Cf. art. 69.º, n.º 2, do CIRC.

[319] Cf. art. 69.º, n.º 3, alíneas *b)*, *c)* e *d)*, do CIRC.

[320] Cf. art. 69.º, n.ºs 3 e 4, do CIRC.

- Sejam residentes fiscais (isto é, tenham sede ou direção efetiva em território português) [321];
- Vejam a totalidade dos seus rendimentos sujeita ao regime geral de tributação em IRC, à taxa normal mais elevada;
- Adotem um período de tributação coincidente com o da sociedade dominante;
- Se encontrem em atividade;
- Não estejam em processo especial de recuperação ou de insolvência;
- Não registem prejuízos fiscais nos exercícios anteriores ao do início da aplicação do regime.

Em termos puramente fiscais, o RETGS assenta essencialmente na ideia de que o lucro tributável do grupo é calculado pela sociedade dominante, através da soma algébrica dos lucros tributáveis e dos prejuízos fiscais apurados nas declarações periódicas individuais de cada uma das sociedades pertencentes ao grupo.

Constata-se, assim, que o legislador português não assume, nem a autonomia fiscal plena de cada sociedade do agregado – o que, a acontecer, levaria a que cada uma delas visse o respetivo lucro tributável calculado de modo individual, sobre o mesmo incidindo o respetivo imposto –, nem, opostamente, a sua diluição no grupo – caso em que os respetivos rendimentos e gastos seriam como que "transferidos" para a sociedade dominante e calculados nesta e por esta. Diversamente, fica como que "a meio caminho": os resultados fiscais (lucros tributáveis ou prejuízos) são inicialmente calculados ao nível da base (sociedades dominadas) e, num segundo momento, agregados por via da sua soma algébrica –

[321] Em certas condições, pode igualmente optar pela aplicação do RETGS a sociedade dominante que seja residente de um Estado-Membro da União Europeia (ou de um Estado do Espaço Económico Europeu que esteja vinculado a cooperação administrativa no domínio da fiscalidade equivalente à estabelecida no âmbito da União). Neste caso, a opção pelo regime depende da indicação à ATA de um nexo especial de ligação (uma espécie de "representante"), mais especificamente, uma sociedade pertencente ao grupo, com sede e direção efetiva em território português ou um estabelecimento estável aqui situado, para assumir a responsabilidade pelo cumprimento de todas as obrigações que incumbem à sociedade dominante (cf. art. 69.º-A, em especial os n.ºs 1, 3 e 4, do CIRC).

considerando os valores positivos e negativos – na pessoa da sociedade dominante.

Assim:

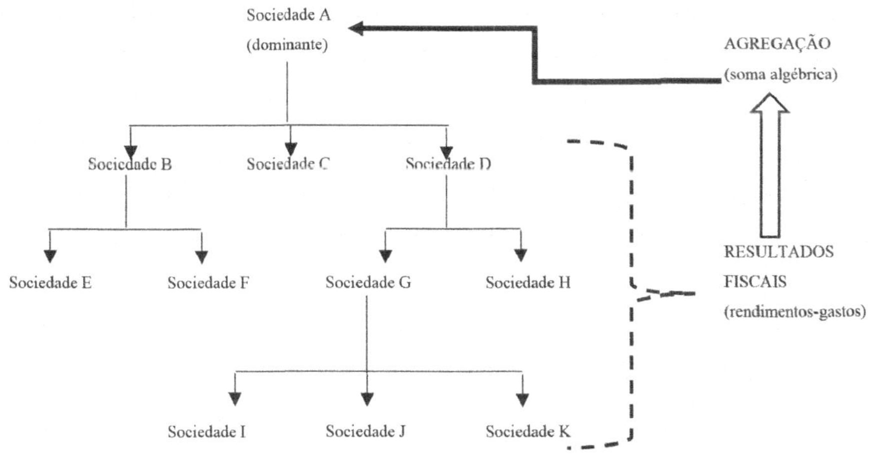

À tributação dita "normal", decorrente do IRC, acrescem as derramas estadual e local, as quais consistem em impostos "adicionais" sobre os lucros, a primeira a favor do Estado (central), a segunda a favor dos municípios de localização das sociedades ou dos estabelecimentos. Num caso e no outro, a derrama incide sobre o lucro tributável individual de cada uma das sociedades do grupo [322].

Por outro lado, quando, em determinadas sociedades, se apurem resultados negativos (prejuízos fiscais), os mesmos podem, no âmbito do grupo, ser deduzidos aos resultados positivos das outras, embora o legislador tenha o cuidado de estabelecer algumas limitações, como, por exemplo, a exigência de que os prejuízos verificados em períodos de

[322] Cf. arts. 87.º-A, n.º 3, do CIRC e 18.º, n.º 16, da Lei n.º 73/2013 ("Lei das finanças locais"). No sentido em que a consideração individualizada de cada sociedade para efeitos de apuramento da derrama não se afigura como um desvio arbitrário ou inconstitucional ao regime especial de tributação dos grupos de sociedades, v. acórdão do TC n.º 430/2016.

tributação anteriores ao do início de aplicação do regime só possam ser deduzidos ao lucro tributável do grupo, até ao limite do lucro tributável da sociedade a que respeitam. Além disso, o prejuízo do próprio grupo apenas pode ser deduzido até ao limite máximo de 70% do lucro tributável do mesmo [323].

Como se disse, o regime aqui em apreciação é um regime optativo, não automático, dependendo de um ato de vontade a formular em requerimento pela sociedade dominante, sobre a qual, aliás, incumbe o *ónus probandi* de demonstrar a verificação de todas as circunstâncias constitutivas para adesão a este regime [324]. O próprio legislador é enfático a este respeito, ao prescrever que a sociedade dominante "pode optar" pela aplicação, devendo para tal proceder à respetiva comunicação à ATA até ao fim do 3.º mês do período de tributação em que se pretende iniciar a mesma [325].

Inversamente, o regime poderá ver a sua aplicação cessada de dois modos: *(i)* automaticamente – em geral, quando os requisitos legalmente exigidos para a pertença ao grupo deixem de se verificar, ou quando o lucro tributável de qualquer das sociedades integradas seja determinado com recurso à aplicação de métodos indiretos [326] –, ou *(ii)* voluntariamente, nos casos em que a própria sociedade dominante assim o entende e apresenta uma *declaração de renúncia* (até ao fim do 3.º mês do período de tributação em que se pretende renunciar) [327].

* * *

Além das eventuais vantagens ao nível da gestão, da competitividade empresarial e da valorização de marcas e imagens, o grupo de sociedades permite obter algumas vantagens a nível fiscal e, por este motivo, pode configurar-se como um instrumento de planeamento. De entre essas

[323] Cf. art. 71.º do CIRC (com remissão para o art. 52.º do mesmo diploma).

[324] Cf. art. 69.º, n.º 12, do CIRC. A respeito dessa natureza optativa ou facultativa, v., por exemplo, e uma vez mais, o acórdão do TC n.º 430/2016.

[325] Cf. art. 69.º, n.ºs 1 e 7, alínea *a)*, do CIRC.

[326] Cf. art. 69.º, n.º 8, do CIRC.

[327] Cf. art. 69.º, n.º 7, alínea *c)*, do CIRC.

vantagens, salienta-se desde logo a eliminação da dupla tributação económica de lucros, pois existe apenas um nível de tributação, na esfera da sociedade dominante. Por conseguinte, eventuais lucros ou resultados distribuídos entre as diversas sociedades dominadas do grupo ficam desonerados de IRC, na medida em que estas não pagam imposto na sua pessoa jurídica.

Para além disso, permitindo-se a soma algébrica (isto é, com componentes positivas e negativas) dos diversos resultados das sociedades do grupo, possibilita-se a dedução dos prejuízos fiscais *intragrupo*, o que equivale a dizer que aos resultados positivos de umas sociedades deduzem-se os resultados negativos de outras, podendo obter-se uma clara diminuição da matéria coletável "consolidada", e, consequentemente, da coleta apurada e do imposto a pagar. Nesta perspetiva, a integração no grupo de sociedades com resultados negativos (prejuízos) pode ser claramente vantajosa.

Acresce que os rendimentos devidos à sociedade dominante por parte de sociedades dominadas estão desonerados de retenção na fonte em IRC (a título de pagamento por conta), desde que os rendimentos respeitem a períodos a que o RETGS seja aplicado [328].

1.2. Regimes específicos de tributação

Após a alusão a alguns regimes globais suscetíveis de opção planificadora por parte dos sujeitos passivos, chegou o momento de dedicar atenção a alguns regimes específicos, os quais, como se disse, projetam os seus efeitos e eventuais vantagens numa particular área de atuação fiscalmente relevante, seja ao nível de um determinado imposto, seja, dentro deste, ao nível de uma particular espécie de facto tributário.

Com propósitos meramente exemplificativos, serão sucessivamente referidos os seguintes:

[328] Cf. art. 97.º, n.º 1, alínea *e)*, do CIRC. Numa perspetiva diferente, considerando o enfoque da gestão administrativa fiscal, o RETGS apresenta-se também potencialmente vantajoso para a ATA, pois facilitam-se a inspeção e o controlo das obrigações, e reforçam-se as garantias de cobrança. Na verdade, incumbindo o pagamento do IRC à sociedade dominante, qualquer das outras sociedades do grupo é solidariamente responsável, nos termos do art. 115.º do CIRC.

- As escolhas de regime ao dispor dos sujeitos passivos da categoria B em sede de IRS (1.2.1.);
- A transparência fiscal (1.2.2.);
- A opção pelo englobamento (1.2.3.); e
- a opção de regimes ou métodos de cálculo em IVA (1.2.4.)

1.2.1. Opção de regimes por parte dos trabalhadores independentes e empresários em nome individual (sujeitos passivos da categoria B do IRS)

No âmbito da tributação dos rendimentos empresariais e profissionais em IRS, os sujeitos passivos podem abstratamente estar sujeitos a distintos conjuntos normativos, dos quais o regime simplificado, o regime de contabilidade organizada, os regimes aplicáveis às categorias A ou F, e o regime de transparência fiscal são os mais significativos. Como a este último se dedicará um apartado específico nos desenvolvimentos que se seguem, será sobre os primeiros que o presente apartado se debruçará.

1.2.1.1. Regimes simplificado e de contabilidade organizada

A opção de base que grande parte dos sujeitos passivos de IRS cujos rendimentos são enquadrados na categoria B [329] deve efetuar materializa-se na escolha entre o regime simplificado e a contabilidade organizada. Diz-se "grande parte" porque, na verdade, nem todos a podem fazer, pois para aqueles sujeitos que tenham ultrapassado, no período de tributação imediatamente anterior, um montante anual ilíquido de rendimentos de € 200 000, o regime de contabilidade organizada é obrigatório (pelo menos, neste sentido alternativo relativamente ao simplificado[330]). Os restantes – que não tenham ultrapassado tal quantitativo –, esses

[329] Tais rendimentos são, *grosso modo*, os derivados do exercício a título individual *(i)* de atividades comerciais, industriais, agrícolas, silvícolas ou pecuárias, *(ii)* de prestações de serviços ou *(iii)* de direitos imateriais, como *know-how*, direitos de autor ou direitos conexos. Cf. art. 3.º, n.º 1, do CIRS.

[330] De todo o modo, quando verificados os respetivos pressupostos, subsistem as possibilidades de sujeição aos regimes da categoria A, F ou da transparência fiscal.

sim, podem eleger o que se lhes configurar como mais vantajoso ou adequado[331].

E quais as diferenças entre um regime e outro, em termos de justificar ou basear essa escolha ou eleição?

De uma forma propositadamente desintrincada, é possível afirmar que quatro fatores são determinantes para o efeito (além, naturalmente, das obrigações contabilísticas a que se encontram submetidos os sujeitos [332]): *(i)* o modo de cálculo do rendimento líquido da categoria, *(ii)* as regras de retenção na fonte, *(iii)* o possível regime de IVA e *(iv)* a possibilidade de aproveitamento de benefícios fiscais.

Veja-se cada um destes fatores separadamente.

i) Em primeiro lugar, releva uma considerável diferença no cálculo do rendimento líquido da categoria, nos seguintes termos:

- Os sujeitos abrangidos pelo regime simplificado verão tal cálculo apoiar-se na aplicação de determinados coeficientes legalmente previstos [0,30; 0,35; 0,50; 0,75, etc.], os quais funcionarão como "determinante da dedução", abatendo-se ao rendimento declarado um valor fixo, independentemente dos gastos em que hajam eventualmente incorrido [333];
- Os sujeitos abrangidos pela contabilidade organizada, diversamente, valer-se-ão das regras do CIRC aplicáveis às pessoas coletivas residentes que exercem a título principal uma atividade de natureza comercial, industrial ou agrícola, o que vale por dizer que, em regra, o seu rendimento líquido será quantificado por meio da diferença entre proveitos (rendimentos, réditos) e custos (encargos, despesas) [334].

Por conseguinte, neste último caso (regime de contabilidade organizada), o valor do rendimento líquido da categoria poderá oscilar substancialmente, podendo ser elevado num ano – se os

[331] Cf. art. 28.º, n.º 3, do CIRS.

[332] Cf. art. 117.º do CIRS.

[333] Cf. art. 31.º, n.º 1, do CIRS.

[334] Cf. art. 32.º do CIRS, com remissão indireta para os arts. 17.º e ss. do CIRC.

proveitos ou rendimentos forem muitos e os custos ou gastos reduzidos – e pouco elevado no seguinte – se, por exemplo, houver muitos gastos –, podendo mesmo dar-se o caso de ser negativo, situação em que o respetivo prejuízo será objeto de reporte para o(s) exercício(s) seguinte(s) [335]. Pelo contrário, no regime simplificado, nunca haverá significativas oscilações nem sequer prejuízos, resultando sempre valor a pagar, pois a aplicação dos coeficientes aos rendimentos declarados redundará sempre num valor acima de zero, embora o possa ser num montante eventualmente diminuto. Deste modo, a opção racional dependerá da existência ou não de muitos encargos, pois, por exemplo, um profissional em início de carreira que tenha necessidade de realizar investimentos avultados em manutenção de imóvel, rendas, material informático, etc., poderá ter vantagem em ser abrangido pela contabilidade organizada, pois apenas desse modo poderá deduzir os encargos correspondentes (e, em caso de prejuízo, abater ou reportar os mesmos nos exercícios subsequentes); já um profissional que anteveja a existência de poucas despesas dedutíveis ficará provavelmente mais salvaguardado com a permanência no simplificado. Importa enfatizar (e repetir) que se está aqui a fazer referência ao rendimento líquido da categoria – o qual, posteriormente, ainda vai ser objeto de englobamento, juntamente com os rendimentos das restantes categorias, submetido às taxas gerais do imposto, e objeto das deduções à coleta – e não, evidentemente, ao valor do imposto a pagar;

ii) Em segundo lugar, são significativas as diferenças no que diz respeito às regras de retenção na fonte, na medida em que os sujeitos passivos abrangidos pelo regime de contabilidade – seja porque originariamente vinculados, seja por opção – são obrigados a efetuar retenção na fonte de IRS sobre determinados rendimentos, no momento do seu pagamento ou da sua colocação à disposição. Tal acontece quando são pagos rendimentos das categorias B (em específico, derivados de prestações de serviços ou de bens ima-

[335] Cf. art. 55.º do CIRS.

teriais) e F (rendimentos prediais ou rendas) [336]. Pelo contrário, os sujeitos que não estão nem devem estar abrangidos por esse regime não devem efetuar qualquer retenção. Por exemplo, um empresário em nome individual com um rendimento ilíquido de € 1 000 000 deve, ao pagar a respetiva renda ao seu senhorio, reter na fonte 25%, entregando posteriormente o quantitativo retido nos cofres do Estado; já um explicador com um rendimento ilíquido de € 50 000 não tem obrigação de o fazer (a não ser, evidentemente, se optar pela aplicação da contabilidade organizada);

iii) Em terceiro lugar, a opção projeta-se ao nível dos regimes de IVA, na medida em que beneficiam de isenção os sujeitos passivos que, não possuindo nem sendo obrigados a possuir contabilidade organizada, não tenham atingido, no ano civil anterior, um volume de negócios superior € 15 000; similarmente, a não existência dessa obrigação condiciona o regime dos denominados "pequenos retalhistas" [337];

iv) Finalmente, em quarto lugar, não se pode perder de vista que a opção por um ou outro destes regimes pode igualmente ser relevante no que concerne ao aproveitamento de benefícios fiscais, considerando que os respetivos pressupostos podem disso depender. Com efeito, frequentemente, a concessão ou o reconhecimento de regimes fiscais vantajosos tem por assumida a adoção do regime de contabilidade organizada. Assim se passa, por exemplo, com a majoração de encargos aplicáveis *(i)* à valorização salarial[338], *(ii)* à aquisição, em território português, de eletricidade e gás natural veicular (GNV) para abastecimento de veículos afetados ao transporte público de passageiros, ao transporte rodoviário de mercadorias ou ao transporte em táxi [339], *(iii)* em sistemas de

[336] Cf. art. 101.º do CIRS.

[337] Cf. arts. 53.º, n.º 1, e 60.º do CIVA.

[338] Cf. art. 19.º-B do EBF.

[339] Cf. art. 59.º-A do EBF.

carsharing e *bike-sharing* [340], ou ainda *(iv)* em embarcações eletrossolares ou exclusivamente elétricas [341].

Como se constata, a opção entre ambos os regimes transporta consequências fiscais relevantes, não sendo despicienda a eleição de um ou de outro dos sentidos, seja ao nível do valor de imposto a pagar ou a receber, seja ao nível da carga burocrática a que se pode estar sujeito, seja ainda ao nível dos benefícios a que se pode aceder ou do regime de outros impostos[342].

1.2.1.2. Regime aplicável aos rendimentos das categorias A ou F

Ainda no âmbito dos rendimentos empresariais e profissionais em IRS, o legislador permite outras opções, embora aqui recortadas de um modo bastante mais específico, desde logo ao nível de quem as pode exercer. Aqui, estão apenas em consideração os sujeitos passivos da categoria B que aufiram rendimentos derivados *(i)* de prestações de serviços – como advocacia, consultoria, parecerística, etc. –, ou *(ii)* da exploração de estabelecimentos de alojamento local na modalidade de moradia ou apartamento, pelo que, consequentemente, ficarão de fora deste âmbito optativo todos os restantes empresários em nome individual ou os sujeitos que auferem direitos de autor, por exemplo.

No que especificamente concerne aos prestadores de serviços, a opção somente será possível se tais serviços forem prestados a uma única entidade, como sucederá, por exemplo, numa situação em que um advogado tem uma *avença* com apenas um constituinte; um técnico de contas somente trabalha com uma empresa; ou um professor unicamente contratualizou com um colégio. Em tais situações, prevê o CIRS que o sujeito em questão possa, em alternativa à tributação "normal" na categoria B, optar pela tributação de acordo com as regras da categoria A (respeitante, como se sabe, aos rendimentos do trabalho dependente) [343].

[340] Cf. art. 59.º-B do EBF.

[341] Cf. art. 59.º-J do EBF.

[342] V., a propósito das possibilidades de opção por parte dos contribuintes e das prerrogativas administrativas de inserção automática nos regimes, acórdão do TCA Sul de 18 de maio de 2023, processo n.º 650/12.2BESNT.

[343] Cf. art. 28.º, n.º 8, do CIRS.

Do mesmo modo, os titulares de rendimentos de alojamento local (pessoas singulares, recorde-se, pois estamos a tematizar as questões no plano do IRS) podem optar pela tributação de acordo com as regras estabelecidas para a categoria F, que é a categoria que integra os rendimentos prediais (rendas de bens imóveis e réditos equiparados) [344].

Quais as eventuais vantagens de tal escolha?

Vários fatores se afiguram aqui determinantes:

- Em primeiro lugar, e evidentemente, tais sujeitos deixam de estar obrigados a deveres de manutenção de contabilidade organizada, desburocratizando sobremaneira a sua atividade [345];
- Em segundo lugar, o cálculo do rendimento líquido deixa de ser feito com base nas regras acima referidas (aplicação de coeficientes ou contabilização de proveitos e custos) e passa a fazer-se de acordo com as regras aplicáveis aos rendimentos do trabalho dependente – mediante dedução, consoante os casos, do montante fixo de € 4104,00 ou (quando superior) do valor das contribuições obrigatórias para regimes de proteção social e subsistemas legais de saúde[346] – ou prediais –, permitindo-se a dedução de parte significativa dos gastos com o imóvel (*e.g.*, obras e encargos de manutenção ou de conservação, ou o IMI) [347];
- Em terceiro lugar, os prestadores de serviços, enquanto credores das quantias em causa, deixam de se sujeitar às taxas de retenção na fonte aplicáveis em sede de categoria B (constantes do art. 101.º do CIRS) e passam a sujeitar-se àquelas que se aplicam na categoria A, constantes das tabelas aprovadas anualmente em anexo ao CIRS, as quais, consoante os quantitativos envolvidos e a sua situação pessoal e familiar, poderão ser bastante diversas. Em qualquer dos casos, tais retenções têm sempre a natureza de pagamento por conta do imposto devido a final, de modo que a eventual aplicação de taxas

[344] Cf. art. 28.º, n.º 14, do CIRS.

[345] Cf. art. 117.º do CIRS, lido *a contrario*.

[346] Cf. art. 25.º, n.º 1, do CIRS. Para especificidades (*e.g.*, dedução do valor de indemnizações pagas pelo trabalhador ou quotizações sindicais), v. as alíneas seguintes do preceito.

[347] Cf. art. 41.º do CIRS.

de retenção mais baixas, podendo significar um alívio durante o ano (período financeiro), poderá traduzir-se num montante mais elevado de imposto a pagar no final (ou, porventura, num reembolso mais reduzido) [348];

- Por fim, enquanto devedores (por exemplo, de rendas ou de consultorias efetuadas), deixam eles mesmos de estar vinculados à obrigação de efetuar retenção na fonte relativamente aos rendimentos que pagam, uma vez que deixam de estar obrigados a ter contabilidade organizada, o que consistia um pressuposto de tal dever [349].

Ora, em presença destas diferenças, a opção pelas regras das categorias A ou F poderá afigurar-se vantajosa, designadamente para os sujeitos que tenham poucos encargos dedutíveis, que os tenham "concentrados" em imóvel dedicado ao alojamento local, ou que, além disso, se pretendam libertar de um acervo considerável de obrigações acessórias de natureza documental.

1.2.2. Transparência fiscal (IRS)

Ao nível do ordenamento jurídico português, a transparência fiscal materializa uma estrutura jurídica de prestação de serviços que, embora não necessariamente pensada para efeitos de obtenção de poupanças fiscais – uma vez que, como melhor se procurará demonstrar, as suas finalidades se situam precisamente no quadro oposto, do combate à evasão –, pode apresentar vantagens significativas desse ponto de vista, por permitir, em certas circunstâncias, um ganho assinalável e perfeitamente lícito e legítimo. Trata-se de reconhecer que certos tipos de sociedades beneficiam, comparativamente com outras, de um regime fiscal global potencialmente apelativo e que, por tal motivo, podem ser vistas como formas jurídicas sedutoras no momento do desenho do *modus operandi* da estrutura empresarial ou prestacional.

Em termos simples, o regime jurídico da transparência fiscal subsume-se às ideias de que as sociedades transparentes estão desoneradas do pagamento de IRC e o respetivo rendimento tributável – calculado

[348] Cf. arts. 98.º e 99.º do CIRS.

[349] Cf. art. 101.º, n.º 1, *a contrario*, do CIRS.

nos termos do CIRC – é imputado diretamente aos sócios, pessoas singulares ou pessoas coletivas, sendo tributado, respetivamente, em sede de IRS ou de IRC. No fundo, e numa certa medida, tudo se passaria como se a sociedade *não existisse* para efeitos de pagamento de IRC e, neste sentido, acaba por materializar uma medida antiabuso, pois previne a criação e a interposição artificial de entidades jurídicas.

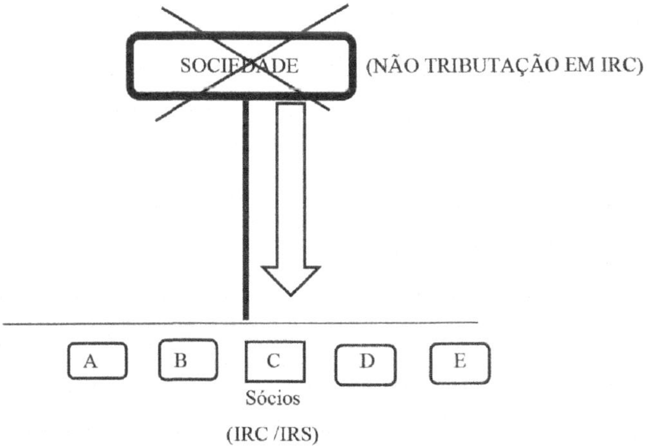

São três os pilares de regime em que a transparência fiscal assenta.

i) Em primeiro lugar, nos termos do art. 12.º do CIRC, as sociedades e outras entidades transparentes não são tributadas em IRC. A partir da redação legal do preceito, facilmente se compreende que existe uma desoneração da obrigação principal de imposto, o que não equivale a uma não sujeição, pois a adstrição relativamente a vários outros vínculos da relação jurídica tributária mantém-se, como sucede com:

   - O pagamento das denominadas "tributações autónomas" [350], como as que incidem sobre as despesas não documentadas, os

[350] As tributações autónomas (art. 88.º do CIRC) constituem taxas especiais de IRC – apesar de, na maioria dos casos, não terem por referência lucros, mas despesas ou encargos – que incidem sobre certas realidades "suspeitas" aos olhos do legislador.

encargos relacionados com viaturas, as despesas de representação (receções, refeições, viagens, passeios e espetáculos), as ajudas de custo, as importâncias pagas ou devidas a não residentes sujeitos a um regime fiscal claramente mais favorável, certas indemnizações ou compensações, os lucros distribuídos a sujeitos passivos isentos, etc.;

- O cumprimento das obrigações acessórias, designadamente as declarações periódicas de rendimentos, as declarações anuais de informação contabilística e fiscal ou as relativas à respetiva atividade (inscrição, alterações e cessação) [351].

Aliás, este é um aspeto extremamente importante, pois é precisamente por esse motivo – manutenção de outros vínculos – que não se pode qualificar a transparência fiscal como um caso de não incidência ou de não sujeição – muito menos uma desconsideração da personalidade jurídica –, dado que, como facilmente se constata, as entidades aqui abrangidas não deixam de ser sujeitos passivos de IRC. Simplesmente, deixam de estar oneradas com um dos vínculos que integram a relação jurídica tributária – porventura, o mais importante, respeitante à obrigação principal de pagamento –, mantendo, no entanto, a sujeição relativamente a vários outros (vínculos acessórios);

ii) Em segundo lugar, os rendimentos das entidades transparentes, não estando sujeitos ao pagamento de IRC, não ficam, todavia, exonerados de tributação, pois os mesmos sofrem o encargo tributário ao nível dos respetivos sócios ou membros em sede de IRS ou de IRC, consoante os mesmos sejam, respetivamente, pessoas singulares ou pessoas coletivas. Na realidade, a matéria coletável (MC) deste tipo de entidades, calculada nos termos do CIRC, é posteriormente imputada aos sócios, sujeitando-se a imposição na esfera jurídica destes. De modo a obter uma adequada perceção deste regime, importa considerar as seguintes precisões:

[351] V. art. 117.º, n.º 9, do CIRC.

- A matéria coletável da sociedade é determinada nos termos do CIRC – o art. 6.º, n.º 1, é claro ao enunciar "*determinada nos termos deste Código*" –, o que equivale a dizer que os respetivos cálculos se farão tendo por referências as regras aplicáveis à tributação das sociedades e não à tributação dos sócios;
- Essa mesma matéria coletável é posteriormente *imputada* a cada um dos sócios ou membros "nos termos que resultarem do ato constitutivo das entidades aí mencionadas" ou, caso tais termos não sejam possíveis de determinação, em partes iguais [352];
- Essa imputação terá como consequência a tributação na esfera jurídica de segundo nível (sócio), seja em sede de IRS (se o mesmo for uma pessoa singular), seja em sede de IRC (caso o mesmo seja uma pessoa coletiva ou equiparada). No caso dos sócios que são pessoas singulares, a imposição tributária far-se-á ao nível da categoria B, considerando-se o ganho como rendimento líquido dessa mesma categoria (pois eventuais despesas ou encargos já terão sido deduzidos na pessoa da sociedade transparente) [353];

[352] Cf. art. 6.º, n.º 3, do CIRC. Deve notar-se que a utilização do verbo *imputar* não é inócua, pois do que se trata é precisamente de um ato automático de atribuição do rendimento ao sócio, independentemente da vontade da sociedade. Aliás, é precisamente esta diferenciação ao nível da existência de uma vontade operativa que permite distinguir os atos de imputação dos atos de distribuição de rendimentos, os primeiros coativos e legais, os segundos voluntários e discricionários. Neste sentido, refere o mesmo preceito que essa matéria "é imputada aos sócios (...), ainda que não tenha havido distribuição de lucros", solução que se compreende, pois se a tributação ficasse dependente de um ato de distribuição, poderia a mesma ser contornada, atendendo ao facto de que a sociedade está desonerada de pagamento, como se viu; na prática, não haveria tributação em IRC pela desoneração decorrente do art. 12.º do CIRC, e não haveria tributação em IRS ou IRC ao nível do sócio ou membro, por não existir a distribuição.
Importa referir ainda que a expressão "ato constitutivo" deve ser interpretada em termos amplos (e não restritivos ou literais, por alusão estrita ao pacto social ou contrato de sociedade), admitindo-se que a imputação de lucros – por exemplo, no quadro de um procedimento inspetivo ou numa liquidação adicional – se possa fundamentar em outros elementos probatórios, de resto na decorrência do princípio da plenitude dos meios probatórios em procedimento tributário (cf. art. 72.º da LGT).

[353] Cf. art. 20.º, n.os 1 e 2, do CIRS.

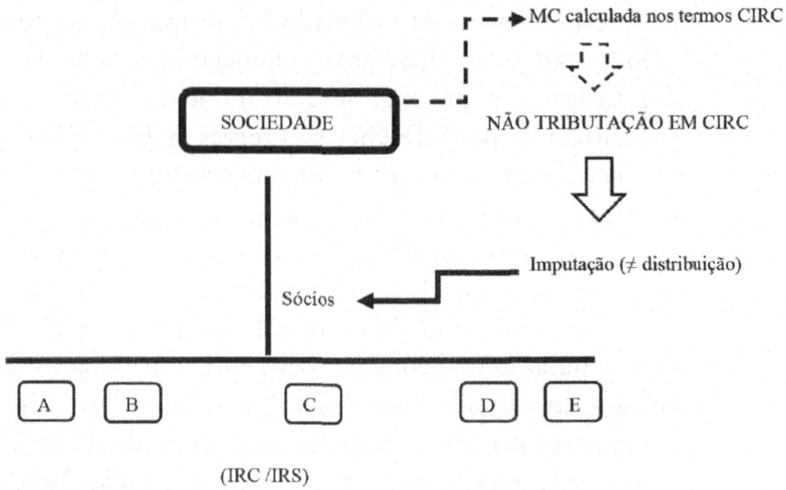

iii) Em terceiro lugar, apenas certas sociedades legalmente previstas poderão estar a sujeitas ao regime da transparência fiscal e, atentando no recorte legislativo dispensado nesta matéria, é possível afirmar que se torna necessária a verificação cumulativa dos seguintes requisitos [354]:

- Residência em território português, isto é, disponibilidade neste último de sede ou direção efetiva (*a contrario*, infere-se que o regime aqui em análise não pode ser aplicado a sociedades não residentes);
- Subsunção a um dos tipos personificados legalmente previstos, a saber:

→ Sociedades civis não constituídas sob forma comercial, que são pessoas coletivas que tem por objeto exclusivo a prática de atos não comerciais (portanto, atos "civis") e que, além disso, não adotam um dos tipos legalmente previstos para as sociedades comerciais (anónimas, por quotas, etc.). Pode ser o caso, por exemplo, das sociedades que se dedicam a atividades relacionadas com a cultura, o ensino e formação, a

[354] Cf. art. 6.º, n.º 1, do CIRC.

solidariedade, a gestão de espaços, a gestão ou liquidação de créditos, a mediação, a fiscalização de atividades, etc.[355];

- → Sociedades de profissionais, as quais, para estes efeitos [356], serão *(i)* as constituídas para o exercício de uma atividade profissional especificamente prevista na lista de atividades a que se refere o art. 151.º do CIRS, na qual todos os sócios pessoas singulares sejam profissionais dessa atividade, ou *(ii)* aquelas cujos rendimentos provenham, em mais de 75%, do exercício conjunto ou isolado de atividades profissionais especificamente previstas na lista a que se refere o art. 151.º do CIRS, desde que, cumulativamente, durante mais de 183 dias do período de tributação, o número de sócios não seja superior a cinco, nenhum deles seja pessoa coletiva de direito público e pelo menos 75% do capital social seja detido por profissionais que exercem as referidas atividades, total ou parcialmente, através da sociedade. Num número muito significativo de situações, as sociedades de profissionais têm por objeto o exercício de uma profissão sujeita a regras específicas de acesso, a particulares normas técnicas e deontológicas, bem assim como a estatuto disciplinar autónomo, sob a égide de uma associação pública profissional (ordem ou câmara), como sucede com a advocacia, a contabilidade, a arquitetura, a enfermagem, a engenharia, a medicina, a psicologia, entre bastantes outras;
- → Sociedades de simples administração de bens de estrutura familiar ou reduzida (número de sócios não superior a cinco e que nenhum deles seja pessoa coletiva de direito público) [357].

[355] Importa referir que algumas sociedades civis devem, por imposição legal, adotar obrigatoriamente a forma comercial, como sucede com as sociedades de administradores da insolvência (cf. art. 3.º do DL n.º 54/2004) ou as sociedades desportivas (cf. art. 2.º, n.º 1, do DL n.º 10/2013).

[356] Cf. art. 6.º, n.º 4, alínea *a)*, do CIRC. Importa notar que o conceito de sociedade de profissionais para efeitos fiscais não coincide com aquele que é definido para efeitos comuns (v., a respeito, o art. 27.º da Lei n.º 2/2013).

[357] Cf. art. 6.º, n.os 4, alínea *b)*, e 5, do CIRC.

Em resumo, e recapitulando, apenas certas sociedades (as que estão tipificadas nas diversas alíneas do n.º 1 do art. 6.º do CIRC) podem ser consideradas *transparentes*, ficando desoneradas do pagamento de IRC e vendo a respetiva matéria coletável imputada diretamente aos sócios, independentemente de qualquer ato voluntário de distribuição de lucros.

Este regime singular relativamente ao regime-regra da tributação pode encontrar a sua razão de ser nos receios do legislador de abuso de personificação coletiva, isto é, criação de sociedades meramente artificiais ou de fachada (abusivas, portanto), mediante as quais os sócios pretenderiam "desviar" a imposição fiscal do IRS para o IRC – eventual e potencialmente mais vantajosa, desde logo por via da não sujeição às pesadas taxas progressivas do primeiro (que podem atingir valores próximos dos 50%!) –, alocando às pessoas coletivas rendimentos que, na realidade, seriam de pessoas singulares. Por conseguinte, considera-se a pessoa coletiva "transparente", como se não existisse, e tudo se passa como se a tributação ocorresse diretamente na pessoa dos sócios, assegurando-se uma certa neutralidade e a observância do princípio constitucional da igualdade, na sua vertente material: assume-se que a rendimentos em situação jurídica e fáctica idêntica (por exemplo, rendimentos derivados do exercício da advocacia) deve ser dispensado um tratamento jurídico-fiscal igualmente idêntico, independentemente da estrutura organizativa de base [358].

Mas não apenas. A transparência fiscal prossegue também objetivos relacionados com a eliminação da eventual dupla tributação de lucros,

[358] Embora no texto a análise apenas tenha por referência a denominada *transparência fiscal interna*, que se projeta e produz efeitos somente no ordenamento jurídico-tributário interno português – até porque, como se viu, as sociedades e outras entidades devem ser consideradas residentes –, em termos rigorosos não deve ser desconsiderado que tal instituto também pode ter alcance para além dos limites daquele ordenamento, falando-se em verdadeira *transparência fiscal internacional*. Tal sucede quando se esteja em presença de *Controlled Foreign Companies (CFC)*, sendo que, nos termos dos arts. 20.º, n.º 3, do CIRS e 66.º, n.º 1, do CIRC, os lucros ou rendimentos obtidos por entidades não residentes em território português e submetidos a um regime fiscal claramente mais favorável são imputados aos sujeitos passivos de IRS ou de IRC residentes em território português (quando estes últimos detenham, direta ou indiretamente, uma participação significativa das partes de capital, dos direitos de voto ou dos direitos sobre os rendimentos ou os elementos patrimoniais dessas entidades).

assegurando que estes últimos apenas são tributados, em princípio, uma vez, na pessoa desses mesmos sócios [359].

* * *

Tal como acima se disse a propósito do RETGS, a referência a estruturas deste tipo (entidades transparentes) no contexto das presentes considerações encontra a sua razão de ser na circunstância de as mesmas poderem, quando bem pensadas e estruturadas, constituir um relevante instrumento de poupança fiscal legítima – um instrumento de planeamento, portanto. Porém, não se pode afirmar de modo perentório que tal sucede em todos os casos, pois a obtenção de ganhos não depende da transparência fiscal *em si*, mas antes das concretas circunstâncias que rodeiam a gestão e o desempenho da atividade.

De modo a obter uma melhor compreensão desta temática, será conveniente redirecionar o discurso para uma linha mais empírica ou aplicativa, tendo por referência o exercício em concreto de uma específica atividade. Pense-se, por exemplo, na advocacia ou outra profissão independente de natureza análoga (constante da lista anexa ao CIRS), casos em que, abstratamente, três possibilidades se poderão desenhar, cada uma com as suas vantagens e inconvenientes: *(i)* exercício a título individual, *(ii)* exercício numa sociedade "normal", submetida ao regime geral de IRC; ou *(iii)* exercício numa sociedade transparente.

Vejamos.

i) Optando-se pela prática a título individual, os rendimentos serão tributados em sede de IRS, aplicando-se, consoante os casos – e dependendo do *volume de negócios* –, o regime simplificado de tributação ou o regime de contabilidade organizada (entre outras eventuais possibilidades, como a opção pela categoria A ou o regime dos atos isolados [360]). No primeiro caso, o rendimento

[359] Quanto à compatibilidade do regime de transparência fiscal com os princípios constitucionais da tributação do rendimento real, da capacidade contributiva e da igualdade tributária, v. acórdão do TCA Sul de 03 de dezembro de 2020, processo n.º 2087/13.7BELRS.

[360] Cf., respetivamente, arts. 28.º, n.º 8, e 30.º do CIRS.

líquido sujeito a tributação resultará da aplicação ao rendimento bruto do coeficiente de 0,75 [361], o que, na prática, e em termos muito lineares, significará que 25% do rendimento bruto será considerado "dedução específica" desta categoria, sujeitando-se a englobamento os restantes 75%, ficando beneficiado, portanto, quem tiver despesas ou encargos de montante diminuto; já no segundo caso, o rendimento será calculado por remissão para as correspondentes regras aplicáveis do CIRC [362], o que vale por dizer que se terá em consideração a diferença entre os proveitos ou ganhos e os custos ou gastos, o que poderá eventualmente beneficiar os sujeitos com muitos encargos, designadamente ao nível das despesas de investimento, pois será até possível, no limite, obter um resultado negativo (prejuízo fiscal), reportável para os exercícios seguintes (abatendo-se aos rendimentos positivos destes e diminuindo o encargo tributário). Num caso ou no outro (regime simplificado ou de contabilidade organizada), o respetivo rendimento líquido da categoria ficará "no final do ano" sujeito às taxas gerais do IRS (que poderão variar entre os 14,5% e os 48% [363]), e, nos casos em que o devedor tem ou deve ter contabilidade organizada, sofrerá retenção na fonte no montante de 25%, no momento do pagamento ou da colocação à disposição [364];

ii) Nas situações de exercício numa sociedade sujeita ao regime normal de IRC (e em que será esta última a cobrar os serviços aos respetivos clientes ou adquirentes), o cálculo do rendimento sujeito a imposto será, em geral e ressalvadas as muitas especificidades de regime, obtido mediante a diferença entre os proveitos ou ganhos (rendimentos das prestações de serviços) e os custos ou gastos comprovadamente incorridos para a sua obtenção [365], o que equivalerá a dizer que a matéria coletável poderá variar substancialmente de um exercício para outro, dependendo da conjuntura

[361] Cf. art. 31.º, n.º 1, alínea *b)*, do CIRS. V., ainda, n.º 13 do mesmo preceito.

[362] Cf. art. 32.º do CIRS.

[363] Cf. art. 68.º do CIRS.

[364] C. art. 102.º, n.º 1, alínea *b)*, do CIRS.

[365] Cf., respetivamente, arts. 20.º e 23.º do CIRC.

económica, dos proveitos obtidos, dos investimentos realizados, etc. Como se adiantou, até será possível obter um resultado negativo (prejuízo fiscal), o qual será suscetível de reporte para os exercícios seguintes, abatendo-se aos rendimentos positivos destes últimos. De todo o modo, os rendimentos líquidos positivos obtidos serão sujeitos à taxa geral do IRC (em regra, 21%), a que acrescerão as eventuais tributações autónomas [366] e derramas [367], além de apenas estarem sujeitos a retenção na fonte nos casos previstos no art. 94.º do CIRC. Além disso, se a sociedade – sujeita ao regime normal, insiste-se – distribuir lucros aos sócios, estarão os mesmos sujeitos a imposição em sede de IRS (retenção na fonte à taxa liberatória de 28% [368]), potenciando um fenómeno de dupla tributação;

iii) Por fim, quando se optar pelo exercício por meio de uma sociedade de profissionais, nos termos *supra* expostos – e, por essa via, ser-se abrangido pelo regime da transparência fiscal –, a tributação será efetuada com base num escalonamento de dois níveis: primeiro, calcula-se o rendimento da sociedade recorrendo às regras do CIRC e, depois, é esse rendimento imputado aos sócios, aplicando-se as taxas gerais do IRS (como se viu, entre 14,5% e 48%).

Como se compreende, a opção por qualquer destas hipóteses de exercício deverá ser feita com base na consideração atenta de várias coordenadas, das quais as fiscais serão apenas uma espécie. No que especificamente a estas concerne, apresenta-se abaixo um quadro-resumo com intuitos meramente pedagógicos, sem pretensões de expressar a heterogeneidade de possibilidades que a vida prática pode proporcionar:

[366] Cf. art. 88.º do CIRC.

[367] Cf. arts. 87.º-A do CIRC e 18.º da Lei n.º 73/2013.

[368] Cf. art. 71.º, n.º 1, alínea *a)*, do CIRS.

Modo de exercício ⟶ Fatores de diferenciação ↓	Prática isolada IRS	Sociedade de regime geral IRC	Sociedade transparente IRC
Determinação da matéria coletável	Regime simplificado ou Regime de contabilidade organizada	Proveitos – custos	Proveitos – custos
Taxas de imposto	14,5% – 48%	21% (+ tributações autónomas + derramas)	tributações autónomas em IRC + 14,5% – 48% (IRS)
Retenções na fonte	25%, quando o devedor tenha ou deva ter contabilidade organizada	apenas rendimentos previstos no art. 94.º do CIRC	apenas rendimentos previstos no art. 94.º do CIRC
Distribuição de lucros aos sócios	–	Rendimentos de capital, sujeitos a retenção na fonte liberatória de 28%	irrelevante, pois os lucros são automaticamente imputados

Importa ainda considerar que as sociedades transparentes não podem integrar um grupo no qual seja aplicável o Regime Especial de Tributação dos Grupos de Sociedades (REGTS – acima analisado), precisamente por não estarem sujeitas ao regime geral de IRC [369].

1.2.3. Opção pelo englobamento

No contexto do IRS, determinados rendimentos estão, por razões várias[370], sujeitos a taxas liberatórias de retenção na fonte ou taxas espe-

[369] Cf. art. 69.º, n.º 3, alínea *a), a contrario*, do CIRC.

[370] De entre essas razões, avultam a necessidade de minimizar os inconvenientes derivados do afastamento em relação ao ordenamento jurídico-tributário (no caso de sujeitos não residen-

ciais, significando tal que *(i)* estão sujeitos a tributação separada em relação aos restantes rendimentos, ou *(ii)* sofrem logo uma tributação no momento do seu pagamento ou da colocação à disposição mas, em qualquer dos casos, não estão sujeitos a posterior englobamento nem, por conseguinte, a qualquer espécie de acerto ou ajustamento quantitativo posterior. Os respetivos sujeitos ficam, enfim, liberados da obrigação de englobamento, sujeitando-se a uma tributação *definitiva*, e escapando às taxas (progressivas) gerais do imposto [371].

O legislador permite, porém, que os titulares dos rendimentos possam optar pelo englobamento dos mesmos, sujeitando-os à tributação pelo regime normal, embora condicione tal opção à verificação cumulativa de alguns pressupostos [372]:

- Tratar-se de sujeitos passivos residentes;
- Tratar-se de rendimentos de capitais (*lato sensu*) obtidos fora do âmbito do exercício de atividades empresariais e profissionais, de mais-valias mobiliárias (também em sentido amplo) ou de rendimentos prediais.

Nos caso em que os rendimentos estão sujeitos a taxas de retenção na fonte a título definitivo (art. 71.º do CIRS), estas, na altura da opção pelo sujeito passivo, já terão sido feitas – convém perceber que as entidades que pagam os rendimentos não se podem considerar desoneradas de o fazer –, pelo que, de modo a que os mesmos não fiquem subordinados

tes), o enfrentamento de situações de difícil identificação do beneficiário do rendimento, a minimização dos riscos de insuficiência patrimonial do contribuinte (e consequente falta de pagamento) ou o acautelamento de uma melhor gestão de tesouraria por parte do Estado.

[371] Pelo contrário, nas retenções na fonte a título de pagamento por conta (como, por exemplo, as acima referidas a propósito dos sujeitos passivos residentes titulares de rendimentos da categoria A ou B), os respetivos rendimentos, estando sujeitos a um desfalque patrimonial durante ao período financeiro, ficam posteriormente sujeitos a englobamento, sendo os respetivos montantes considerados como deduções à coleta do imposto devido a final (art. 78.º, n.º 2, do CIRS), procedendo-se aos acertos necessários em termos de se apurar um pagamento ou reembolso do imposto.

[372] Cf. arts. 71.º, n.º 9, e 72.º, n.º 13, do CIRS.

a uma tributação dupla (primeiro pelas taxas de retenção, e depois por via do englobamento e sujeição às taxas gerais), o legislador transmuta a retenção feita – a qual, recorde-se, tinha natureza definitiva – em pagamento por conta do imposto, permitindo a posterior dedução dos valores em causa em sede de deduções à coleta [373].

Torna-se claro que esta opção será vantajosa quando as taxas gerais de IRS (art. 68.º do CIRS) sejam potencialmente inferiores às taxas liberatórias que seriam aplicadas na ausência da opção.

1.2.4. Opção de regimes ou métodos de cálculo em IVA

No âmbito do IVA, o legislador coloca ao dispor dos sujeitos várias possibilidades, no sentido de aderirem a regimes distintos, quer num sentido global (*e.g.*, regime geral, regimes de isenção), quer num sentido específico (respeitante a uma determinada operação ou conjunto de operações), permitindo-lhes que se sujeitem ou renunciem a determinado conjunto de consequências a que estivessem eventualmente submetidos. No contexto deste imposto, ganha particular evidência o *instituto* da renúncia à isenção, o qual, por escapar à lógica geral dos restantes tributos e impostos, merece uma explicação específica e prévia. Com efeito, aqui, para se compreender as possibilidades de opção, deve ser percebido que a *ratio* subjacente às isenções em sede de IVA é notoriamente distinta da que subjaz aos outros impostos, pelo que importa começar por dilucidar tal aspeto, sob pena de incorreta perceção das opções disponíveis.

Em geral, a situação de isenção desonera o respetivo sujeito da obrigação de pagamento, de modo que a mesma é vista, até intuitivamente, como uma situação vantajosa, relativamente à qual não faria grande sentido exercer uma possibilidade de renúncia. Assim sucede, por exemplo, com as isenções de IRS, IRC ou IMI. No IVA, porém, as coisas passam-se de modo distinto, pois estar isento significa, aqui, não liquidar o imposto nas operações a jusante (operações ativas, *para a frente*), embora o mesmo já haja sido suportado nas operações a montante (operações passivas,

[373] Assim, arts. 71.º, n.º 10, e 78.º, n.º 2, do CIRS.

para trás), existindo em geral dois tipos de isenções: as simples – nas quais, não havendo liquidação a jusante, não haverá possibilidade de recuperação ou pedido de reembolso do IVA suportado a montante (como acontece nas isenções dos arts. 9.º e 53.º e ss. do CIVA) – e as completas – em que, continuando a não haver liquidação a jusante, haverá possibilidade de recuperação ou pedido de reembolso do IVA suportado a montante [como acontece, por exemplo, nas isenções previstas para as exportações e certas operações assimiladas a exportações (art. 14.º do CIVA)]. Ora, já por aqui se vê que estar sujeito a uma isenção simples significa, na prática, que *(i)* não se liquida imposto nas vendas ou prestações de serviços efetuadas para a frente, *(ii)* normalmente pagou-se imposto nas compras e prestações de serviços efetuadas para trás, e – o mais "grave"– (iii) não se pode recuperar este último IVA, na medida em que nada existe a que o mesmo se possa deduzir.

Esquematicamente:

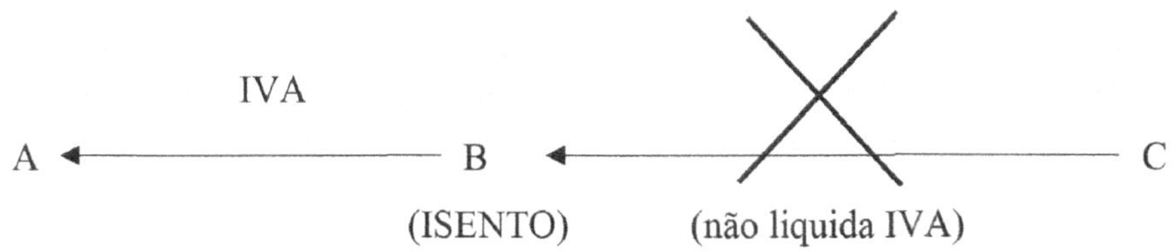

Como se pode constatar, B funciona como uma espécie de sujeito final, podendo quanto a este a isenção configurar-se como assaz desvantajosa, designadamente nas situações ou nos exercícios em que tem muitos gastos e realiza grandes investimentos na sua atividade, suportando um avultado montante de IVA, e relativamente ao qual não pode pedir o reembolso ao Estado. Nestas situações, as únicas hipóteses que lhe restariam seriam *(i)* suportar ele mesmo o imposto ou *(ii)* repercutir o mesmo no valor ou preço dos produtos ou serviços que fornecesse aos seus clientes ou adquirentes.

Sucede que o CIVA permite a já referida *renúncia à isenção*, o que significa que o sujeito poderá passar a liquidar IVA a jusante e, nesta medida, ao entregar o imposto liquidado nos cofres do Estado, recuperar o IVA suportado a montante, deduzindo-o, nos termos gerais [374].

* * *

Pois bem, dito isto, e considerando que outros regimes existem, serão expostas de seguida algumas possibilidades optativas que os sujeitos podem ter ao seu dispor:

- Em primeiro lugar, alguns sujeitos que praticam operações isentas em regime de isenção simples podem renunciar a essa isenção, liquidando o imposto e recuperando (procedendo à dedução) do eventualmente suportado. Tal acontece, nomeadamente, nas seguintes operações (relativamente às quais se expurgam os aspetos de regime, cuja menção aqui seria desadequada) [375]:
    - → As prestações de serviços que tenham por objeto a formação profissional, bem como as transmissões de bens e prestações de serviços conexas – como o fornecimento de alojamento, alimentação e material didático –, efetuadas por organismos de direito público ou por entidades oficialmente reconhecidas;
    - → As prestações de serviços de alimentação e bebidas fornecidas pelas entidades patronais aos seus empregados;
    - → As prestações de serviços que se materializem em serviços médicos e sanitários e operações conexas;
    - → As prestações de serviços efetuadas por cooperativas que, não sendo de produção agrícola, desenvolvam uma atividade de prestação de serviços aos seus associados agricultores;
    - → As denominadas "operações imobiliárias", aqui se incluindo a locação de prédios urbanos ou frações autónomas a outros sujeitos passivos, que os utilizem, total ou predominantemente, em atividades que conferem direito à dedução e a transmissão do direito de propriedade de prédios urbanos, frações autónomas

[374] Cf. art. 19.º do CIVA.

[375] Cf. art. 12.º, n.ºs 1, 4 e 5, do CIVA.

destes ou terrenos para construção a favor de outros sujeitos passivos, que os utilizem, total ou predominantemente, em atividades que conferem direito à dedução.

Importa sublinhar que, tendo exercido a opção, o sujeito passivo é obrigado a permanecer no regime por que optou durante um período de, pelo menos, cinco anos [376];

- Em segundo lugar, os sujeitos que beneficiem do regime de isenção em função do reduzido volume de negócios (€ 15 000 no ano anterior) – portanto, aqui já não em função da atividade ou atividades praticada(s) – podem a ele renunciar e passar a liquidar IVA nos termos normais ou sujeitar-se ao denominado "regime dos pequenos retalhistas" (já a seguir referido). Existe também aqui a obrigatoriedade de permanência no novo regime por um período mínimo de cinco anos [377];
- Em terceiro lugar, os sujeitos passivos qualificados como *pequenos retalhistas* [378] podem optar por um regime especificamente dedicado, permitindo-lhes calcular o imposto devido ao Estado de um modo simplificado, mediante a aplicação de um coeficiente de 25% ao valor do imposto que tiverem suportado nas respetivas compras [379] (do mesmo modo que podem renunciar a este último e eleger a aplicação do regime normal de IVA [380]);
- Em quarto lugar, os produtores agrícolas podem optar pela aplicação de um regime especial – "regime forfetário" – que lhes permite, além de beneficiar de isenção (consequentemente, não liquidando imposto), solicitar ao Estado uma compensação calculada sobre o preço de alguns dos bens e serviços por si vendidos ou prestados [381]. O montante de tal compensação é calculado mediante a aplicação

[376] Cf. art. 12.º, n.º 3, do CIVA.

[377] Cf. art. 55.º do CIVA.

[378] Sobre a respetiva noção, v. art. 60.º, n.º 6, do CIVA.

[379] Cf. arts. 60.º, n.º 1, e 61.º, n.º 1, do CIVA.

[380] Cf. art. 63.º do CIVA.

[381] Cf. art. 59.º-B, n.º 1, do CIVA.

de uma taxa de 6% sobre o total dessas transmissões de bens e prestações de serviços, realizadas em cada ano [382].
- Por fim, os sujeitos dispõem ainda de prerrogativas optativas ao nível da seleção do método de dedução relativa a bens de utilização mista[383].

É pertinente salientar que, além de permitir obter ganhos de natureza financeira decorrentes da eventual recuperação do imposto suportado, os regimes apontados podem igualmente permitir uma relevante desburocratização da atividade, nomeadamente simplificando a apresentação de declarações ou outras obrigações documentais [384].

Finalmente, deve colocar-se em evidência que o legislador, antevendo que poderiam existir abusos em consequência da passagem de um regime para outro – em qualquer dos sentidos, isto é, regime geral para regimes especiais ou o inverso –, confere poderes no sentido de a administração tributária tomar as medidas que julgue necessárias a fim de evitar que o sujeito passivo em questão "usufrua vantagens injustificadas" [385].

2. Deslocalização para zonas de baixa pressão fiscal

Sem dúvida que, ao lado das opções ou escolhas entre regimes de tributação analisadas *supra*, a deslocalização de pessoas, estruturas, atos ou atividades para zonas de *baixa pressão fiscal* se encontra entre as formas mais comuns e disseminadas de evitação. O termo "deslocalização" é, neste contexto, particularmente sugestivo, embora numa visão patológica, e em termos jurídico-tributários precisos, seja mais adequada a referência a *manipulação de elementos de conexão* (com ordenamentos tributários).

2.1. A relevância da deslocalização para efeitos tributários

A deslocalização por motivações fiscais pode ter por objeto várias realidades e pode ser feita de muitos modos, tendo por referência países,

[382] Cf. art. 59.º-B, n.º 2, do CIVA. V., ainda, art. 59.º-C do CIVA.
[383] Cf. art. 23.º, n.º 2, do CIVA.
[384] Cf., por exemplo, arts. 59.º e 59.º-D do CIVA.
[385] V. arts. 56.º, n.º 1, 64.º, n.º 1, ou 66.º do CIVA. De qualquer modo, também se concedem poderes administrativos corretivos de sentido oposto, isto é, com o fim de evitar que o contribuinte sofra prejuízos injustificados.

territórios ou regiões apetecíveis: pode alterar-se a sede de uma empresa ou a residência de um agregado familiar; pode transferir-se a atividade de um estabelecimento ou de um conjunto de estabelecimentos; pode migrar-se uma conta bancária ou um produto financeiro específico para outra instituição; pode convencionar-se a perceção de certos rendimentos (*e.g.*, remunerações, *royalties*, juros) em determinada localização especial, etc. Em qualquer caso, o objetivo será patente: reduzir ou mesmo afastar os encargos tributários ou fiscais, em função da localização. Naturalmente que poderá não ser o único objetivo subjacente à atuação em causa, pois as pessoas ou empresas podem deslocalizar-se por motivos puramente familiares, afetivos, laborais, concorrenciais, ou outros, não pensando, ou não pensando principalmente, nos impostos que podem poupar. Em todo o caso, no presente contexto, serão as deslocalizações motivadas por razões fiscais aquelas que assumirão maior relevância, até porque será tendo em conta essa específica teleologia que as mesmas poderão ser consideradas válidas ou inválidas ou, melhor dizendo, abusivas ou não abusivas. Mas sobre esta questão do abuso incidirão adiante algumas reflexões. Por agora, importa dedicar a atenção a alguns aspetos de natureza mais básica, relacionados com a perspetivação jurídica dessas deslocalizações e com a sua adequada designação.

2.2. Precisões terminológicas: "paraísos fiscais" e territórios *offshore*. Características essenciais das zonas de baixa pressão fiscal

Em termos genéricos e vagos, é comum a referência a "paraísos fiscais", a "centros financeiros internacionais" ou a "*offshore*" para significar quer as localizações geográficas de baixa pressão fiscal, quer as atividades que se caracterizam por total ou predominante extraterritorialidade, isto é, ausência de conexão com o ordenamento jurídico interno. Porém, e sem embargo de algum *fundo de verdade*, trata-se de designações imprecisas e que não têm acolhimento no âmbito do Direito ou da ciência jurídica, sendo mais próprias dos cultores da fiscalidade ou dos segmentos do saber ligados às ciências económicas (quando não da "agenda" do respetivo autor [386]).

[386] Assim, v. PAUL BECKETT, *Tax Havens and International Human Rights*, Routledge, London/ /New York, 2018, p. 7.

De um ponto de vista jurídico, e no quadro do ordenamento tributário português, tem sido recorrente a utilização pelos diferentes textos normativos da expressão "Países, territórios ou regiões, sujeitos a um regime fiscal claramente mais favorável", expressão esta que nos parece adequada e que coloca em evidência duas ideias fundamentais:

i) Em primeiro lugar, que se está em presença de um conjunto de regras impositivas ("regimes fiscais") nitidamente favoráveis. Tal favorabilidade materializa-se numa *baixa pressão fiscal* relativamente aos regimes ditos "normais", designadamente ao nível dos impostos incidentes sobre as realidades de mais fácil movimentação, como o rendimento, considerando qualquer uma das suas subespécies [salários, juros, lucros, rendas, pensões, mais-valias, remunerações de propriedade industrial (*e.g.*, patentes), direitos de autor, etc.]. Consoante as opções de cada ordenamento, esta tributação baixa ou aliviada surge por meio de diferentes técnicas tributárias, podendo as mais significativas ser:

   - As isenções (totais ou parciais) do pagamento de imposto;
   - A criação de taxas reduzidas para certas manifestações de capacidade contributiva;
   - A facilidade de dedução de certos encargos (incluindo a sua majoração);
   - A concessão simplificada e desburocratizada de créditos de imposto; ou
   - o reporte facilitado de prejuízos, seja a montante (para o passado, retroativo, *backward*), seja a jusante (para o futuro, prospetivo, *forward*).

ii) Em segundo lugar, que essas regras ou regimes não têm de ter por referência um país no sentido tradicional do termo, mas partes do mesmo ou subunidades territoriais, como territórios ultramarinos ou regiões autónomas ou administrativas. Neste quadro, verifica-se que os regimes fiscais privilegiados não são decalcados das estruturas organizatórias constitucionais características de determinado ordenamento, sejam elas unitárias, federais ou outras.

Conjugando estas duas ideias (baixa pressão fiscal e parcelas territoriais delimitadas), algumas organizações internacionais, designadamente a OCDE, têm trabalhado no sentido de identificar algumas das referidas localizações, elaborando listas, que indubitavelmente não têm *ab initio* força jurídica vinculativa, constituindo antes instrumentos de *soft law*, listas essas que, como já se aludiu [387], são frequentemente transpostas para os ordenamentos estaduais, assumindo, então sim, clara força jurídico-normativa [388].

Assim, e a título de exemplo (e partindo dos dados disponibilizados pelo *Tax Justice Network* [389]), é possível elencar alguns *paraísos* mundialmente conhecidos, todos eles por razões bem diversificadas:

- Os territórios britânicos das Ilhas Virgens, das Ilhas Caimão, da Ilha de Man, de Guernsey, de Jersey ou de Bermudas – bem assim como a República da Irlanda – apresentam taxas de imposto sobre o rendimento das pessoas coletivas bastante atrativas (em alguns casos de 0% ou de 12,5%);
- O Reino Unido consagra um tratamento privilegiado para os rendimentos de capitais provenientes de valores mobiliários (*e.g.*, ações, participações, obrigações);
- O Luxemburgo contém nas suas disposições tributárias regras preferenciais de tratamento dos rendimentos relacionados com a propriedade intelectual;
- Singapura permite o reporte muito flexível (*backward* e *forward*) de prejuízos fiscais.

É importante notar que a referida *baixa pressão fiscal* não surge nunca de um modo isolado ou desacompanhada de outras características atrativas, pois, em termos práticos, de pouco ou nada adiantaria existirem regimes fiscais extremamente apelativos se, do mesmo passo, não se assegurassem outras garantias que qualquer agente planificador exige que sejam observadas. Daí que as ideias de "*offshore*" ou "paraíso fiscal", só por si,

[387] V. o que dissemos *supra*, Parte II, apartado 2.1.4. (Criação de listas de territórios).

[388] No que especificamente se refere ao ordenamento jurídico-fiscal português, v. Portaria n.º 150/2004 (Secretário de Estado dos Assuntos Fiscais).

[389] V. *https://cthi.taxjustice.net/en/*.

sejam patentemente redutoras. Por conseguinte, para que determinada localização possa ser considerada atrativa para efeitos de planeamento fiscal, à reduzida, flexível, ou nula imposição fiscal devem agregar-se uma ou várias das seguintes marcas distintivas:

- Estabilidade política e legislativa;
- Ampla e adaptável rede de tratados ou outros instrumentos para evitar ou atenuar a dupla tributação;
- Ampla liberdade negocial, materializada em tipicidade contratual aberta e em possibilidades múltiplas de conformação e forma;
- Simplicidade de procedimentos (desburocratização), designadamente ao nível da criação de empresas;
- Flexibilidade das regras de constituição, funcionamento, alteração e extinção de pessoas coletivas, designadamente sociedades, as quais podem ter *(i)* um objeto social amplo ou mesmo indeterminado; *(ii)* o respetivo capital detido exclusivamente por não residentes; *(iii)* os gerentes e administradores também não residentes; e *(iv)* os respetivos títulos emitidos ao portador (sem identificação do titular ou beneficiário, e transmitidos por mera entrega ou tradição);
- Admissibilidade de exercício de atividades exclusivamente no exterior (fora do ordenamento);
- Regras apertadas de sigilo, permitindo "esconder o dinheiro" e sendo extremamente difícil às autoridades administrativas ou judiciais aceder aos dados de natureza económico-financeira (titulação de capitais, movimentos e saldos bancários, transações, etc.), porque, por exemplo, se consagram legal ou regulamentarmente regras de proibição de revelação, ou as contas bancárias são meramente numeradas e não têm associados nomes de pessoas;
- Ductilidade dos procedimentos de controlo e supervisão e, em especial, flexibilidade de regras contabilísticas, por exemplo, não se exigindo auditoria rígida de contas;
- Livre fluxo cambial, sendo permitida a entrada e/ou a saída de divisas sem registo ou justificação.

Naturalmente que, *a contrario*, uma localização que, por exemplo, contenha regras administrativas, contabilísticas ou de auditoria muito burocráticas ou rígidas, exija que o capital das sociedades seja titulado numa determinada percentagem por residentes, não permita que os administradores ou gerentes sejam estrangeiros, ou consagre a revelação dos dados económico-financeiros às autoridades de investigação não poderá ser atrativa para estes efeitos. Aliás, algum do trabalho das organizações internacionais no quadro do combate à evasão e à fraude fiscais (*e.g.*, UE, OCDE) passa exatamente pela forte recomendação – na impossibilidade de imposição… – da introdução de medidas em tal sentido.

2.3. Dois exemplos paradigmáticos de zonas de baixa pressão fiscal no mundo lusófono

É frequente a ideia de que a deslocalização para fins fiscais se encontra associada a ilhas e territórios longínquos, o que, na realidade, não corresponde à verdade. O que sucede é que a mesma pode ter por referência circunscrições territoriais bem próximas e integradas em ordenamentos jurídicos com um grau de familiaridade elevado.

Atentemos em dois exemplos no quadro da lusofonia que permitem demonstrar a pertinência desta constatação: *(i)* o Centro Internacional de Negócios da Madeira (que integra a "zona franca" respetiva), e *(ii)* a Zona Franca de Manaus [390].

2.3.1. No quadro do ordenamento jurídico-tributário português: o Centro Internacional de Negócios da Madeira (CINM) e a respetiva Zona Franca

Historicamente, considerando o estatuto de ultraperiferia geográfica do respetivo arquipélago, a Zona Franca da Madeira (ZFM) surgiu como

[390] Um outro modo de motivar, induzir ou impulsionar os sujeitos (principalmente empresariais) a deslocarem-se por razões fiscais pode ser visto nos denominados regimes de *insularidade* ou de *interioridade*, os quais sempre tiveram uma existência errática ou efémera no ordenamento português. Particularmente no que aos segundos diz respeito – que, em geral, preveem reduções da taxa de IRC e majorações na dedução de encargos relativos à criação líquida de postos de trabalho nas áreas em causa, e que apresentam como objetivo o combate à desertificação humana e o incentivo ao desenvolvimento acelerado de determinadas áreas do interior do país, por meio de investimento, criação de infraestruturas, instalação de empresas, criação de postos de trabalho e fixação de jovens –, v., por exemplo, acórdão do TC n.º 519/18, onde é apresentada uma perspetiva evolutiva (recente) dos regimes de *interioridade*. V., ainda, acórdão do TCA Norte de 28 de setembro de 2017, processo n.º 00707/14.5BEVIS.

uma "área de livre importação e exportação de mercadorias", tendo como objetivo o "aparecimento de novos sectores industriais voltados para o desenvolvimento económico e social da Região" [391]. Neste quadro inicial, a zona franca era concebida como "um enclave territorial onde as mercadorias que nele se encontrem são consideradas como não estando no território aduaneiro para efeito da aplicação de direitos aduaneiros, de restrições quantitativas e de demais imposições ou medidas de efeito equivalente" [392].

Com o tempo, porém, a sua importância foi crescendo e atualmente materializa uma realidade bem mais abrangente e constitui uma peça de um regime jurídico bem mais amplo – o Centro Internacional de Negócios da Madeira (CINM). Trata-se, este, de um conjunto de benefícios diversificados aplicáveis a determinadas empresas que criem e mantenham com o território uma ligação privilegiada, sempre com o objetivo de atrair investimento externo para a Madeira. De entre tais benefícios, salientam-se os regimes de *(i)* licenciamento, constituição e funcionamento de sociedades; *(ii)* registo internacional de navios; *(iii)* constituição e funcionamento de *trusts offshore* e, principalmente – no presente alinhamento discursivo –, de *(iv)* benefícios fiscais [393]. Ora, como são precisamente estes últimos que aqui mais interessa conhecer, será especificamente sobre os mesmos que o foco analítico de seguida incidirá.

* * *

Em termos estritamente fiscais, e de um modo propositadamente simplificado e pedagógico, é possível afirmar que atualmente o CINM oferece o seguinte conjunto de benefícios (isenções), os quais, de um modo genérico, dão corpo à denominada ZFM [394]:

[391] Cf. preâmbulo e art. 2.º do DL n.º 500/80, de 20 de outubro.

[392] Cf. art. 1.º, n.º 1, do Decreto Regulamentar Regional n.º 53/82.

[393] Para desenvolvimentos, v. *https://www.ibc-madeira.com/pt/*.

[394] Importa notar que, do ponto de vista legal (art. 33.º do EBF), a ZFM aparece atualmente associada à Zona Franca da Ilha de Santa Maria, pelo que os referidos benefícios aplicam-se igualmente a esta última.

i) Isenção de IRC relativamente aos juros de empréstimos contraídos por entidades ali instaladas, desde que o produto desses empréstimos se destine à realização de investimentos e ao normal funcionamento das mutuárias, no âmbito da zona franca, e desde que os mutuantes sejam não residentes no restante território português (excetuados os respetivos estabelecimentos estáveis nele situados) [395];
ii) Isenção de IRS para os tripulantes dos navios ali registados (e enquanto tais registos se mantiverem válidos), relativamente às remunerações auferidas nessa qualidade [396];
iii) Isenção de IRC ou de IRS, consoante os casos, para as entidades não residentes (excetuados os estabelecimentos estáveis) e desde que respeitantes a atividade desenvolvida no âmbito da zona franca, relativamente a rendimentos resultantes ou derivados de:
   - concessão ou cedência temporária de direitos imateriais (como patentes de invenção, licenças de exploração, modelos de utilidade, desenhos e modelos industriais, marcas, nomes e insígnias de estabelecimentos, processos de fabrico ou conservação de produtos e direitos análogos), bem como os derivados da assistência técnica e da prestação de informações relativas a uma dada experiência no sector industrial, comercial ou científico (*know-how*);
   - prestações de serviços, desde que devidos por entidades instaladas na mesma;
iv) Isenção de IRC ou de IRS, dos lucros distribuídos aos respetivos sócios ou acionistas não residentes – nem residentes em qualquer país, território ou região sujeitos a um regime fiscal favorável – pelas sociedades licenciadas para operar na ZFM (bem assim como dos juros e outras formas de remuneração de suprimentos, abonos ou adiantamentos de capital feitos por aqueles ou devidos

[395] Cf. art. 33.º, n.º 4, do EBF.
[396] Cf. art. 33.º, n.º 8, do EBF.

pelo facto de não levantarem os lucros ou remunerações colocados à sua disposição) [397];

v) Isenção de IRC ou de IRS, consoante os casos, dos rendimentos pagos pelas sociedades e sucursais de *trust offshore* instaladas nas zonas francas a utentes dos seus serviços, desde que estes sejam entidades aí instaladas ou não residentes no território português[398];

vi) Isenção de Imposto do Selo quanto a documentos, livros, papéis, contratos, operações, atos e produtos previstos na tabela geral do imposto do selo respeitantes a entidades aí licenciadas, salvo quando tenham por intervenientes ou destinatários entidades residentes no território nacional (excetuadas as zonas francas) ou estabelecimentos estáveis de entidades não residentes [399].

Além disso – e agora fazendo referência aos rendimentos que já não estão isentos –, prevê-se, até 2027, uma taxa especial de IRC de 5%, aplicável às entidades licenciadas para operar na ZFM (desde que o licenciamento se tenha efetuado entre 1 de janeiro de 2015 e até 31 de dezembro de 2021) e quanto a determinados rendimentos derivados do exercício de atividades de natureza industrial, ou ligados a atividade de transportes marítimos e aéreos [400]. Essas mesmas entidades beneficiam ainda de uma dedução de 50% à coleta do IRC desde que preencham, pelo menos, duas das seguintes condições [401]:

- Contribuam para a modernização da economia regional, nomeadamente através da inovação tecnológica de produtos e de processos de fabrico ou de modelos de negócio;

[397] Cf. art. 33.º, n.ºs 10.º e 11, do EBF.

[398] Cf. art. 33.º, n.º 7, do EBF.

[399] Cf. art. 33.º, n.º 11, do EBF.

[400] Cf. art. 36.º-A do EBF. Nos termos deste preceito, exige-se, por exemplo, a criação de um determinado número de postos de trabalho, para que se possa aceder ao benefício (v. os respetivos n.ºs 2 e ss.).

[401] Cf. art. 36.º, n.º 6, do EBF. Bastantes entidades – como aquelas cuja atividade se reconduza à consultoria para os negócios, consultoria para a gestão ou seguros – estão, contudo, excluídas deste regime (v. n.º 8 do mesmo artigo).

- Contribuam para a diversificação da economia regional, nomeadamente através do exercício de novas atividades de elevado valor acrescentado;
- Promovam a contratação de recursos humanos altamente qualificados;
- Contribuam para a melhoria das condições ambientais;
- Criem, pelo menos, 15 postos de trabalho, que devem ser mantidos durante um período mínimo de cinco anos.

Este regime não deixa de suscitar algumas dúvidas de conformidade jurídica, designadamente em face do Direito da União Europeia e da consideração de algumas das medidas como "auxílios de Estado". A este respeito, o TJUE considerou que o regime de auxílios decorrente da ZFM é incompatível com o mercado interno, argumentando que o simples facto de um sistema fiscal regional estar concebido de modo a assegurar a correção de desvantagens relacionadas com a insularidade não leva necessariamente à conclusão de que qualquer benefício fiscal seja justificado [402].

2.3.2. No quadro do ordenamento jurídico-tributário brasileiro: a Zona Franca de Manaus

Bem anterior à Zona Franca da Madeira acabada de referir – e com um prazo de vigência sucessivamente prorrogado e que no presente se projeta por várias décadas [403] –, existe no ordenamento jurídico-tributário brasileiro a Zona Franca de Manaus, a qual também constitui parte integrante de um *puzzle* que se estende bastante além das vantagens puramente fiscais. Aliás, os benefícios nela consagrados são alargados a outras regiões bem disseminadas do território federal [Amazónia Ocidental e áreas de livre comércio, como Tabatinga (também no Estado do Ama-

[402] Cf. acórdão do TJUE de 21 de setembro de 2022, processo T-95/21 [P*ortugal/Comissão (Zona Franca da Madeira)*] e jurisprudência aí citada. V., ainda, acórdão do TJUE de 21 de junho de 2023, processo T-131/21 (*Região Autónoma da Madeira/Comissão Europeia*).

[403] Cf. art. 92.º-A do ato das Disposições Constitucionais Transitórias, anexo à Constituição da República Federativa do Brasil.

zonas), Guajará-Mirim (Rondónia), Boa Vista e Bonfim (Roraima), Macapá/Santana (Amapá) e Brasiléia e Cruzeiro do Sul (Acre)] [404].

Uma parte significativa do respetivo regime jurídico consta ainda do DL n.º 288, de 28 de fevereiro de 1967 [405], destacando-se a definição da Zona Franca de Manaus como "uma área de livre comércio de importação e exportação e de incentivos fiscais especiais, estabelecida com a finalidade de criar no interior da Amazônia um centro industrial, comercial e agropecuário dotado de condições econômicas que permitam seu desenvolvimento, em face dos fatôres locais e da grande distância, a que se encontram, os centros consumidores de seus produtos" [406].

No que particularmente diz respeito aos incentivos e benefícios fiscais, os mesmos encontram-se escalonados em vários níveis, em decorrência da estrutura constitucional federal do sistema brasileiro, havendo a distinguir benefícios de competência *(i)* da União – por exemplo, ao nível do Imposto de Importação (II), do Imposto sobre Produtos Industrializados (IPI) ou do Imposto sobre a renda de pessoas jurídicas (IRPJ) – e *(ii)* do Estado do Amazonas (por exemplo, ao nível do Imposto sobre Circulação de Mercadorias e Serviços – ICMS).

Atente-se, por exemplo, no art. 3.º do já referido DL n.º 288, nos termos do qual "[a] entrada de mercadorias estrangeiras na Zona Franca, destinadas a seu consumo interno, industrialização em qualquer grau, inclusive beneficiamento, agropecuária, pesca, instalação e operação de indústrias e serviços de qualquer natureza e a estocagem [i. é, armazenamento] para reexportação, será isenta dos impostos de importação, e sobre produtos industrializados" [407].

[404] Sobre os antecedentes históricos e a exposição do atual (e complexo) regime, v. Marco Regulatório dos Incentivos Fiscais da Zona Franca de Manaus, Amazônia Ocidental e Áreas de Livre Comércio, 4.ª ed., Coordenação Geral de Estudos Econômicos e Empresariais (COGEC), Manaus: Superintendência da Zona Franca de Manaus (SUFRAMA), 2020, disponível *online* em *https://www.gov.br/suframa/pt-br/publicacoes/marco_regulatorio_4a_edicao_2020.pdf.*

[405] Tal diploma encontra-se disponível em *http://www.planalto.gov.br/ccivil_03/decreto-lei/del0288.htm.*

[406] Cf. art. 1.º do DL n.º 288.

[407] Todavia, alguns produtos e mercadorias não são abrangidos por tal isenção, como é o caso das armas e munições, do tabaco, das bebidas alcoólicas, dos automóveis de passageiros e dos produtos de perfumaria (cf. § 1.º do art. 3.º do DL n.º 288).

Do mesmo modo, a exportação de mercadorias da Zona Franca para o estrangeiro, qualquer que seja a sua origem, está isenta do imposto de exportação (art. 5.º).

Igualmente merecedora de saliência (art. 9.º) é a isenção de Imposto sobre Produtos Industrializados (IPI) relativamente a todas as mercadorias produzidas na Zona Franca de Manaus, "quer se destinem ao seu consumo interno, quer à comercialização em qualquer ponto do Território Nacional", e desde que se prossigam determinados requisitos, como potenciar o incremento de oferta de emprego na região, a concessão de benefícios sociais aos trabalhadores, o reinvestimento de lucros na região, ou o investimento na formação e capacitação de recursos humanos para o desenvolvimento científico e tecnológico.

Todo o regime está desenhado no sentido de prosseguir objetivos relacionados com a integração económica de toda a região (vista como periférica e distanciada), bem assim como de combate à pobreza e às desigualdades económicas e sociais relativamente ao restante território brasileiro.

2.4. Perigos e inconvenientes das zonas de baixa pressão fiscal: em especial, a erosão das bases de tributação, a "guerra fiscal" e a iniquidade na distribuição da carga impositiva

Torna-se manifesto que a simples existência dos referidos países, territórios ou regiões sujeitos a um regime fiscal claramente mais favorável pode provocar efeitos extremamente perversos a diversos níveis, seja num contexto interno, seja num contexto internacional; seja numa perspetiva objetiva (analisando o sistema fiscal globalmente considerado), seja numa perspetiva subjetiva (atentando na carga impositiva que recai sobre cada contribuinte em concreto).

Procuremos, de modo linear e clarificador, compreender melhor esta temática (que muito se presta a vaguidades e a considerações politicamente enviesadas).

* * *

De entre os mais significativos efeitos negativos potenciados pela deslocalização por causas tributárias, sem dúvida que a erosão das bases de tributação assume um especial relevo, principalmente porque coloca em crise a sustentabilidade dos sistemas financeiros públicos e, em certa medida, do próprio modelo de Estado de Direito.

Na verdade, quando um conjunto significativo de potenciais contribuintes muda a sua sede, domicílio ou localização, aumenta a possibilidade de os mesmos se colocarem à margem de certos impostos, na medida em que poderão passar a ser considerados não residentes, ou residentes sem estabelecimento estável, o que, como é sabido, implica relevantíssimas consequências ao nível da base de tributação. Basta pensar que os residentes, em regra, e ao nível do rendimento, são tributados numa base mundial, enquanto os não residentes já o são numa base limitada e localizada [408]. Vale isto por dizer que, ao passo que um residente deverá pagar imposto por todos os seus rendimentos, obtidos dentro ou fora do território de residência, um não residente apenas estará sujeito quanto aos rendimentos neste último obtidos, acarretando que a sua deslocalização incrementa a fuga de rendimentos sob as mais diversificadas formas: salários, capitais, lucros, mais-valias, *royalties*, etc. Em termos simples, poderá dizer-se que aquilo que seria naturalmente concebido como rendimento interno passa a ser considerado rendimento externo e, por causa disso, deixa de ser abrangido pelo perímetro legal, afetando significativamente a matéria tributável dos principais impostos e descendo o volume de receita arrecadada.

Ora, com menos receitas, a prossecução adequada das principais funções do Estado fica afetada, e tal acontece independentemente do modelo estadual que se conceba ou defenda: num modelo de Estado mais social, interventivo e prestador, o impacto é claríssimo, na medida em que os serviços públicos de saúde, educação ou assistência social correm o risco de serem restringidos ou negados por falta de recursos humanos e financeiros; mas também num modelo de Estado menos interventivo, o impacto existe, pois devem ser financiadas publicamente funções que, mesmo aí, não deixam de ter de ser prosseguidas e asseguradas por entidades públicas, como a defesa nacional (forças armadas), a segurança pública (polícias), a diplomacia, os atos eleitorais, a manutenção das instituições, a organização administrativa, a

[408] Cf., por exemplo, arts. 15.º do CIRS e 4.º, n.ºs 1 e 2, do CIRC.

iluminação pública, ou a regulação dos mercados, apenas para referir algumas das mais significativas.

Mas um segundo problema deve aqui ser assinalado: a concorrência prejudicial e a "guerra fiscal" que, a prazo, contribuem para a desagregação das estruturas internas constitucionais dos ordenamentos ("jurisdições", como apressadamente se traduz).

Com efeito, nos ordenamentos com estruturas descentralizadas ou multinível, em que existem vários centros hierárquicos e geográficos de poder fiscal, corre-se o risco de cada um deles criar não apenas regimes fiscais privilegiados, como também verdadeiros territórios de desagravamento fiscal – como enclaves fiscais ou zonas francas –, em qualquer dos casos com o objetivo de deslocalizar as empresas e atrair riqueza e investimento, originando uma séria competição entre os diferentes níveis subestatais (Estados federados, regiões, municípios, departamentos, etc. – *competição horizontal*) e entre estes e os próprios Estados centrais (*competição vertical*). Esta "guerra fiscal" – que é particularmente visível, por exemplo, no ordenamento jurídico-tributário brasileiro – pode corroer as estruturas essenciais dos Estados, ao colocar cada um dos subníveis a olhar para os seus próprios interesses localizados e egoísticos e descurando o interesse público geral subjacente a todo o ordenamento (principalmente, no caso dos Estados sob forma federada). Tal "guerra" pode ser tão agressiva ao ponto de às vantagens fiscais – como isenções de certos impostos ou taxas, reduções de taxa (alíquota), majoração de custos, etc. – se juntarem benefícios de outra ordem, como facilitação burocrático-administrativa (ao nível dos licenciamentos ou registos, por exemplo); disponibilização de assistência técnica jurídica, financeira, e contábil; auxílios à formação de pessoal; ou financiamento na implementação no terreno ou criação de infraestruturas (*e.g.*, na aquisição de lotes em perímetros industriais ou comerciais).

Ora, mesmo admitindo que subjacente à concessão destes benefícios podem estar motivações de ordem económica e social valiosas (*e.g.*, captação de receitas para satisfação de necessidades públicas locais, criação de emprego local), não deixa de ser verdade que a introdução num mesmo espaço constitucional de regimes diferenciados e agressivos entre si pode contribuir para a corrosão do sentimento coletivo de pertença à mesma comunidade, minando, a prazo, as estruturas constitucionais essenciais de um Estado de Direito (principalmente, como se adiantou, nos Estados de estrutura federal). Por tal motivo, o balanceamento entre as legítimas aspirações à autonomia financeira *das partes* e a manutenção da coesão e unidade territorial *do todo* não pode deixar de ser feito sempre numa lógica de ponderação e *concordância prática*, pelo que os incentivos legais ou regulamentares aos fenómenos de deslocalização por motivos tributários e fiscais devem ser encarados com cautelas acrescidas.

Por fim, não se pode perder de vista que, além dos potenciais inconvenientes referidos (erosão das bases de tributação e guerra fiscal e consequente corrosão das estruturas constitucionais), a deslocalização fiscal pode acarretar um outro problema não despiciendo: como se trata de um conjunto de comportamentos que, na generalidade dos casos, apenas pode ser levado à prática por um conjunto restrito de sujeitos ou contribuintes – normalmente os mais favorecidos economicamente e que dispõem de (dispendioso) aconselhamento técnico-jurídico adequado –, a fuga para o exterior acaba por introduzir sérios problemas ao nível da distribuição da carga impositiva, que passa a ser manifestamente iníqua e desigual, levando à caracterização do sistema como potencialmente injusto. Em termos práticos, acaba por suceder que os que não podem fugir são os que suportam o encargo tributário mais elevado, o que, como estará bom de concluir, levanta pertinentes dúvidas em sede de *princípio da igualdade*.

2.5. As reações à deslocalização abusiva (remissão)

Intui-se de tudo o que se expôs atrás que a deslocalização por motivos fiscais nem sempre se encontra imbuída de intenções juridicamente aceitáveis, do ponto de vista da respetiva bondade material. Em alguns casos, a qualificação como "planeamento" torna-se duvidosa, particularmente quando a procura das referidas zonas de baixa pressão tem subjacentes motivos puramente fiscais, não existindo (outras) razões substanciais e válidas (motivos profissionais, gestionários, académicos, afetivos, etc.) que a sustentem.

Em tais casos, e em face dos perigos referidos no apartado anterior, torna-se natural que os ordenamentos jurídicos considerem os comportamentos abusivos e reajam em conformidade, seja por meio da criação de imposições tributárias à saída, seja por meio de normas antiabuso específicas, alargando os prazos de atuação da administração, incrementando as taxas de tributação ou limitando as vantagens ou os benefícios fiscais.

Considerando que ambos os modos reativos foram já devidamente assinalados e analisados, e que a repetição dos seus termos se afiguraria aqui desnecessária, entende-se suficiente a mera remissão para os devidos locais sistemáticos [409].

3. Celebração de negócios indiretos

Outro dos modos habituais ou comuns de procurar a evitação fiscal passa por levar à prática *negócios indiretos* (em sentido amplo), isto é, formas jurídicas e negociais anómalas – ou, no mínimo, desviantes –, contornando ou circundando aqueles que seriam os efeitos normais ou típicos de determinada atuação, de modo a afastar, reduzir ou diferir os impostos devidos. Em termos práticos e diretos: em circunstâncias "normais" as partes celebrariam o ato ou contrato X mas, por razões estritamente ou predominantemente fiscais, celebram antes o ato ou contrato Y, desvirtuando a respetiva causa. Por aqui já se vê que, em tais casos, a qualificação como "planeamento" torna-se duvidosa, atendendo à natureza fugidia da atuação jurídica, pois, como já anteriormente se salientou, o revestimento jurídico-normativo dos atos ou negócios jurídicos é desenhado atendendo a uma teleologia e consequencialidade típicas (causa), que se materializa em efeitos que são tidos como modelares ou normais, tendo em conta critérios de destinatários comuns e de atuação racional. Por conseguinte, quando os sujeitos daí se desviam com o fito de obter poupança fiscal significativa, o legislador reage e considera tal comportamento abusivo.

A realidade demonstra que várias são as possibilidades (abstratas) de utilização desencaminhada de formas jurídicas com o objetivo de evitação fiscal:

[409] Cf. *supra*, Parte II, em especial apartados 2.1.2.1., b) (Alargamento dos prazos do exercício de poderes por parte da administração tributária), c) (Agravamento de taxas de imposto) e g) (Perda de situações fiscais vantajosas), e 2.1.3. (Criação de imposições tributárias sobre a deslocação).

- Aquisição onerosa de bens imóveis, não pela via convencional do contrato de compra e venda ou equiparado, mas antes pela via da aquisição de partes sociais das pessoas coletivas que os titulam (para tentar evitar o IMT);
- Disponibilidade, para efeitos de habitação, de um bem imóvel, por meio de simples contrato-promessa com tradição da coisa, em detrimento da realização de um contrato definitivo (igualmente com o fito de contornar a obrigação de pagamento de IMT);
- Realização de um contrato "desnecessário" e sujeito a tributação aliviada – por exemplo, uma doação a descendentes [410] –, unicamente com o objetivo de "atualizar" o valor de aquisição relevante para efeitos de cálculo de uma mais-valia tributável;
- Venda de uma quota hereditária, em alternativa à venda de um bem imóvel, cujo ganho, consubstanciando uma mais-valia, estaria sujeito a IRS [411];
- Fracionamento de uma venda de imóvel em parcelas, com valores substancialmente mais baixos, de modo a enquadrar-se na isenção de IMT [412].

Nestas situações, como se disse, dificilmente se sustenta a sua admissibilidade como esquemas legítimos de planeamento, na medida em que, contornando a respetiva causa, não se vê como não possa a forma jurídica utilizada deixar de ser qualificada como abusiva e, em conformidade, ser cominada com a ineficácia das correspondentes vantagens fiscais. Essencial é que haja uma forma autorizativa de reação legalmente prevista, como seja a norma antiabuso geral – caso em que a natureza abusiva do *negócio indireto* será mais difícil de demonstrar e apenas o poderá ser no quadro de um *iter* especificamente dirigido a esse efeito [413] – ou uma norma antiabuso específica – situações em que a administração terá a

[410] Cf. art. 6.º, n.º 1, alínea *e)*, do CIS.

[411] V., a respeito do tema, a decisão do CAAD de 23 de dezembro de 2022, processo n.º 247/2022-T (embora em tal decisão as questões não sejam tematizadas em função da natureza evasiva ou abusiva dos comportamentos).

[412] Cf. art. 9.º do CIMT.

[413] Cf. art. 63.º do CPPT.

tarefa facilitada em termos de desnecessidade de fundamentação acrescida e de preenchimento de pressupostos procedimentais. Exemplos paradigmáticos de normas desta natureza poderão ser o art. 2.º, n.º 1, alíneas *a)* ou *d)*, do CIMT - como modo de contornar a evitação do IMT por via de meros contratos-promessa sem realização de contratos definitivos, ou de "aquisições acionistas" - ou o art. 45.º, n.º 3, do CIRS - que tenta evitar os efeitos perversos decorrentes da utilização de doações manipuladoras de valores de aquisição de imóveis.

Em outros casos, na ausência de norma legal pertinente, é a jurisprudência a colocar algum travão na utilização destas formas negociais, como sucede quando sustenta o entendimento de que uma isenção de IMT em função do valor não abrange a aquisição de mera fração ou quota de imóvel destinado à habitação, mas apenas a totalidade do mesmo (pois, entende o julgador, que "o objeto da aquisição que a lei claramente beneficia é o prédio urbano, edifício considerado na sua estrutura unitária) [414].

4. Criação de entidades controladas (aparentes) e desvio de rendimentos

Relacionado de perto com os impulsos para a deslocalização acabados de explanar, surge um outro mecanismo bastante utilizado no contexto da tentativa de obtenção de minimização fiscal aproveitando os benefícios decorrentes da existência de zonas de baixa pressão fiscal: a criação de *entidades aparentes* ou *de fachada*.

Em termos práticos, trata-se de *(i)* proceder à criação jurídica de entidades (normalmente sociedades) sem atividade económica significativa ou relevante, *(ii)* mantendo sobre elas o controlo gestionário, e *(iii)* localizando-as no exterior, em zonas fiscalmente apelativas - onde, por exemplo, os rendimentos não são tributados ou são-no a uma taxa substancialmente mais reduzida –, para, na sua esfera, canalizar, guardar ou acumular rendimentos, sujeitando-os a um regime mais favorável e desviando-os da (pesada) tributação na localização onde são gerados.

É já corrente a utilização da expressão *empresas estrangeiras controladas* (*controlled foreign companies*: CFC) - ou, numa fórmula mais prosaica,

[414] Assim, entre outros, acórdão do STA de 02 de março de 2011, processo n.º 024/11.

"empresas de fachada" ou "empresas de papel" – para significar este conjunto de situações, e não se pode dizer, com rigor, que se trate de verdadeira deslocalização de pessoas (domicílio, residência, sede, direção efetiva) ou atividades, tratando-se antes do aproveitamento das zonas de baixa pressão fiscal para aí situarem estruturas ou entidades unicamente com o propósito de desviar rendimentos, aliviando-os de tributação. Os sujeitos passivos de imposto e os factos tributários continuam, em regra, a estar localizados onde inicialmente se situavam, designadamente no Estado da residência.

Claro que, expostas as coisas deste modo, facilmente se percebe que tais estruturas *ilusórias* – num certo sentido desnecessárias, todavia não simuladas, uma vez que *existem*, em termos fácticos e jurídicos – contribuem fortemente para a erosão das bases de tributação nas localizações onde os rendimentos foram efetivamente gerados, potenciando a fuga ao pagamentos dos impostos e incrementando a injustiça e a iniquidade. Por tais motivos, também aqui, a reação dos ordenamentos jurídicos faz-se através da introdução de normas antiabuso com o objetivo de dissuadir tais práticas, normalmente imputando à origem (residência, fonte) os rendimentos que são canalizados para outras paragens, intentando que tudo se passe como se os mesmos não fossem desviados para a empresa controlada. Neste sentido, aliás, pode com propriedade falar-se em transparência fiscal (internacional), pois esta última, na prática, será perspetivada pelo legislador *como se não existisse.*

É precisamente esta solução a prevista no ordenamento jurídico-fiscal português, prevendo-se que os lucros ou rendimentos obtidos por entidades não residentes e submetidos a um regime fiscal claramente mais favorável são imputados aos sujeitos passivos residentes em território português que detenham, direta ou indiretamente, uma percentagem significativa das partes de capital, dos direitos de voto ou dos direitos sobre os rendimentos ou os elementos patrimoniais dessas entidades [415]. Enfim, de modo simples e pedagógico, poder-se-á dizer que o legislador

[415] V. arts. 20.º, n.º 3, do CIRS (quando o detentor é pessoa singular) e 66.º, n.º 1, do CIRC (quando o detentor é pessoa coletiva ou equiparada). Importa recordar – uma vez que tal referência já foi efetuada em momento anterior – que a *imputação* se caracteriza pela sua natureza automática, decorrente diretamente da lei, e sem dependência de qualquer ato de

procura reconstituir a situação que existiria se não tivesse havido a canalização abusiva de rendimentos em direção à entidade controlada e sujeita ao regime fiscal mais favorável, considerando que os mesmos não saíram da origem (residência), e que aqui devem ser tributados (e sempre na proporção do controlo exercido, naturalmente, sob pena de excesso na tributação [416]).

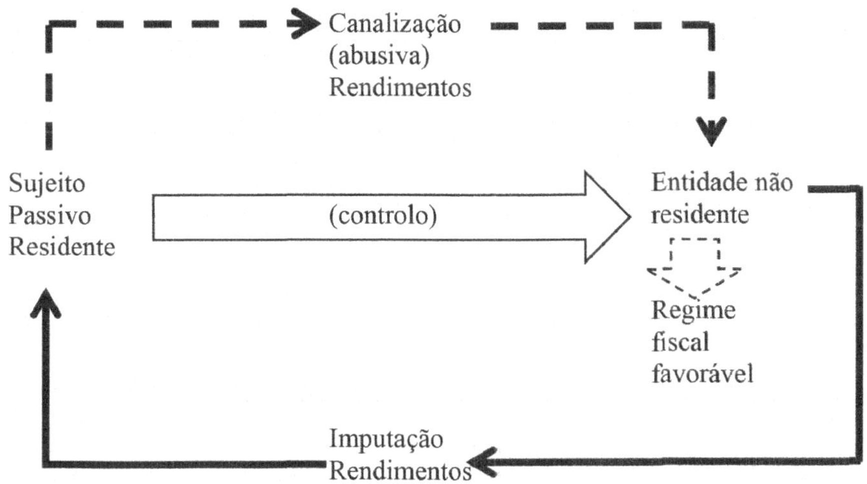

Em termos operativos, e como resulta do preceito, para que tal imputação se dê por verificada devem considerar-se satisfeitos dois pressupostos essenciais: *(i)* por um lado, tem que existir uma empresa estrangeira controlada (CFC) e, por outro lado, *(ii)* deve a mesma estar sujeita a um regime fiscal claramente mais favorável.

Vejamos em que termos.

vontade, diferentemente do que se passa em fenómenos contíguos, como a *distribuição* (de lucros).

[416] Neste sentido, v. art. 66.º, n.º 3, 2.ª parte, do CIRC. Para especificidades quanto ao período de tributação e ao tratamento dos prejuízos, cf. a parte inicial do mesmo n.º 3, bem assim como o n.º 4 do artigo em referência.

i) No que diz respeito ao pressuposto do *controlo*, considera-se que o mesmo se efetiva quando a entidade residente, sujeito passivo de IRS ou de IRC, detém, direta ou indiretamente – por exemplo, através de mandatário, fiduciário ou interposta pessoa –, pelo menos 25% das partes de capital, dos direitos de voto ou dos direitos sobre os rendimentos ou os elementos patrimoniais dessas entidades [417];
ii) No que concerne ao pressuposto da localização, assume-se que existe submissão a um regime fiscal claramente mais favorável quando a entidade controlada não residente se situa num local constante da *black list* de territórios aprovada por portaria (já *supra* mencionada); ou quando, não constando, o imposto sobre os lucros efetivamente pago seja inferior a 50% do imposto que seria devido no ordenamento português, nos termos do IRC [418].

Importa enfatizar que o regime aqui em apreciação, assumindo natureza limitativa e tendo claramente propósitos antiabusivos e antievasivos – por isso justificando plenamente a imputação dos rendimentos da entidade estrangeira controlada –, não pode, sob tal pretexto, revelar-se desproporcional ou exagerado, sujeitando a entidade residente a uma tributação mais agravada do que aquela que existiria na ausência da imputação. Por outras palavras: a correção (imputação) deve precisamente corrigir o desvio ao pagamento do imposto, e não sobrepor-se ao mesmo quando ele seja eventualmente efetuado, gerando dupla ou múltipla tributação. Por isso, preveem-se dois ajustamentos compreensíveis:

- Por um lado, nas situações em que os rendimentos imputados ao sujeito passivo residente tenham já sofrido tributação no Estado de baixa pressão fiscal, é deduzido nessa imputação o respetivo valor [419];
- Por outro lado, nas situações em que ao sujeito passivo residente sejam distribuídos, pela entidade não residente, lucros ou rendi-

[417] O CIRS, diferentemente do CIRC, parece admitir que a percentagem possa ser inferior (apenas 10%) nos casos de participação indireta (cf. art. 20.º, n.º 3, do CIRS).
[418] Cf. art. 66.º, n.º 6, do CIRC.
[419] Cf. art. 66.º, n.º 5, do CIRC.

mentos, são deduzidos na base tributável os valores que o sujeito passivo prove que já foram anteriormente objeto de imputação [420].

A finalizar, deve salientar-se que este regime antiabuso não se aplicará em dois grupos de situações (aqui se denotando uma componente de flexibilização do mesmo):

- Primeiro, quando o propósito abusivo possa ser afastado, porque *(i)* a entidade não residente se encontra localizada numa "jurisdição fiscal cooperante" (isto é, noutro Estado-Membro da UE ou do Espaço Económico Europeu com cooperação administrativa) e *(ii)* o sujeito passivo demonstre que a respetiva constituição e funcionamento correspondem a razões económicas válidas (desenvolvendo-se uma atividade de natureza agrícola, comercial, industrial ou de prestação de serviços, com recurso a pessoal, equipamento, ativos e instalações) [421];
- Segundo, quando os rendimentos da entidade não residente sejam "palpáveis" ou "tangíveis" (não especulativos), designadamente por não assentarem em mais de 25% em *royalties* (propriedade intelectual, propriedade industrial, *know-how*, etc.), dividendos, capitais, locação financeira, atividade bancária ou similares [422].

Trata-se, como se disse, de uma nota de flexibilização, a exemplo do que sucede em outras situações de aplicação de normas antiabuso, designadamente os casos de limitação à dedutibilidade de gastos de financiamento [423].

5. A alteração de preços e de valores

Um modo igualmente corrente de tentar obter poupança fiscal passa pela manipulação das importâncias que constituem objeto de relações jurídicas comerciais e prestacionais, procurando os sujeitos económi-

[420] Cf. art. 66.º, n.º 8, do CIRC.
[421] Cf. art. 66.º, n.º 14, do CIRC.
[422] Cf. art. 66.º, n.º 7, do CIRC.
[423] V., *infra*, apartado 7.2. (Limites à dedutibilidade de gastos de financiamento).

cos "jogar" com os valores dos bens e serviços no âmbito das transações que efetuam. Atenta a relevância da temática, justifica-se, também aqui, um maior aprofundamento analítico e um mais denso desdobramento sistemático.

5.1. Autonomia da vontade, preço justo e princípio da plena concorrência (*arm's length principle*)

Já em momento anterior, tivemos oportunidade de salientar que o princípio da liberdade contratual subjacente à autonomia da vontade comporta a prerrogativa de, em regra, os sujeitos estabelecerem ou conformarem livremente o conteúdo das relações jurídicas de acordo com os seus desígnios e interesses. Naturalmente que aí se inclui a liberdade de fixar os preços e valores monetários subjacentes às transações.

Em geral, as diferentes transações deverão sujeitar-se ao critério do *preço justo*, o qual deverá ser concebido como aquele que tem subjacente o regular funcionamento das regras da oferta e da procura, seja nas relações concorrenciais empresa-empresa, seja nas relações com clientes ou consumidores; *a contrario*, não será, neste sentido, *justo* o preço que se baseie na subversão daquelas regras ou que prejudique deliberadamente uma das partes ou terceiro (como o fisco, por exemplo). Fala-se, a este propósito, em princípio da plena concorrência (*arm's length principle*).

Ora, uma das formas mais correntemente utilizadas para obter poupança fiscal passa pela modelação e adulteração de preços, em termos de incrementar ou diminuir os mesmos consoante os interesses em jogo e a concreta configuração dos ordenamentos jurídico-fiscais, designadamente a incidência ou não a determinado imposto, as respetivas taxas (alíquotas) ou os eventuais benefícios ou deduções. Na realidade, se por vezes os preços são contratados em circunstâncias que se poderão entender como "normais" para efeitos económicos e jurídicos – constituindo assim uma verdadeira prática de planeamento –, em outros casos são-no de um modo que se pode considerar abusivo, tendo em vista as circunstâncias habituais subjacentes às relações estabelecidas, funcionando como um meio de manipular as bases de tributação, subindo-as ou descendo-as e, em consequência, elidindo o pagamento de impostos ou outros tributos. Materializar-se-á, aqui, um comportamento de evasão, o qual legitima a reação adversa e restritiva por parte do ordenamento jurídico. Trata-se, como bem se constata, de situações nas quais os intervenientes não seguem as regras de mercado e, com o exclusivo ou predominante objetivo de obter poupança fiscal [424], contratualizam preços que se desviam do que seriam os preços tidos por admissíveis em circunstâncias normais ou habituais.

Considerando a ideia de preço justo acima exposta, e os particulares receios de evasão, o legislador rodeou de especiais cuidados a possibilidade de os contribuintes adotarem comportamentos de manipulação com o objetivo de se subtraírem ao pagamento dos encargos tributários ou fiscais e, sobretudo em sede de IRC, erigiu dois domínios como particularmente "suspeitos": *(i)* as situações em que existem relações especiais entre empresas e *(ii)* as transações envolvendo bens imóveis. Aí, procurou erigir o princípio da plena concorrência a estatuto legal e consagrou objetivamente o dever de não afastamento relativamente aos parâmetros que do mesmo resultem, determinando perentoriamente que:

i) Nas operações efetuadas entre um sujeito passivo de imposto e qualquer outra entidade com a qual esteja em situação de *relações especiais*, devem ser contratados, aceites e praticados termos ou condições substancialmente idênticos aos que normalmente seriam contratados, aceites e praticados entre entidades independentes em operações comparáveis [425]; e
ii) os alienantes e adquirentes de direitos reais sobre bens imóveis devem adotar, para efeitos da determinação do lucro tributável, valores normais de mercado que não podem ser inferiores aos valores patrimoniais tributários definitivos que serviram de base à liquidação do IMT ou que serviriam no caso de não haver lugar à liquidação deste imposto.

Ora, como não é infrequente a adulteração de preços e valores nas transações económicas, o ordenamento jurídico, considerando tal prática

[424] Em rigor, a prática de preços ou valores distintos dos habituais nem sempre tem subjacente motivações de evitação fiscal, podendo ser estimulada por razões puramente mercantis, como a aposta num novo mercado, a dinamização de uma nova marca ou imagem, ou o afastamento de empresas concorrentes.
[425] Cf. arts. 63.º, n.º 1, do CIRC e 1.º, n.º 1, da Portaria n.º 268/2021.

abusiva, reage e introduz limitações e correções aos valores declarados, materializando autênticas *normas antiabuso* (específicas).

Uma vez que a tais normas já se fez a devida alusão [426], cumpre agora averiguar mais aprofundadamente em que consiste a prática manipulativa em apreciação, abordando o mais significativo dos regimes: os preços de transferência.

5.2. Especial referência aos preços de transferência

5.2.1. Noção

Numa primeira aproximação, pode definir-se *preço de transferência* como o preço praticado nas transações entre pessoas ou entidades que mantêm entre si relações especiais.

Neste amplíssimo sentido – absolutamente neutro e sem qualquer conotação valorativa ou carga axiológica associada –, pode ser abarcado pelo conceito quer a cedência de participações sociais de uma sociedade entre dois familiares a preço zero, quer o valor pago na compra e venda de combustíveis entre empresas do mesmo grupo, quer a contraprestação da cedência do uso dos direitos de propriedade industrial entre dois laboratórios associados a uma mesma universidade, independentemente das finalidades ou motivações subjacentes. Porém, o enunciado em análise pode ser perspetivado numa aceção mais restrita, patológica e desvaliosa, à qual se encontra associada uma carga axiológica negativa, fortemente relacionada com técnicas manipulativas e com instrumentos de evasão fiscal entre empresas ou grupos de empresas. Neste sentido, perspetiva-se o preço de transferência como um preço manipulado ou adulterado – porém, real e efetivamente praticado (não consubstanciando qualquer divergência entre a vontade e a declaração) –, com propósitos fiscais, entre pessoas ou entidades que mantêm relações especiais, aqui se incluindo, por exemplo, as transmissões de bens, as prestações de serviços, ou as operações de financiamento *intragrupo* (empréstimos, suprimentos, etc.) [427]. Pense-se na situação em que uma

[426] Cf. *supra*, Parte II, apartado 2.1.2.1, e) (Correções de valores declarados).

[427] Para uma visão mais prática, v., por exemplo, acórdãos do TCA Sul de 25 de janeiro de 2018, processo n.º 06660/13; de 14 de janeiro de 2020, processo n.º 1340/13.4BELRA; e de 04

sociedade comercial, de modo a aumentar os seus custos dedutíveis (e baixar o lucro tributável), compra a uma cooperativa do mesmo grupo determinados produtos a um preço bastante superior ao valor normal de mercado, sabendo que esta última, estando sujeita a um regime de tributação favorável (se não mesmo isenta), não seria prejudicada com a sobrefaturação.

Tais preços materializam valores que são intencional e profundamente divergentes relativamente àqueles que se praticariam caso as transações se verificassem entre empresas independentes e sujeitas às condições normais de mercado, frequentemente com propósitos de manipulação interna ou internacional (transferência ou deslocalização) de proveitos ou custos:

- subvalorizando os preços pagos a pessoas ou entidades sujeitas a alta imposição fiscal (onde convém diminuir os lucros);
- sobrevalorizando os preços pagos a pessoas ou entidades isentas ou sujeitas a baixa imposição fiscal (frequente e impropriamente designadas *offshore*, onde pouco ou nada se perde em aumentar os lucros).

O propósito nuclear dos preços de transferência poderá ser, assim, a erosão das bases de tributação, diminuindo proveitos ou aumentando custos ao sabor das conveniências inerentes à composição de cada sistema fiscal. Em todo o caso, cumpre acentuar a ideia de que as transações efetivamente existem e os preços declarados são os preços realmente praticados, não havendo qualquer divergência entre a vontade e a declaração, designadamente simulação, ou outro tipo de patologias.

Por outro lado, este tipo de práticas, sendo mais frequente a nível internacional, também encontra campo aplicativo no domínio puramente interno. No caso específico do ordenamento português, pode dizer-se que a disciplina jurídica essencial deste *instituto* é fortemente

de junho de 2020, processo n.º 1343/10.0BELRS. Útil poderá ser também a consulta da abundante jurisprudência arbitral (CAAD) sobre o assunto: *https://caad.org.pt/tributario/decisoes/*.

decalcada das recomendações e orientações (*guidelines*) da OCDE [428] e encontra-se essencialmente em três localizações:

- O art. 63.º do CIRC;
- A Portaria n.º 267/2021, de 26 de novembro; e
- a Portaria n.º 268/2021, da mesma data.

* * *

Dissemos acima que o preço de transferência consiste num preço manipulado, com propósitos fiscais, entre entidades que mantêm relações especiais. São, assim, três os eixos em que assenta a definição: *(i)* a manipulação de valores praticados numa determinada transação; *(ii)* a existência de relações especiais entre os intervenientes; e *(iii)* o propósito de obtenção de vantagem fiscal.

Vejamos individualmente, dedicando-se especialíssima atenção à sua relevância do âmbito do IRC.

a) A manipulação do preço e a comparabilidade com as regras de plena concorrência

Para que se possa aferir da artificialidade de determinado valor, torna-se essencial a existência de um parâmetro com o qual o mesmo possa ser comparado, e desse exercício de comparação retirar as devidas conclusões. Para os presentes efeitos, e como se intui do que já foi sendo referido, tal parâmetro será composto pelo *preço justo de mercado* formado em plena concorrência ou, como refere o legislador no contexto do IRC [429], o preço baseado nos "termos e condições que seriam normal-

[428] V. *OCDE Transfer Pricing Guidelines for Multinacional Enterprises and Tax Administrations 2022*, disponível em *https://www.oecd.org/tax/transfer-pricing/oecd-transfer-pricing-guidelines-for-multinational-enterprises-and-tax-administrations-20769717.htm* (também disponível versão em língua francesa). Tais *guidelines*, até em consequência da sua própria natureza, não têm efeito vinculativo, constituindo mero *soft law*. Em todo o caso, não são destituídas de relevância jurídico-normativa, podendo desempenhar um relevantíssimo papel, designadamente a nível interpretativo.

[429] Importa notar que, para efeitos de IVA, o legislador procede ao desenho de um conceito próprio de "valor normal" de um bem ou serviço, assim considerando o preço [aumentado de

mente acordados, aceites ou praticados entre entidades independentes". Deste modo, os critérios da *justa concorrência* e da *entidade separada* (*separate entity approach*) constituirão os aferidores da justeza e adequação dos valores adotados em operações sujeitas a tributação, e sempre que exista algum desvio ou afastamento em relação aos mesmos surge uma *luz de aviso* que introduz uma nota de desconfiança relativamente à modelação da vontade dos sujeitos *naquela transação* (frequentemente denominada "transação controlada" ou "operação vinculada").

Para os presentes propósitos, adota-se uma noção amplíssima de transação, abrangendo-se *(i)* operações comerciais (ainda que realizadas no âmbito de um qualquer acordo, designadamente de partilha de custos e de prestação de serviços intragrupo), *(ii)* operações financeiras e *(iii)* operações de reestruturação ou de reorganização empresariais [430]. Em todos estes casos deve, em regra, proceder-se a uma análise individualizada das transações, exceto quando se esteja em presença de operações tão interligadas ou continuadas que a sua desagregação conduziria à perda de funcionalidade ou valor, ou quando a determinação do preço para cada operação se revele impraticável, como sucederá, por exemplo, nos casos seguintes [431]:

- Fornecimento continuado de bens ou serviços;
- Cedência do direito de exploração de elementos incorpóreos acompanhada de outras prestações;

tributos, despesas acessórias (como embalagem, transporte, seguros e publicidade) e subvenções] que um adquirente ou destinatário, no estádio de comercialização em que é efetuada a operação e em condições normais de concorrência, teria de pagar a um fornecedor ou prestador independente, no tempo e lugar em que é efetuada a operação ou no tempo e lugar mais próximos, para obter o bem ou o serviço ou um bem ou serviço similar. Cf. art. 16.º, n.º 4, alínea *a)*, do CIVA (para especificações, designadamente ausência de bem ou serviço similar, v. alíneas seguintes do preceito).

[430] Assim, cf. art. 63.º, n.º 2, do CIRC. Para desenvolvimentos e especificações, v. art. 1.º, n.º 3, alínea *a)*, da Portaria n.º 268/2021. Quanto aos acordos de partilha de custos e acordos de prestação de serviços intragrupo, v. arts. 13.º e 14.º da mesma Portaria.

[431] Cf. art. 1.º, n.º 2, da Portaria n.º 268/2021.

- Fixação dos preços de bens que apresentem complementaridade funcional ou identidade tipológica, como sejam os inseridos numa linha de produtos.

Naturalmente que a complexidade subjacente às múltiplas relações económicas estabelecidas no mundo empresarial atual não permite de modo simples e imediato aferir o que se possa entender, caso a caso, por preço formado em plena concorrência, seja por causa das especificidades técnico-jurídicas subjacentes à transação (*e.g.*, proibições legais, cláusulas contratuais de exclusividade, deveres de sigilo), seja por motivos de inovação tecnológica e especialização, seja por dificuldades de determinação de valor (bens imateriais, incorpóreos, intangíveis), seja porque *aquele produto* que está a ser comercializado é de tal modo específico que apenas algumas empresas ao mesmo podem aceder, seja ainda porque se está em presença de um serviço que apenas pode ser prestado por *aquela empresa*, não existindo planos ou dimensões concorrenciais. Basta pensar que certa empresa, sendo detentora dos direitos de propriedade industrial sobre determinada criação, apenas os cede a empresas do próprio grupo, inviabilizando assim qualquer possibilidade de comparação com empresas independentes. Porque assim é, o próprio legislador – seguindo os trabalhos das organizações internacionais, particularmente da OCDE – erigiu alguns métodos de comparabilidade, os quais devem ser utilizados pelos sujeitos passivos e pela administração fiscal no momento da aferição dos ganhos (proveitos) e gastos (custos) subjacentes às transações e pressupostos da correta determinação do lucro tributável, recorrendo a critérios vários, como o preço comparável de mercado, o preço de revenda minorado (deduzido) da margem de lucro aplicável ao caso, os custos suportados pelo comprador na operação em causa acrescentados de uma margem que considere as condições de mercado, o montante de lucros apurados na transação em causa ou qualquer "outro método, técnica ou modelo de avaliação económica de ativos geralmente aceites" [432]. Importa notar que não existe qualquer imperatividade na sele-

[432] Cf. art. 63.º, n.º 3, do CIRC. Para especificidades, v. arts. 6.º e ss. da Portaria n.º 268/2021. Enfatizando a natureza não taxativa desse elenco de métodos, v. o já citado acórdão do TCA Sul de 25 de janeiro de 2018, processo n.º 06660/13, onde se pode ler: "podem ainda ser apli-

ção dos métodos, muito menos qualquer graduação ou hierarquia entre eles, devendo os mesmos ser adotados – pelos sujeitos passivos ou pela administração tributária, repete-se –, considerando as especificidades que rodeiam a transação ou o conjunto de transações em causa (*e.g.*, as características físicas dos bens, direitos ou serviços, a sua qualidade e quantidade, a disponibilidade e o volume de oferta dos mesmos, a forma negocial, os termos contratuais, etc.). Num certo sentido, poderá dizer-se que se exige um determinado nexo de adequação entre a operação sob análise e o método selecionado, em termos de se considerar que este último é o mais certo, correto ou conveniente para se dilucidar os termos concorrenciais que normalmente ocorreriam.

Pois bem, sendo o IRC, em regra, um imposto autoliquidável [433], natural será que impenda sobre os sujeitos passivos o especial dever de ajustar os preços praticados às supramencionadas regras de plena concorrência e aos parâmetros de comparabilidade referidos. Caso os mesmos o não façam, pode /deve a administração tributária fazê-lo, efetuando as correções eventualmente necessárias à correta determinação do lucro tributável [434].

b) A existência de "relações especiais"

Além de materializar um valor de transação modificado, manipulado ou adulterado nos termos acima descritos, o preço de transferência é igualmente caracterizado por ser praticado entre entidades dependentes ou interdependentes, que se influenciam reciprocamente a nível decisório e que, por isso, mantêm entre si "relações especiais".

O conceito de "relações especiais" tem natureza legal, sendo o próprio legislador – uma vez mais no seguimento das determinações da OCDE e da UE – a densificar o seu conteúdo e perímetro de abrangência, considerando que se encontram em tal situação as empresas ou pessoas relativamente às quais existe a possibilidade de *influência dominante* nas decisões

cados métodos residuais ou alternativos desde que: os fixados pelo legislador não possam ser aplicados ou, podendo sê-lo, não permitam obter a medida mais fiável dos termos e condições que entidades independentes normalmente acordariam, aceitariam ou praticariam".

[433] Cf. art. 89.º, alínea *a)*, do CIRC.

[434] Cf. art. 63.º, n.º 9, do CIRC.

de administração e gestão de outra ou outras. Tal pode ser indiciado por critérios vários, dos quais se destacam os seguintes:

i) Titularidade do capital;
ii) Titularidade dos direitos de voto;
iii) Ligações familiares;
iv) Ligações laborais ou gestionárias;
v) Ligações a entidades situadas em territórios de baixa pressão fiscal.

Por exemplo, as prestações de serviços entre uma determinada sociedade e o cônjuge de um seu sócio-gerente, ou as transações comerciais entre duas sociedades em que uma delas detém 40% das ações da outra considerar-se-ão efetuadas na base de relações especiais e, por causa disso, poderão levantar suspeitas quanto à possibilidade de desvirtuamento dos preços e valores envolvidos.

Pois bem, de um modo mais concreto, e utilizando a terminologia legal do CIRC, considera-se que existirão relações especiais entre [435] / [436]:

- Uma entidade e os titulares do respetivo capital, ou os cônjuges, ascendentes ou descendentes destes que detenham, direta ou indiretamente, uma participação não inferior a 20% do capital ou dos direitos de voto;
- Entidades em que os mesmos titulares do capital, respetivos cônjuges, ascendentes ou descendentes detenham, direta ou indiretamente, uma participação não inferior a 20% do capital ou dos direitos de voto;
- Uma entidade e os membros dos seus órgãos sociais, ou de quaisquer órgãos de administração, direção, gerência ou fiscalização, e respetivos cônjuges, ascendentes e descendentes;

[435] Cf. art. 63.º, n.º 4, do CIRC. V., também, acórdão do TCA Sul de 17 de março de 2016, processo n.º 04412/10.

[436] Em contexto de IVA, a noção de "relações especiais" é ainda mais ampla, envolvendo também a própria ligação entre a entidade empregadora e o funcionário (empregado), a família deste ou qualquer pessoa com ele estreitamente relacionada (assim, art. 16.º, n.º 12, do CIVA).

- Entidades em que a maioria dos membros dos órgãos sociais, ou dos membros de quaisquer órgãos de administração, direção, gerência ou fiscalização, sejam as mesmas pessoas ou, sendo pessoas diferentes, estejam ligadas entre si por casamento, união de facto legalmente reconhecida ou parentesco em linha reta;
- Entidades ligadas por contrato de subordinação, de grupo paritário ou outro de efeito equivalente;
- Empresas que se encontrem em relação de domínio, nos termos do art. 486.º do CSC;
- Entidades cujo relacionamento jurídico possibilita que uma condicione as decisões de gestão da outra, em função de factos ou circunstâncias alheios à própria relação comercial ou profissional;
- Uma entidade residente ou não residente com estabelecimento estável situado em território português e uma entidade sujeita a um regime fiscal claramente mais favorável residente em país, território ou região constantes da lista aprovada por portaria do Ministro das Finanças.

Em todas estas situações, entende o legislador que os preços contratados se poderão afastar daqueles que seriam estabelecidos em condições de pura concorrência e, consequentemente, impõe o dever de correção e acerto dos mesmos. Em todo o caso, não pode deixar de se suscitar alguma dúvida quanto à conformidade constitucional destas previsões normativas, principalmente considerando *(i)* a utilização do enunciado "designadamente" – o que indicia que o elenco legislativo não é exaustivo, abrindo a consideração de outras eventuais "relações especiais" (como, aliás, acabou de ser referido, em nota, a respeito do IVA) – e *(ii)* a ambiguidade de certos enunciados – como "ascendentes ou descendentes" (sem limitação de grau) ou "condicione as decisões de gestão da outra" –, em ambos os casos colocando em crise o princípio da segurança jurídica.

c) O propósito de obtenção de vantagem fiscal

Além de materializarem um desvio relativamente às regras normais de mercado e de assentarem na existência de relações especiais entre os sujeitos envolvidos, os preços de transferência devem, no presente contexto, ter subjacente propósitos de obtenção de vantagem fiscal. Apenas desse modo se compreenderá o específico dever que impende sobre os sujeitos passivos de imposto de ajustarem os valores praticados e declarados aos valores ditos normais, bem assim como o dever da administração tributária de efetuar as correções que entenda pertinentes (designadamente materializando *liquidações adicionais* de imposto).

Com efeito, se os fins ou intentos que se encontram por baixo da decisão de contratar e praticar preços modificados não tiverem natureza fiscal – o que não será raro acontecer, pensando-se, por exemplo, na prevalência ou preferência de certas ligações familiares, no afastamento de empresas concorrentes, na aposta num novo produto ou tecnologia, na entrada num novo segmento de mercado, na imagem da marca, no investimento em determinada espécie de recursos humanos (mão de obra) –, dificilmente se compreenderia que a administração pudesse intervir e, através de procedimento próprio, retificasse valores, pois, agindo esta sempre na prossecução do Interesse público, com muito esforço se admitiria a sua atuação na defesa das regras de fluidez da oferta e da procura ou de proteção dos acionistas ou trabalhadores das empresas. Poderia ser atribuição e competência de outras entidades públicas regulatórias, como as autoridades ligadas ao funcionamento eficiente dos mercados e à concorrência, mas não ao fisco propriamente dito.

Por conseguinte, entende-se que o terceiro eixo em que assenta a definição do preço de transferência tem natureza teleológica ou volitiva e consiste na específica intenção de "fugir ao fisco", manipulando as bases de tributação e, por essa via, obter uma poupança fiscal considerada abusiva. Do mesmo modo se admite, a partir deste enquadramento, a natureza de "norma antiabuso" (específica) dispensada a este conjunto de regras impositivas.

5.2.2. As reações

Considerando os particulares riscos que a prática de preços e valores desviantes acarreta em termos de erosão das bases de tributação, potenciando a evitação fiscal, compreende-se que o legislador desenhe um invólucro jurídico especialmente restritivo no sentido de prevenir a respetiva prática. Diríamos mesmo: regime especialmente restritivo e, do ponto de vista dos contribuintes e obrigados tributários, particularmente oneroso (trabalhoso) e burocrático.

Sendo certo que a temática das formas de reação do ordenamento jurídico-fiscal aos comportamentos abusivos já foi acima abordada na Parte II, a verdade é que a complexidade e as especificidades inerentes ao regime dos preços de transferência justificarão uma menção alargada no presente momento, sem que se corra o risco de repetição inoportuna. Aliás, pedagogicamente, a reiteração de alguns aspetos de regime pode revelar-se vantajosa.

Tal assumido, regista-se que o regime reativo assenta basicamente em dois momentos: *(i)* um, a cargo dos contribuintes, de natureza declarativa, e *(ii)* outro, a cargo da administração tributária, de natureza fiscalizadora.

a) Obrigações declarativas

Num primeiro momento, e porque o IRC é um imposto autoliquidável – incumbindo a respetiva quantificação aos sujeitos passivos, por meio de declarações em modelo oficialmente aprovado [437] –, impende sobre os contribuintes ou sujeitos passivos o especial dever de corrigir o lucro tributável, ajustando nas suas declarações periódicas os respetivos valores, adequando-os àqueles que seriam considerados os valores de plena concorrência [438]. De resto, encontram-se os mesmos vinculados ao cumprimento de um conjunto de obrigações acessórias, que vão complementar a obrigação principal de pagamento, de entre as quais se destacam as seguintes [439]:

- Declarar se no período de tributação existem ou não operações com entidades em situação de relações especiais e, em caso afirmativo, identificar essas entidades, o montante e a tipologia das operações

[437] V. art. 89.º, alínea *a)*, do CIRC.

[438] Tal dever resulta do n.º 8 do art. 63.º do CIRC e do art. 3.º da Portaria n.º 268/2021, os quais, apesar de se referirem expressamente às "operações com entidades não residentes", não deverão ser lidos no sentido de excluir todas as outras situações. Tratar-se-á, neste sentido, de uma regra geral aplicável a todos os sujeitos passivos, decorrente da natureza autoliquidatória do imposto.

[439] Cf. art. 63.º, n.º 7, do CIRC.

(com cada uma), e as metodologias de determinação dos preços de transferência;
- Indicar o valor das correções efetuadas na determinação do lucro tributável;
- Declarar se organizou, e mantém, a documentação relativa aos preços de transferência praticados [440].

A este propósito, e sem prejuízo de se reconhecer que as entidades administrativas têm sobre si a ingrata tarefa de descobrir uma verdade material de dificílima apreensão, não pode deixar de se considerar que se está aqui em presença de um acervo deôntico – pois que de verdadeiros deveres se trata, não de meras faculdades – particularmente oneroso, sob

[440] A propósito desta última obrigação, importa acentuar que os sujeitos passivos de IRC com um volume de negócios tido como elevado (10 milhões de euros – cf. art. 17.º, n.º 3, da Portaria n.º 268/2021) devem manter organizado um, assim denominado, *dossier de preços de transferência*, do qual constem, entre (muitos) outros, elementos, informações respeitantes:
- À descrição e caracterização da situação de relações especiais que seja aplicável às entidades com as quais realiza operações comerciais, financeiras ou de outra natureza;
- À evolução da relação societária do vínculo que constitua a origem da relação especial;
- À caracterização da atividade exercida por si e pelas entidades relacionadas com as quais realiza operações;
- À indicação discriminada, em relação a cada operação, da natureza das mesmas e dos valores nos últimos três anos;
- À identificação detalhada dos bens, direitos ou serviços que são objeto das operações;
- Aos estudos técnicos, previsões e orçamentos respeitantes à atividade global e à atividade por divisão ou produto;
- Aos contratos e outros atos jurídicos praticados tanto com entidades relacionadas como com entidades independentes, com as modificações que ocorram e com informação histórica sobre o respetivo cumprimento;
- Às contas sociais das entidades envolvidas.

Devem ainda ser fornecidos elementos respeitantes às condições de entrega dos produtos e atividades acessórias envolvidas (serviços pós-venda, assistência técnica e garantias), penalidades e o respetivo procedimento de cálculo para a mora no cumprimento ou o incumprimento e (!) estratégias e políticas do negócio. Cf. art. 63.º, n.º 6, do CIRC e, para especificidades, arts. 17.º e ss. da Portaria n.º 268/2021.

Os contribuintes que sejam qualificados, nos termos da lei, como "pequena ou média empresa" estão sujeitos a um dever de manutenção de um *dossier* dito "simplificado" (o qual apenas na adjetivação legal o será) – v. art. 19.º da Portaria n.º 268/2021.

o ponto de vista da carga de trabalho e do dispêndio temporal necessários ao seu cumprimento. Aliás, em muitas circunstâncias, a contratação e o pagamento de técnicos especializados para o efeito tornar-se-ão imperativos, acrescendo aos custos operacionais normais, os encargos com a realização das tarefas fiscais. Como já em várias sedes temos acentuado [441], a tendência, atualmente verificada em grande parte dos ordenamentos jurídico-fiscais, de "descarregar" nos sujeitos passivos e outros obrigados tributários tarefas de controlo e de inspeção tributária (que deveriam normalmente ser levadas à prática por entidades administrativas com competências próprias para o efeito) acaba por potenciar o efeito perverso de colocar os privados a "trabalhar para o fisco", o que, naturalmente, levanta sérias dúvidas no que concerne à pertinência constitucional das normas respetivas (em face do princípio da proporcionalidade e das restrições de certos direitos fundamentais, como os relacionados com a escolha de profissão ou com a iniciativa e o desenvolvimento de atividade empresarial).

b) Dever de correção oficiosa

Num segundo momento, e caso os sujeitos passivos não o tenham feito, é a administração tributária quem pode (em rigor, deve), com base nos elementos que tem ao seu dispor – podendo, como em qualquer procedimento, utilizar os meios gerais de prova admitidos em Direito [442] –, efetuar as correções que considere necessárias na determinação do lucro tributável, adaptando este último aos valores que teriam sido obtidos se as operações se tivessem efetuado numa situação normal de mercado [443]. Nesta tarefa corretiva (desencadeada, por exemplo, no âmbito de inspeções tributárias) emergem atos de revisão oficiosa da matéria tributável

[441] V. *supra*, Parte III, apartado 2.1.5. [Imposição de deveres acessórios de comunicação (Lei n.º 26/2020)].

[442] Cf. art. 72.º da LGT. A menção à plenitude dos meios probatórios é importante, na medida em que a simples utilização de prova documental poderá não ser suficiente, principalmente quando os contratos celebrados entre as pessoas ou empresas em causa são exíguos no que respeita ao enquadramento e aos pormenores que envolvem as transações. Poderá, assim, ser útil o recurso, por exemplo, à prova pericial.

[443] Cf. art. 63.º, n.º 9, do CIRC.

e liquidações adicionais, procurando refletir a pretensão impositiva que foi contornada por via da prática dos preços manipulados. Tais correções intentam, na realidade, reconstituir a situação que existiria caso os preços de transferência não tivessem existido.

Naturalmente que sobre si (administração tributária) impende o ónus da prova dos factos constitutivos do desvio e da tributação, até porque não se pode esquecer que as declarações apresentadas pelos contribuintes foram desconsideradas (ainda que tais declarações possam eventualmente ter "perdido" a presunção de veracidade e de boa fé [444]).

Acresce que não podem deixar de se considerar aqui aplicáveis as exigências decorrentes do dever de fundamentação dos atos jurídicos da administração, devendo esta – de modo expresso (verbalizado por escrito), direto (com menção específica ao assunto), completo (invocando a matéria de facto e a base legal pertinentes) e claro (sem conceitos indeterminados ou polissémicos) – justificar o desvio entre os valores praticados e as condições normais de mercado, nomeadamente expondo quais seriam estas últimas. Não poderá, sob pena de invalidade do ato subjacente, bastar-se pura e simplesmente com a alegação de que certa operação "não corresponde à normalidade", sem explicar porque existe certo afastamento e qual o parâmetro aferidor para tal constatação [445]. Além disso, a fundamentação deve ser atual, isto é, contemporânea do ato notificado que incorpora ou contém as correções, não apresentada *a posteriori*, designadamente em sede judicial [446].

Sucede que esses "ajustamentos primários" apenas parcialmente resolvem o problema, pois, bem vistas as coisas, os preços foram praticados por duas entidades (no mínimo) e até ao momento apenas uma delas é que viu o seu lucro tributável corrigido. Ora, importa não perder de vista que a introdução de novas componentes no lucro de uma entidade terá reflexos simétricos nos valores contabilizados e declarados pelas

[444] Cf art. 75.º, n.os 1 e 2, *a contrario*, da LGT. V., ainda, o já citado acórdão do TCA Sul de 17 de março de 2016, processo n.º 04412/10.

[445] V., por exemplo, o acórdão do STA de 18 de fevereiro de 2010, processo n.º 0573/07.

[446] Assim, v. o já citado acórdão do TCA Sul de 25 de janeiro de 2018, processo n.º 06660/13 ("justifica a recorrente [administração trobutária] na fase jurisdicional o que deveria ter justificado aquando da prolação do acto impugnado").

outras, o que implica que em tais circunstâncias deverão ser efetuados os denominados "ajustamentos correlativos" [447], isto é, os acertos ou ajustes que sejam, nas segundas entidades, o reflexo dos primeiros acertos. Apenas assim se evitarão, por exemplo, situações de dupla tributação.

5.2.3. O contencioso associado às alterações de preços e de valores

Como já se assinalou devidamente, em casos de alterações ou manipulações de valores, o fisco efetua as correções necessárias aos mesmos, de maneira a adaptá-los aos parâmetros regulares [448], emanando atos de liquidação adicional e exigindo o imposto em falta. Trata-se de verdadeiros atos de liquidação, como quaisquer outros – apenas com as especificidades de surgirem *a posteriori* e de terem natureza corretiva –, pelo que pode contra os mesmos ser utilizado o arsenal garantístico geral em matéria tributária.

De um modo breve, atentar-se-á de seguida nos meios de reação ou defesa que aqui poderão ser pertinentes em termos de utilização pelos sujeitos passivos, designadamente:

- A reclamação graciosa e a impugnação judicial, enquanto meios gerais a utilizar em casos de preços de transferência;
- Os acordos prévios sobre preços de transferência; e
- o procedimento de prova do preço efetivo na transmissão de imóveis.

a) Reclamação graciosa e impugnação judicial (meios gerais)

Na ausência de qualquer procedimento específico para o efeito, os meios de defesa dos contribuintes que são destinatários de liquidações adicionais baseadas em correções derivadas de preços de transferência são os que resultam das regras gerais do contencioso tributário, recorrendo-se aos meios que normalmente se aplicariam a estas situações, alternativamente:

- Caso o contribuinte pretenda reagir em sede administrativa, deverá lançar mão da reclamação graciosa, no prazo de 120 dias; ou

[447] Cf. arts. 63.º, n.º 13, do CIRC e 20.º e ss. da Portaria n.º 268/2021.

[448] Cf. arts. 63.º, n.º 9, 64.º, n.º 6, do CIRC e 16.º, n.º 10, do CIVA.

– caso pretenda reagir em sede jurisdicional, o meio apropriado será o processo de impugnação judicial, a intentar no prazo de 3 meses.

Em ambos os casos, o fundamento será qualquer ilegalidade (desde logo, a eventual errónea quantificação dos lucros) e os prazos de interposição referidos contam-se a partir do termo do prazo de pagamento voluntário [449].

A este respeito, importa deixar uma breve nota: está aqui a ser feita referência à liquidação efetuada pela administração tributária na sequência das correções introduzidas aos valores declarados pelos sujeitos passivos (e que aquela considerou desajustados e abusivos) – trata-se, portanto, de heteroliquidação; diferente será a situação em que *ab initio* o próprio contribuinte ou sujeito passivo apresentou os valores, calculou o seu lucro tributável e liquidou o seu próprio imposto e, posteriormente, detetou incongruências e pretende sindicar as mesmas – autoliquidação. Aqui, torna-se necessário – por imposição legal – o esgotamento das vias administrativas (*definitividade vertical*) antes do acesso à via jurisdicional, o que vale por dizer que se o contribuinte pretender utilizar o processo de impugnação judicial acima referido deverá primeiro reclamar graciosamente e, só após o eventual indeferimento, estará aberta a via contenciosa [450].

b) Acordos prévios sobre preços de transferência

Ainda em matéria de preços de transferência, existe um meio não contencioso que permite resolver um litígio que os tenha por objeto; melhor dito: um meio não contencioso que permite *antecipar* um litígio, na medida em que o objetivo é precisamente evitar que um potencial dissídio surja. Trata-se do denominado *acordo prévio sobre preços de transferência*, cuja disciplina jurídica consta do art. 138.º do CIRC e da Portaria n.º 267/2021.

Consiste tal acordo num instrumento formal e vinculativo, assente num consenso entre a administração tributária – ou várias administra-

[449] Cf., em geral, arts. 70.º, 99.º e 102.º do CPPT.

[450] Cf. art. 131.º do CPPT.

ções, no caso dos acordos multilaterais – e o contribuinte, mediante o qual se procura o estabelecimento antecipado do método ou métodos suscetível(eis) de assegurar os termos e condições que seriam normalmente acordados, aceites ou praticados entre entidades independentes nas operações comerciais e financeiras. O procedimento de celebração dos mesmos depende sempre de iniciativa do sujeito passivo (logo, não existem acordos por iniciativa oficiosa), devendo este apresentar um pedido dirigido ao Diretor-Geral dos Impostos, contendo uma proposta fundamentada da qual constem, entre outros, os métodos de determinação dos preços de transferência, bem assim como os elementos seguintes[451]:

– Identificação das operações abrangidas;
– Identificação do período de duração;
– Declaração de renúncia ao direito ao sigilo profissional ou comercial.

Ademais, não pode invocar um eventual dever de sigilo incidente sobre dados financeiros, comerciais ou técnicos, e deve fornecer os elementos necessários para que, sendo caso disso, a administração tributária possa assegurar a troca obrigatória e automática de informações ao abrigo da cooperação administrativa entre autoridades competentes dos Estados-Membros da União Europeia ou com outras "jurisdições"[452]. E aqui podem levantar-se problemas delicados do ponto de vista jurídico: é certo que o acordo subscrito é confidencial e que as informações transmitidas no processo de negociação estão protegidas pelo dever de sigilo fiscal (sem prejuízo das obrigações em matéria de troca de informação para efeitos fiscais a que o Estado português se encontre vinculado). Não obstante, levanta-se a questão de saber se a própria administração tributária poderá, no futuro, utilizar a seu favor a informação revelada, designadamente para efeitos de procedimentos de inspeção, avaliação indireta ou liquidação.

A recusa da proposta apresentada pelo contribuinte, devendo considerar-se um *ato administrativo em matéria tributária*, deve ser devidamente

[451] Cf. art. 138.º, n.os 2 e 3, do CIRC. Quanto às fases do respetivo procedimento, v. arts. 4.º e ss. da Portaria n.º 267/2021.
[452] Cf. arts. 138.º, n.º 5, do CIRC e 9.º, n.º 4, da Portaria n.º 267/2021.

fundamentada[453], e estará naturalmente sujeita a sindicância jurisdicional (por via de ação administrativa).

Este tipo de acordos – que podem ser resolvidos pela administração tributária (em casos de fornecimento de dados erróneos, omissão, dissimulação ou viciação de informação ou incumprimento dos termos e condições estabelecidos no acordo) e revistos por iniciativa de qualquer das partes (caso haja alteração substancial das circunstâncias) [454] – assume um relevo prático significativo na perspetiva do princípio da proteção da confiança legítima [455]. Com efeito, disse-se acima que o acordo – que terá uma duração máxima de quatro anos [456] – é vinculativo, o que significa que a administração tributária não poderá no futuro deixar de atuar em conformidade com os termos nele estabelecidos, salvo, naturalmente, alterações dos pressupostos ou das circunstâncias, designadamente a nível legislativo, económico ou operacional [457]. Dessa vinculatividade decorre a invalidade dos atos tributários eventualmente dissonantes, revestindo-se as expectativas dos contribuintes – que são, nessas circunstâncias, consideradas *legítimas* – de um grau de previsibilidade e tutela que não pode considerar-se negligenciável. Em contrapartida, porém, são vedadas a esses mesmos contribuintes as possibilidades de reclamação ou de recurso do conteúdo do acordo, por se entender que a colocação em crise de atos tributários baseados num ato consensual subscrito (e pedido) pelo próprio contribuinte atentaria precisamente contra as expectativas legítimas da administração tributária [458]. Por aqui se vê que o pedido e a subscrição de um acordo, apresentando vantagens, podem igualmente comportar restrições de situações jurídicas: além de, como se viu, renun-

[453] Cf. art. 7.º, n.º 3, da Portaria n.º 267/2021.

[454] Cf. arts. 16.º e 17.º da Portaria n.º 267/2021.

[455] Ideia que é reforçada, de resto, pelo preâmbulo da Portaria n.º 267/2021 e pelo respetivo art. 1.º.

[456] Cf. art. 14.º, n.º 2, da Portaria n.º 267/2021.

[457] Cf. art. 138.º, n.º 7, do CIRC.

[458] Cf. art. 138.º, n.º 8, do CIRC. Em qualquer caso, tal limitação recursiva apenas se deve restringir às questões de natureza material, pois o legislador expressamente se refere ao "conteúdo do acordo", parecendo excluir da previsão normativa – e, logo, do impedimento recursivo – as questões de natureza formal ou procedimental.

ciar ao sigilo, o sujeito passivo renuncia igualmente ao direito ao recurso, isto é, ao questionamento jurídico dos atos subsequentes nele fundados.

c) Procedimento de prova do preço efetivo na transmissão de imóveis

Como já foi apontado, outra das preocupações do legislador relaciona-se com a existência de transmissões onerosas de direito reais sobre bens imóveis que influam na determinação do lucro tributável em sede de IRC.

Materializando uma verdadeira norma *antiabuso*, prescreve o art. 64.º, n.º 2, do CIRC que sempre que, nas transmissões onerosas, entre pessoas coletivas, de direitos reais sobre bens imóveis, o valor constante do contrato seja inferior ao valor patrimonial tributário que serviu de base à liquidação do IMT, é este o valor a considerar pelo alienante e pelo adquirente, para determinação do lucro tributável. Em tais ocorrências, impende sobre os sujeitos passivos de imposto o dever de proceder às correções necessárias, de modo a tornar os valores da transação compagináveis com os valores tidos por corretos [459].

Importa notar que nestas situações tem a jurisprudência entendido que se está em face de uma presunção, suscetível de ilisão por parte do obrigado tributário [460], e que em tais casos deve este último desencadear um procedimento próprio para efeitos de demonstração de que o valor efetivamente praticado é inferior ao VPT (em consequência, por exemplo, da crise económica, da necessidade imperiosa de alienar património por parte da empresa por causa dos prejuízos acumulados ou dos salários em atraso, etc. [461]). Tal procedimento está previsto no art. 139.º do CIRC – e, por remissão, nos arts. 91.º e 92.º da LGT – e, nos seus termos essenciais, regula-se pelas seguintes regras:

- Trata-se de um procedimento de iniciativa não oficiosa, que deve obrigatoriamente ser encetado pelo obrigado tributário por meio de requerimento dirigido ao diretor de finanças;

[459] Cf. art. 64.º, n.º 3, do CIRC. V., ainda, art. 31.º-A do CIRS.

[460] Assim, acórdão do TCA Sul de 11 de março de 2021, processo n.º 262/10.5BEBJA. Cf., ainda, art. 73.º da LGT.

[461] V., por exemplo, acórdão do TCA Sul de 09 de junho de 2021, processo n.º 706/11.9BELRS.

- Esse requerimento deve ser apresentado em janeiro do ano seguinte àquele em que ocorreram as transmissões (caso o valor patrimonial tributário já se encontre definitivamente fixado), ou nos 30 dias posteriores à data em que a avaliação se tornou definitiva (nos restantes casos);
- Juntamente com o mesmo, deve o obrigado tributário indicar um perito que o representará (o mesmo sucedendo com a administração tributária e podendo eventualmente ser requerida a nomeação de um perito independente);
- Os peritos procederão a um debate contraditório com o objetivo de chegar a um acordo quanto à congruência do preço efetivamente praticado na transmissão com o VPT;
- Em caso de acordo, o valor considerado será o valor daí resultante (o qual, em circunstâncias lógicas e normais, será o preço efetivamente praticado na transmissão, uma vez que a prevalência deste é que constitui o motivo para a suscitação deste procedimento por parte do obrigado tributário ou contribuinte);
- Este procedimento tem efeito suspensivo da liquidação (mas apenas da parte correspondente ao valor da diferença positiva entre o preço declarado e o VPT; já quanto à liquidação incidente sobre o valor do preço declarado, tal efeito, porque não contestado, não se verificará);
- A apresentação do procedimento significa renúncia ao direito ao sigilo bancário do requerente e dos respetivos administradores ou gerentes (pois a administração tributária pode aceder diretamente à informação bancária referente ao período de tributação em que ocorreu a transmissão e ao período de tributação anterior);
- O procedimento constitui condição de acesso à via jurisdicional (impugnação judicial), caso o contribuinte queira, mais tarde, colocar em crise eventuais liquidações ou correções ao lucro tributável efetuadas com base na divergência dos valores [462]/[463].

[462] Tal carácter necessário parece excluir a possibilidade de aplicação de agravamentos à coleta, designadamente em situações de ausência de fundamentos plausíveis (art. 91.º, n.os 9 e 10, da LGT).

[463] No sentido em que tal exigência de esgotamento das vias administrativas para posterior

À parte, e sem prejuízo desta possibilidade de o próprio interessado ilidir, nos termos sumariamente descritos, a presunção de valor constante da norma legal, pode sempre a administração tributária proceder a correções ao lucro tributável declarado quando dispuser de elementos que comprovem que o preço efetivamente praticado na transmissão (e constante do contrato) divergiu, para menos, do VPT [464].

6. Reorganização empresarial

Um dos domínios económicos em que os comportamentos de poupança e evitação fiscal se podem revelar de modo mais significativo e com elevada relevância prática é o das denominadas *reorganizações* ou *reestruturações empresariais*. Trata-se de arranjos contratuais por meio dos quais as empresas, em face de necessidades de ajustamento e adaptação a novos tempos e exigências, utilizam determinados meios jurídicos no sentido de se agruparem, separarem ou extinguirem, fracionando ou aglutinando as suas atividades e processos, partilhando ou repartindo meios e pessoas, tudo no intuito de atingirem melhores desempenhos económicos e de se tornarem mais eficientes.

Esta é uma matéria de elevadíssima tecnicidade e complexidade objetiva e subjetiva, não apenas do ponto de vista estritamente fiscal, mas igualmente da perspetiva do Direito Privado, da gestão e das ciências contábeis. Porém, para os presentes propósitos, interessarão apenas as dimensões atinentes ao planeamento em matéria de impostos e, mesmo correndo algum risco de *oversimplification*, utilizar-se-á a designação "empresa" num sentido impróprio, considerando-se apenas as estruturas mais relevantes do ponto de vista prático: as sociedades comerciais (excluindo, por conseguinte, as pessoas singulares, as sociedades não comerciais e as pessoas coletivas de base não societária).

acesso às vias jurisdicionais não é inconstitucional, v., por exemplo, o já citado acórdão do TCA Sul de 11 de março de 2021, processo n.º 262/10.5BEBJA.

[464] Cf. art. 64.º, n.º 6, do CIRC.

6.1. Reorganização ou reestruturação, desempenho e eficiência empresarial

Uma das primeiras ideias a reter quando se trata das temáticas aqui em consideração é a de que a reorganização empresarial pode ser vista não apenas como uma opção, mas também como uma verdadeira exigência ou imposição. Na verdade, não pode ser desconsiderado que os mecanismos de mercado e de concorrência colocam enorme pressão sobre o desempenho empresarial no sentido de potenciar a sua eficiência, obrigando qualquer administrador ou gestor diligente a tudo fazer para maximizar os proveitos e minimizar os custos, dentro dos limites legais, evidentemente. É neste sentido, aliás, que a própria lei se refere ao gestor "criterioso e ordenado", à "diligência profissional", à observância de "deveres de cuidado" e à "competência técnica" [465].

A vivência e a realidade empírica demonstram que existem múltiplas formas jurídicas por meio das quais as entidades empresariais se podem reorganizar ou reestruturar, desde a simples deslocalização geográfica da sede ou de estabelecimentos, até à alteração da denominação, passando pela desconcentração orgânica, pela descentralização de estruturas, pela cooperação empresarial por meio de consórcios ou outras formas jurídicas, etc. Em todos estes casos, em sentido amplo, poderia falar-se em "reestruturação". Porém, o legislador e a jurisprudência (esta última, em decorrência dos conflitos suscitados) têm colocado especial ênfase naquelas formas que têm em comum o facto de implicarem, em maior ou menor grau, alguma perda de identidade ou de autonomia de alguma(s) das entidades envolvidas, a saber:

i) *Transformação*, que consiste no ato mediante o qual uma determinada entidade empresarial assume uma forma jurídica distinta da inicialmente adotada (por exemplo, uma sociedade por quotas que se transforma em sociedade anónima ou vice-versa) [466];
ii) *Fusão*, que se materializa na reunião numa só entidade empresarial de duas ou mais entidades até então distintas [467];

[465] Cf. art. 64.º do CSC.
[466] Cf. arts. 130.º e ss. do CSC.
[467] V., por exemplo, arts. 97.º e ss. do CSC.

iii) *Cisão*, a qual compreende a divisão – e eventual (embora não necessária) dissolução – de determinada entidade empresarial em duas ou mais, já existentes ou a constituir [468].

Insiste-se que se trata, esta, de uma abordagem porventura simplista, não se entrando em tecnicidades jurídico-privatísticas, designadamente aferindo das diferentes sub-hipóteses em que se pode desdobrar cada uma das formas apontadas (por exemplo, fusão-cisão, fusão por incorporação, etc.) [469].

Do ponto de vista da sua teleologia, as operações em causa podem ter motivações muito diversificadas, de entre as quais se salientam as seguintes[470]:

- Aumento das possibilidades de expansão negocial, por meio da integração em determinados sectores de mercado anteriormente não acessíveis (por exemplo, a empresa incorporadora querer abarcar um segmento ou "nicho" onde labora a empresa incorporada);

[468] V. por exemplo, arts. 118.º e ss. do CSC.

[469] A respeito dessas sub-hipóteses constate-se, por exemplo, a prolixidade e a complexidade dos enunciados linguísticos utilizados pelo legislador fiscal nos diversos números do art. 73.º do CIRC. Para se ter uma noção mais *realista* dessa complexidade e do respetivo alcance prático, v., entre muitos outros, acórdão do STA de 12 de fevereiro de 2015, processo n.º 01443/13, onde se pode ler:

> "[A] fusão, a cisão ou a conjugação dos dois negócios jurídicos são tudo formas encontradas pelo mundo dos negócios e recebidas no direito societário em que se procura aumentar a eficiência das organizações empresariais. Verdadeiramente nestas operações não se gera lucro imediato mas tem-se uma expectativa de que, no futuro, a nova organização empresarial o vá gerar e em volume muito mais significativo, ou, pelo menos, vá reduzir significativamente os prejuízos, coisa que se antevia como pouco provável caso cada sociedade continuasse o seu giro comercial sem qualquer reorganização estrutural".

Adiante:

> "Todos estes negócios, fusões e cisões poderiam ser substituídos pela compra e venda das sociedades em causa mas esta tem a desvantagem de carecer da mobilização de recursos financeiros que os intervenientes ou não têm, ou, tendo, não querem mobilizar ou utilizar com essa finalidade. De forma engenhosa criaram-se estas «transacções sem liquidez»".

[470] Cf., por exemplo, acórdão do STA de 10 de janeiro de 2018, processo n.º 01486/15.

- Fortalecimento e robustecimento da posição negocial frente à concorrência;
- Aquisição de capacidade financeira para realizar investimentos, acedendo mais facilmente ao crédito ou diminuindo riscos;
- Melhoria do nível de informação a prestar ao exterior, nomeadamente à banca ou aos fornecedores;
- Racionalização dos processos produtivos ou distributivos, eliminando-se operações económicas duplicadas;
- Rentabilização dos recursos humanos, materiais, financeiros e tecnológicos, simplificando as estruturas organizacionais e reduzindo custos administrativos e de gestão;
- Troca de tecnologias;
- Separação de patrimónios familiares;
- Incremento da imagem;
- Incorporação de carteiras de clientes;

E, *last but not least*,

- Poupança fiscal.

A questão, na ótica que aqui interessa apreender, está em saber se esta última se deve considerar lícita ou ilícita (porque abusiva).

6.2. O tratamento fiscal das operações de reorganização ou reestruturação

Independentemente das entidades envolvidas (por exemplo, grandes grupos empresariais ou pequenos lojistas; multinacionais ou empresas locais), e dos valores que possam estar em causa, é possível afirmar que existe uma regra nesta matéria: as operações de reestruturação empresarial *não podem* ser obstruídas, dificultadas, e muito menos impossibilitadas, por motivos fiscais, seja numa perspetiva substantiva, seja numa perspetiva adjetiva. Quer isto dizer que nem o legislador pode, por exemplo, criar taxas mais elevadas ou limitar a dedutibilidade dos custos tendo por referência estas operações, nem a administração pode introduzir procedimentos burocráticos irrazoáveis no sentido de condicionar a consecução das mesmas. Aliás, o sentido de atuação até deverá ser o oposto, criando-se medidas desimpeditivas, de modo a que o sistema fiscal genericamente considerado não seja visto como um estorvo [471]. Entre tais medidas, realçam-se as seguintes, a título meramente exemplificativo:

i) Uma regra de neutralidade das operações, nos termos da qual na determinação do lucro tributável das sociedades fundidas ou cindidas não é considerado qualquer resultado derivado da transferência dos elementos patrimoniais em consequência da fusão ou da cisão (desde que se esteja em presença de sociedades e patrimónios residentes ou localizados em território português ou em outro Estado membro da União Europeia) [472];
ii) Os prejuízos fiscais (resultados negativos) das sociedades "antigas" podem ser deduzidos nos lucros tributáveis das sociedades "novas", nos mesmos termos em que o poderiam ser no regime geral de reporte [473];
iii) Os benefícios fiscais e outras vantagens de tributação que as sociedades "antigas" eventualmente viessem auferindo podem ser transferidos para as sociedades "novas" [474].

E as coisas assim são porque a reestruturação se insere na denominada liberdade de gestão empresarial, já atrás analisada.

Sucede, porém, que os contribuintes ou obrigados tributários podem "abusar" de tal liberdade, utilizando as operações de reestruturação com o objetivo único ou primordial de obtenção de poupança fiscal; por outras palavas: tendo como único ou principal fito "fugir" ao cumprimento das obrigações tributárias e obtendo poupanças de impostos, taxas e contribuições que de outro modo não seriam obtidas. Em tais casos, entende-se que estão em causa construções sem "razões económicas válidas", transpondo-se o limiar do planeamento fiscal (lícito) e entrando-se no domínio da evasão fiscal (ilícita), legitimando a introdução de normas

[471] Cf., entre outros, o já citado acórdão do TJUE de 5 de julho de 2007, processo C-321/05 (*Kofoed*), que alude expressamente ao objetivo de "eliminar obstáculos fiscais às reestruturações transfronteiriças de empresas".

[472] Cf. art. 74.º do CIRC.

[473] Cf. art. 75.º do CIRC.

[474] Cf. art. 75.º-A do CIRC.

legais antiabuso e desconsiderando as vantagens fiscais entretanto obtidas. Nestes casos, a ATA, também aqui, com base em tais normas pode, por exemplo no decorrer de uma inspeção tributária, efetuar correções aos valores declarados e, mediante liquidações adicionais ou corretivas, exigir os valores de tributos que no seu entender deveriam ter sido pagos e não foram [475].

Sobre o conceito referido ("razões económicas válidas") já foi dedicada a devida atenção em vários momentos anteriores [476], de modo que se dispensa aqui a repetição inútil. No momento, importa sublinhar a sua relevância nos seguintes termos:

i) Quando as operações de reorganização ou reestruturação sejam efetuadas tendo por base primordialmente razões dessa natureza (porque, por exemplo, se pretendia incorporar carteiras de clientes de outro grupo, maximizar a capacidade financeira para realizar investimentos, ou poupar nos recursos humanos ou até prosseguir um interesse público de vitalidade de uma economia sectorial [477]), eventuais poupanças fiscais consideram-se legais, e o sistema fiscal não pode reagir limitativamente, porque se está no campo livre e lícito do *planeamento*;
ii) Pelo contrário, quando tais razões inexistirem ou se considerarem marginais ou insignificantes em face das poupanças fiscais – o que é objeto de inúmeras disputas jurisdicionais entre o fisco e os contribuintes (*e.g.*, porque uma das empresas em causa alegadamente já não exerce qualquer atividade mercantil ou prestacional) [478] – estas últimas considerar-se-ão abusivas e o sistema fiscal reage introduzindo limitações e restrições, reputando ineficazes eventuais vantagens fiscais decorrentes (ponto é que não o faça,

[475] Cf., a respeito, art. 73.º, n.º 10, do CIRC.

[476] V. , por exemplo, *supra*, Parte I, apartados 2.5.2.2. (Alguns marcos jurisprudenciais europeus significativos) e 2.6. [Os (supostos) princípios enformadores do planeamento fiscal (*proibição do abuso e prevalência da substância sobre a forma*)].

[477] Cf., por exemplo, acórdão do STA de 03 de fevereiro de 2010, processo n.º 0844/09.

[478] V. o já referido acórdão do TJUE de 10 de novembro de 2011, processo C-126/10 (*Foggia*). V., também, o acórdão do STA de 10 de janeiro de 2018, processo n.º 01486/15, ou o acórdão do TCA Norte de 18 de outubro 2018, processo n.º 00917/13.3BECBR, já citados.

mesmo aqui, e como se sinalizou, utilizando presunções gerais de abuso e critérios gerais pré-determinados, antes devendo ponderar uma análise global da operação, atentando em todos os aspetos que rodeiam a mesma, não olhando apenas para a "simples procura de um benefício puramente fiscal" [479]).

Enfim, fundamental é que os contribuintes se situem "além da procura [desse] benefício puramente fiscal" [480].

7. Gestão de resultados e componentes negativos (gastos, prejuízos e endividamento)

7.1. Colocação dos problemas

Outro domínio que, no mundo empresarial, assume especial e significativa relevância no momento de procurar obter poupança fiscal é o da gestão dos elementos negativos que concorrem para a tributação.

Como é por demais sabido, é a partir da consideração de componentes positivos (valores patrimoniais, lucros, mais-valias, juros, etc.) e negativos (custos, gastos, perdas, deduções, etc.) que a base de tributação de grande parte dos impostos é calculada, sendo intuitiva a ideia de que quanto maior for o valor daqueles últimos, mais baixa será a base tributável e o eventual valor a pagar, podendo mesmo ocorrer que exista prejuízo fiscal nas situações em que se apure resultado negativo, prejuízo este que poderá ser *reportável* ou *comunicável*, consoante as soluções de cada ordenamento jurídico [481]. Ora, fácil se torna entender que os contribuintes, do mesmo modo que podem procurar desvalorizar os proveitos ou rendimentos (dando-lhes diversa qualificação jurídica, deslocalizando-os ou camuflando-os), podem igualmente valorizar e "jogar" com os elementos negativos, intentando incrementá-los, de modo a baixar

[479] V., uma vez mais, o acórdão do TJUE de 17 de julho de 1997, processo C-28/95 (*Leur-Bloem*) e a jurisprudência que o seguiu.

[480] Neste sentido, v., uma vez mais, o acórdão do STA de 10 de janeiro de 2018, processo n.º 01486/15, e também o acórdão do TJUE de 5 de julho de 2007, processo C-321/05 (*Kofoed*).

[481] Cf., quanto ao ordenamento jurídico-fiscal português, arts. 52.º do CIRC e 55.º do CIRS.

a base de incidência. Aqui, sem prejuízo de se saber que várias outras estratégias podem ser pensadas, ganham especial destaque duas realidades que frequentemente – embora não necessariamente – se encontram interligadas: o incremento do passivo e a aquisição de prejuízos:

- No que diz respeito ao incremento do passivo, a técnica de planeamento passa pela criação de custos mediante, por exemplo, a celebração de atos ou contratos que implicam o pagamento de rendas, preços, juros, penalizações, indemnizações, etc., os quais, em circunstâncias normais, serão dedutíveis aos rendimentos (lucros) obtidos e, dessa forma, contribuirão para o abaixamento do valor tributável, anulando-o no limite (originando um prejuízo);
- No que concerne à aquisição de prejuízos, a ideia subjacente é similar, procurando-se, por exemplo, adquirir o capital ou o controlo de entidades que já apresentam resultados líquidos negativos, com o objetivo de deduzir estes últimos nos resultados líquidos positivos da entidade ou do grupo adquirentes.

Em rigor, estes modos de atuação poderão nada ter de errado e até se poderiam considerar recomendáveis do ponto de vista gestionário, comercial e empresarial, dinamizando o mercado de capitais, potenciando o giro mercantil, e até criando ou renovando postos de trabalho. Os problemas surgem quando os referidos custos ou prejuízos são artificiais ou assentam em esquemas abusivos, com base em *negócios indiretos*, os quais não encontram correspondência em razões económicas válidas, mas antes contribuem para criar uma realidade cujo propósito predominante – se não único – é a evitação fiscal.

É o que pode suceder, por exemplo, quando uma sociedade comercial contrai empréstimos para além daquilo que se poderia considerar aceitável ou razoável, ou fá-lo junto de credores sujeitos a um regime fiscal privilegiado (por exemplo, sociedades residente num "paraíso fiscal"), caso em que os juros eventualmente pagos pela primeira poderão estar sujeitos a um regime abusivamente vantajoso: no seu ordenamento de residência serão considerados custos e, por conseguinte, dedutíveis aos eventuais lucros conseguidos; no ordenamento de residência do credor poderão estar isentos ou sujeitos a uma tributação fortemente desagravada em virtude do regime favorável que aí se consagra. Em resumo: todos (ambos) ganham, exceto o fisco do Estado da residência, que vê a base de tributação erodida e diminuída em decorrência da consideração como custo dos juros dos ditos empréstimos. Estes últimos, outros propósitos não terão tido para a respetiva consecução do que a fuga aos impostos [482].

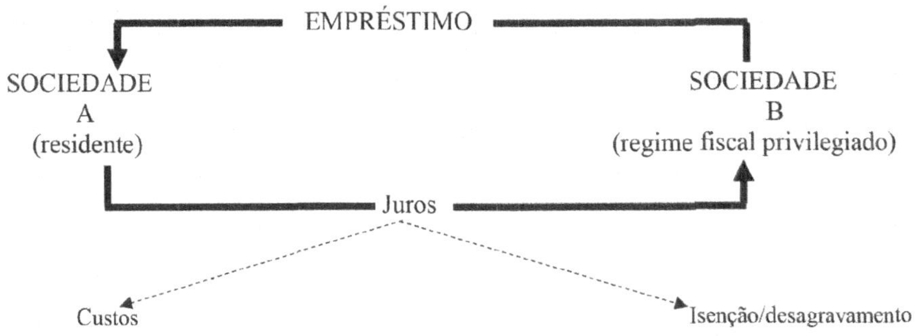

Do mesmo modo, e sempre a título exemplificativo, existirá propósito abusivo quando um grupo de sociedades adquire entidades deficitárias (por meio da aquisição da maioria ou totalidade do respetivo capital social), unicamente com o objetivo de, integrando-as, conseguir a dedução fiscal dos respetivos resultados negativos e, consequentemente, uma significativa redução do lucro tributável e do respetivo imposto a

[482] Porém, pode suceder – e esta ideia deve ficar bem vincada e isenta de ambiguidades – que o financiamento por meio de empréstimos contraídos junto de sociedades pertencentes ao mesmo grupo ou com as quais se desenvolvam relações especiais não tem necessariamente de ser negativamente conotado e juridicamente sancionado, seja por motivos fiscais, seja por outros motivos. Na realidade, poderá revelar-se perfeitamente aceitável que uma sociedade se endivide mediante o recurso ao crédito junto de uma sociedade "sua conhecida" com o mero objetivo de amortizar um anterior empréstimo contratualizado com uma instituição de crédito à qual paga elevados juros. Nesta medida, ficando demonstrado que a motivação reside na diminuição do valor dos encargos a pagar em decorrência da nova contratualização, será perfeitamente cogitável o carácter lícito da operação.

pagar [483]. O mesmo se diga quando uma determinada pessoa singular adquire um bem imóvel e o arrenda de modo intermitente, somente para gerar um rendimento pontual e justificar a dedução dos encargos com as obras (despesas de manutenção ou de conservação do prédio), obtendo um resultado negativo reportável para os exercícios seguintes.

Quer num caso (criação artificial de endividamento), quer no outro (manipulação ou aquisição de prejuízos) intenta-se um aproveitamento *extra legem* de realidades jurídico-fiscais que, não fosse a abusiva intencionalidade, se configurariam como técnicas perfeitamente legítimas de planeamento. Por outras palavras: quando pensadas e utilizadas em termos de *lícita normalidade* seriam perfeitamente conformes com o Direito.

Ora, em tais situações, como se depreende de tudo quanto já foi exposto, o ordenamento jurídico-fiscal reage e procura limitar estas possibilidades abusivas por meio da introdução de normas antiabuso. Tendo por referência o ordenamento jurídico português, importa aqui mencionar as seguintes:

- A norma que estabelece limites à dedutibilidade de gastos de financiamento; e
- a norma que estabelece limites ao transporte de prejuízos.

A elas se dedicarão os apartados seguintes.

[483] Numa perspetiva internacional / europeia, assume paradigmática relevância, entre outros, o acórdão do TJUE de 13 de dezembro de 2005, processo C-446/03 (*Marks & Spencer*), no âmbito do qual se tem por referência um litígio suscitado pelo indeferimento pela administração tributária (no caso, britânica) de um pedido apresentado por uma "sociedade-mãe", de dedução fiscal de prejuízos sofridos por filiais estabelecidas em outros Estados-Membros, que não exercem nenhuma atividade económica no Estado-Membro da primeira, questionando-se, designadamente, se tal impossibilidade de dedução não contrariará as normas dos Tratados respeitantes às liberdades fundamentais (*e.g.*, liberdade de estabelecimento), quando tal dedução é admissível relativamente aos prejuízos sofridos por filiais residentes. Para o que presentemente releva, deve salientar-se que o Tribunal entendeu que existirá tal restrição quando se criam diferenças de tratamento fiscal entre prejuízos sofridos por uma filial residente e aqueloutros sofridos por uma filial não residente, sem que se prossiga um objetivo legítimo e compatível com o Tratado e sem que se justifique por razões imperiosas de interesse geral.

7.2. Limites à dedutibilidade de gastos de financiamento

O modo de estabelecer um travão ao endividamento passa, entre outras soluções legalmente previstas, por fixar um teto máximo à dedutibilidade dos gastos de financiamento em sede de IRC, prescrevendo-se que os mesmos apenas poderão ser fiscalmente aceites e dedutíveis até ao maior destes dois limites [484]:

- € 1 000 000 (um milhão de euros); ou
- 30% do resultado antes de depreciações, amortizações, gastos de financiamento líquidos e impostos.

Assim:

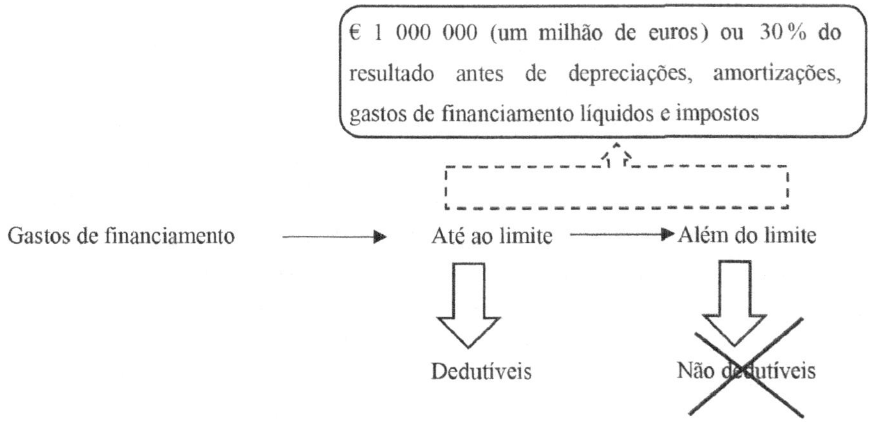

Mesmo assumindo que o propósito legislativo até poderá não ser exclusivamente fiscal – intentando-se, designadamente, combater o endividamento excessivo, *em si* [485] –, não poderá deixar de se concordar

[484] Cf. art. 67.º, n.º 1, do CIRC.

[485] Importa acentuar que a prática de endividamento, quando efetivada com certos contornos, pode implicar vários inconvenientes para além dos puramente fiscais, bastando pensar que um excessivo recurso a empréstimos poderá traduzir-se numa situação de subcapitalização, ou seja, a existência de um capital próprio manifestamente abaixo do que seria económico-financeiramente desejável e juridicamente adequado, desde logo perante o capital social definido. Em tais casos, em que uma estrutura empresarial assenta fortemente a sua

com a ideia de que a evasão às obrigações de pagamento de impostos será determinante, e justificará a introdução de um travão às possibilidades dedutivas. Neste contexto, a adequada compreensão do regime (bem mais complexo do que aqui singelamente se expõe) pressupõe a assunção de duas linhas de reflexão:

i) Primeira, o legislador adota um conceito amplíssimo de "gastos de financiamento líquidos", considerando os encargos com a obtenção de capitais que concorram para a formação do lucro tributável, e abrangendo não apenas os juros dos comuns empréstimos (independentemente da duração ou maturidade), mas igualmente os juros de descobertos bancários, comissões, taxas de negociação ou financiamento, ou quaisquer importâncias devidas ou imputadas à remuneração de capitais alheios [486];
ii) Segunda, como forma de estabelecer uma limitação que não se afigure desproporcional – e, concomitantemente, inconstitucional –, recorre-se a parâmetros de razoabilidade, considerando-se, ora um valor fixo tido como "normal" para o comum dos operadores económicos que necessite de financiamentos elevados (€ 1 000 000), ora um valor que tenha por referência 30% de um indicador de avaliação da saúde financeira das empresas (o EBITDA[487]).

atividade em dívida, em detrimento de capitais próprios, os credores poderão sentir um risco acrescido de incumprimento, o que, em consequência, constituirá uma perda significativa de valor a vários níveis.

[486] Cf. art. 67.º, n.º 12, alíneas *a)* e *b)*, do CIRC. Numa breve referência lateral, não pode deixar de se reiterar (aspeto já anteriormente mencionado) a crítica à técnica legislativa, que pode ser qualificada, no mínimo, como descuidada. Na verdade, o legislador, ao pretender definir "gastos de financiamento", alarga o conceito cinco vezes (!), adicionando sucessivamente novas realidades ao anterior perímetro de significado. Como já se assinalou, começa *(i)* por considerar os juros de descobertos bancários e de empréstimos, aditando *(ii)* "quaisquer importâncias devidas ou imputadas à remuneração de capitais alheios", prossegue *(iii)* "abrangendo" pagamentos no âmbito de empréstimos participativos e montantes pagos ao abrigo de mecanismos de financiamento alternativos, que, por seu lado, *(iv)* "incluem" instrumentos financeiros islâmicos, juros de obrigações, as quais, por seu turno, *(v)* "abrangem" obrigações convertíveis, obrigações subordinadas e obrigações de cupão zero, e outros títulos assimilados.

[487] Em termos simples e adaptados aos presentes propósitos (jurídicos), o EBITDA (*Earnings before interest, taxes, depreciation and amortization*) constitui um parâmetro avaliativo do desem-

Em termos simples: restringe-se a possibilidade de dedução quando os limites sejam ultrapassados, não se aceitando como encargos dedutíveis a parte dos juros em excesso.

Em termos subjetivos, e apesar da dúbia inserção sistemática (um capítulo do CIRC respeitante a "disposições comuns e diversas"), este regime limitativo será de aplicar aos sujeitos passivos de IRC cuja base de tributação é o lucro, o que equivale a dizer que são abrangidas as entidades residentes que exerçam a título principal uma atividade de natureza comercial, industrial ou agrícola e as não residentes com estabelecimento estável em território português [488]. Ficarão excluídas, portanto, as entidades residentes que não exerçam atividades daquela natureza – tributadas pelo denominado "rendimento global" – bem assim como as não residentes sem estabelecimento estável em território português. Do mesmo modo, ficam fora deste regime limitativo as entidades sujeitas à supervisão do Banco de Portugal e da Autoridade de Supervisão de Seguros e Fundos de Pensões, e as sucursais em Portugal de instituições de crédito e outras instituições financeiras ou empresas de seguros [489].

Como modo de introduzir alguma flexibilização neste regime restritivo, o legislador considera duas hipóteses de prolongamento temporal da dedução dos gastos de financiamento líquidos (sempre definidos nos termos apontados e em qualquer dos casos, com limitações) [490]:

penho empresarial, procurando captar a realidade financeira operacional de determinada empresa, considerando os seus recursos efetivos, e não estes mesmos recursos "adulterados" conjunturalmente com condicionantes contábeis, com o efeito de compromissos financeiros e fiscais atinentes ao pagamento de juros ou impostos. Deste modo, poderá constituir um bom parâmetro de aferição da produtividade empresarial, além de permitir a comparabilidade entre duas empresas localizadas em países ou setores de atividade distintos, procurando evidenciar o que elas realmente ganham com a atividade operacional e quotidiana (capacidade de captação de rendimentos ou lucros).

[488] Cf. art. 67.º, n.os 1 e 9, do CIRC.

[489] Cf. art. 67.º, n.º 11, do CIRC.

[490] Cf. art. 67.º, n.os 2 e 3, do CIRC. V., ainda, o n.º 4, quanto às limitações de aproveitabilidade deste regime, e os n.os 5 a 7, quanto à suscetibilidade de fruição do mesmo por parte de sociedades sujeitas ao regime especial de tributação de grupos de sociedades (RETGS, já acima estudado).

– Por um lado, nas situações em que os gastos são superiores aos limites fixados – e, por isso, não sejam deduzidos num determinado ano – estabelece que poderão vir a ser considerados na determinação do lucro tributável de um ou mais dos cinco períodos de tributação posteriores;
– Por outro lado, nas situações em que os gastos são inferiores ao limite de 30% acima referido – e, por isso, criaram como que um *remanescente* a favor do sujeito passivo – permite que este último possa também ser aproveitado até ao 5.º período de tributação posterior.

Porém, este *prolongamento* deixa de poder ser fiscalmente utilizado, num sentido ou no outro (reporte ou aproveitabilidade do remanescente), quando se verificar, entre o período inicial – aquele a que respeitam os gastos de financiamento líquidos ou a parte do limite não utilizada – e final – aquele em que é efetuada a dedução ou acrescido o limite –, uma alteração significativa da estrutura acionista ou decisória do sujeito passivo, em termos de se constatar uma mudança da titularidade do capital social ou da maioria dos direitos de voto [491]. Em tais situações, *intui* o legislador que as alterações de estrutura poderão ter subjacente uma intenção de *comercialização abusiva* de regimes fiscais benéficos, transferindo para uma entidade os benefícios gerados na esfera jurídica de outra, embora não possa deixar de se questionar se tal *intuição* – na falta de melhor termo, uma vez que de presunção não se trata – não se poderá considerar desproporcionada, e nessa medida inconstitucional, uma vez que com dificuldade se poderá vislumbrar um nexo de pertinência necessária entre o meio utilizado pelo contribuinte (alteração da estrutura) e o fim alegadamente por si pretendido (poupança fiscal).

Seja como for, o corte no prolongamento poderá ser afastado quando se puder razoavelmente considerar que as alterações de estrutura patentemente não terão propósitos abusivos ou evasivos (porque realizadas ao abrigo de razões económicas válidas) [492].

Reformulando o esquema apresentado:

[491] Cf. art. 67.º, n.º 8, primeira parte, do CIRC.

[492] Neste sentido, art. 67.º, n.º 8, segunda parte, do CIRC, com remissão para o art. 52.º, n.º 9, do mesmo código.

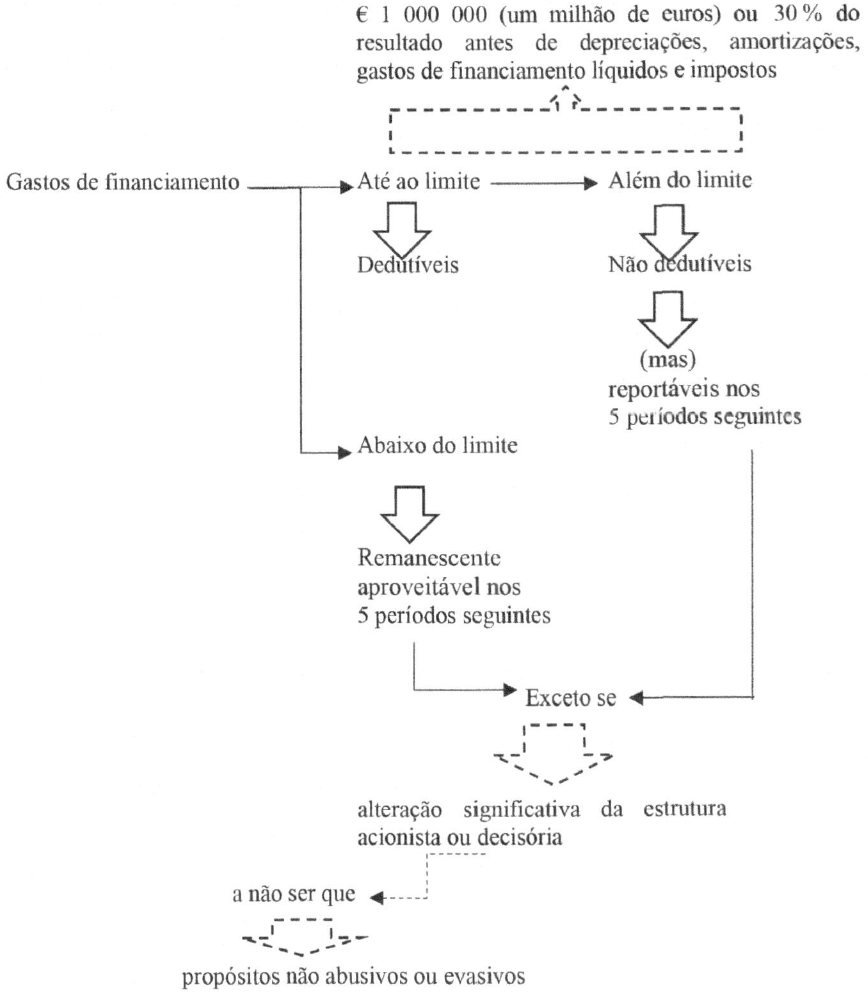

Enfim, como (uma vez mais) se pode constatar, o desenho das soluções legais é extremamente confuso e pouco consentâneo com as exigências decorrentes do princípio da segurança jurídica, denotando uma técnica oscilante ou pendular, no sentido de começar por limitar certa realidade, permitindo-a depois, voltando à limitação, e acabando novamente numa permissão. Em termos práticos: *(i)* começa por se considerar um regime que parte da limitação à dedutibilidade dos gastos de financiamento líquidos, para de seguida *(ii)* se introduzir alguma flexibilidade no mesmo, permitindo a dedução, para, logo após, *(iii)* afastar tal flexibilidade em casos considerados abusivos e, por fim, *(iv)* retornar à solução da flexibilidade em casos menos suscetíveis de suspeita.

Um crivo exigente de juridicidade dificilmente deveria deixar passar um tal arranjo legislativo.

7.3. Limites ao transporte de prejuízos

Como se disse, é também possível conseguir-se a obtenção de poupança fiscal utilizando-se os resultados fiscais negativos (prejuízos) sofridos em determinados exercícios, abatendo-os aos resultados positivos obtidos em anos posteriores, minimizando – ou, nos casos-limite, mesmo suprimindo, dissolvendo – estes últimos e diminuindo o encargo a pagar [493].

Pois bem, se tal é possível considerando-se apenas uma única entidade – pessoa singular ou pessoa coletiva, a qual gera no passado os prejuízos, e ela mesma, no prazo legalmente previsto, os deduz no futuro –, também o é considerando-se entidades distintas, neste caso por via de operações de reestruturação empresarial ou de aquisição do capital de empresas deficitárias, situações em que se poderá admitir que a entidade adquirente possa vir a beneficiar dos prejuízos da(s) entidade(s) adquirida(s), deduzindo-os e, deste modo, baixando significativamente a sua própria matéria tributável e o valor do imposto a pagar [494].

Claro que nada haverá a apontar quando tais operações ou aquisições têm subjacentes razões económicas válidas, somando-se as eventuais vantagens fiscais às vantagens de outra natureza (*e.g.*, gestionária, económica, financeira) que eventualmente concorram. Os problemas surgem quando o propósito de obtenção de poupança fiscal é o único ou o preponderante, como sucede, por exemplo, nas situações, acima descritas,

[493] Cf., por exemplo, arts. 55.º do CIRS e do 52.º do CIRC. O exposto no texto está bastante simplificado, pois, por um lado, e em abstrato, o reporte pode ter efeitos "para trás" – projetando-se para exercícios anteriores e influenciando os resultados destes últimos – e, por outro lado, outros métodos de tratamento de prejuízos existem, como, por exemplo, a comunicabilidade. Assim o legislador o preveja. Em todo o caso, a limitação temática e discursiva vertida no texto serve perfeitamente os atuais propósitos, na economia da presente colocação.

[494] Cf., por exemplo, art. 75.º do CIRC.

de aquisição de um bem imóvel, arrendando-o apenas de modo pontual, e exclusivamente com o fim de gerar prejuízos na categoria F (em consequência de obras de manutenção ou de conservação do prédio), ou de aquisição do capital de sociedades que já apresentam resultados líquidos negativos, com o objetivo único de os deduzir nos resultados líquidos positivos da sociedade ou do grupo adquirentes (aludindo-se com propriedade a um verdadeiro "comércio de prejuízos fiscais").

Nestes casos, uma vez mais, o ordenamento jurídico reage, introduzindo normas antiabuso específicas, em termos de procurar limitar as possibilidades abusivas. Na verdade, neste segundo caso – e num regime idêntico ao que se consagra a respeito da limitação à dedutibilidade dos gastos de financiamento líquido (apartado anterior) –, determina-se que o reporte deixa de ser possível quando se constatar que, entre o exercício em que se verificaram tais prejuízos e aquele em que os mesmos são aproveitados ou deduzidos, existe uma alteração significativa da estrutura acionista ou decisória do sujeito passivo, em termos de a titularidade da maioria do capital social ou dos direitos de voto entretanto "mudar de mãos" [495]. Em todo o caso, e porque as dúvidas de constitucionalidade acima aludidas também aqui se podem suscitar, igualmente neste domínio se introduzem componentes de flexibilização, admitindo-se o reporte quando seja possível concluir que a operação em causa não teve como principal objetivo, ou como um dos principais objetivos, a evasão fiscal, o que pode considerar-se verificado, nomeadamente, nos casos em que a mesma tenha subjacente razões económicas válidas [496].

Do mesmo modo, o direito ao reporte fica sem efeito quando os prédios a que os gastos digam respeito não gerem rendimentos da categoria F em pelo menos 36 meses, seguidos ou interpolados, dos cinco anos subsequentes àquele em que os gastos foram incorridos [497].

8. Recurso a dispositivos ambíguos (assimetrias híbridas)

Com a exponencial globalização, a crescente complexidade (objetiva e subjetiva) das relações económicas e, principalmente, o apuramento

[495] Cf. art. 52.º, n.º 8, do CIRC.

[496] Assim, art. 52.º, n.ºs 8, segunda parte, e 9, do CIRC.

[497] Cf. art. 55.º, n.º 8, do CIRS.

investigatório por parte das autoridades tributárias – que, com o tempo e o conhecimento, permitiu ir descobrindo e combatendo as atuações abusivas utilizadas pelos contribuintes –, compreende-se que as técnicas evasivas vejam incrementado o seu grau de sofisticação, em termos de se passar da "simples" utilização de localizações, arranjos, entidades ou instrumentos fiscalmente apelativos – mas, em todo o caso, "lineares" e facilmente qualificáveis do ponto de vista jurídico (empresas, atos, contratos, operações, etc.) – para um patamar superior em que se utilizam esquemas ambíguos e dúbios que tentam explorar as eventuais incoerências e desencontros entre os diversos sistemas jurídico-fiscais.

É neste contexto que irrompem as denominadas "assimetrias híbridas".

Trata-se de uma matéria assente em operações revestidas de uma elevadíssima complexidade técnica e de um aprimoramento jurídico-financeiro assinalável, executadas por profissionais habilitados e qualificadíssimos, tornando extremamente difíceis as tarefas de investigação e descoberta (primeiro), e de "desmontagem" (depois), levadas a cabo pelas instâncias investigatórias. Procurando utilizar uma abordagem explicativa, que intente expor os problemas de forma linear e pedagógica, sem contudo incorrer em simplificação excessiva – a qual, naturalmente, correria o risco de desaguar na superficialidade e no erro –, poder-se-á dizer que, juridicamente, uma assimetria híbrida consistirá em qualquer *situação existente entre sujeitos relacionados, no sentido de explorar as diferenças de regime jurídico-fiscal entre os diversos ordenamentos, conduzindo a um duplo afastamento, redução ou diferimento tributário que se possa considerar abusivo.*

Assumindo esta abordagem como válida, identificam-se os seguintes pressupostos para que uma assimetria híbrida se possa considerar verificada:

i) Em primeiro lugar, deve estar-se perante uma situação [498] que explore as diferenças de regime jurídico-fiscal entre, no mínimo,

[498] Para os efeitos que presentemente nos ocupam, utiliza-se o termo "situação" em sentido muitíssimo amplo – de resto, como faz o legislador [cf. art. 68.º-A, n.º 1, alínea *b)*, do CIRC] –, para querer significar qualquer realidade que possa conduzir aos referidos resultados desoneradores, trate-se de um ato ou de um simples facto, e independentemente da respetiva denominação ou qualificação jurídica, económica, financeira, ou contábil, abarcando negó-

dois ordenamentos, quer as mesmas decorram de simples disparidade de soluções, quer advenham de sobreposição de elementos de conexão (*e.g.*, residência, localização do facto tributário), as diferentes qualificações jurídicas (de atos, contratos, entidades, etc.), ou as ausências de previsão normativa ou lacunas; ponto é que se constate a existência de um desencontro ou desfasamento de disciplina jurídica que potencia o respetivo aproveitamento em termos vantajosos para os contribuintes ou obrigados tributários;

ii) Em segundo lugar, essa situação de exploração de regimes deve assentar num vínculo forte e especial entre os sujeitos ou contribuintes envolvidos (num certo sentido, deve pressupor a existência de "relações especiais"), o que se deve entender verificado nas seguintes relações [499]:

→ Entre empresas associadas;
→ Entre um sujeito passivo e uma empresa associada;
→ Entre a sede e o estabelecimento estável da mesma entidade;
→ Entre dois ou mais estabelecimentos estáveis da mesma entidade; ou
→ no âmbito de um acordo estruturado [500].

A contrario, quando o resultado vantajoso decorrente das diferenças de regime jurídico-fiscal entre os diversos ordenamentos se verifique com base em relações de natureza diversa, não se considera existir, para estes efeitos, uma assimetria híbrida;

iii) Em terceiro lugar, esse aproveitamento ou exploração deve conduzir a uma vantagem fiscal bifronte (bilateral), consubstanciada, designadamente [501]:

cios, contratos, "instrumentos", "dispositivos", "operações", "entidades", "estruturas", "esquemas", "arranjos", etc.

[499] Cf. art. 68.º-A, n.º 2, alínea *a)*, do CIRC.

[500] Sobre a noção operativa de "acordo estruturado", v. art. 68.º-A, n.º 1, alínea *a)*, do CIRC.

[501] Para uma aproximação mais densa (e significativamente mais complexa), v. as várias alíneas do n.º 1 do art. 68.º-A do CIRC. V., ainda, a respeito, art. 2.º, ponto 9), da Diretiva (UE) 2016/1164. Por último, cf. OCDE, *Hybrid Mismatch Arrangements: Tax policy and compliance issues*, 2012, in *https://www.oecd.org/ctp/aggressive/hybrid-mismatch-arrangements-tax-policy-and-*

→ Numa *dupla não tributação*;
→ Numa *dupla tributação favorável*, proveniente, por exemplo, do aproveitamento de duas taxas mais baixas, da dedução cumulada de gastos ou encargos provenientes do mesmo facto ou ato (*dupla dedução*), ou ainda da dedução de gastos ou encargos num ordenamento jurídico e da subsequente não inclusão na base tributável do outro (*dedução sem inclusão* ou não inclusão num *prazo razoável* [502]);
→ Numa *dupla postergação* do encargo tributário.

iv) Em quarto lugar, tal vantagem deve considerar-se abusiva, desde logo por escapar à teleologia dos ordenamentos prejudicados em termos de perceção da receita fiscal (sem prejuízo de, eventualmente, poder ser desejada por um terceiro ordenamento, opaco, o qual promoverá a existência de desencontros ou distorções). Neste sentido, importa que as vantagens fiscais obtidas não se encontrem, de modo expresso ou implícito, nem normativamente previstas, nem potencialmente desejadas.

Em termos práticos, e sem prejuízo da multiplicidade e da complexidade de situações que imaginativos exercícios jurídicos, financeiros e contábeis podem proporcionar, torna-se possível identificar alguns meios típicos utilizados para a consecução dos fins referidos, como os esquemas de dupla residência (pessoas ou entidades que aproveitam os diferentes elementos de conexão e originam um estatuto de residente em dois ordenamentos fiscais favoráveis); a criação de entidades híbridas (por exemplo, transparentes e não transparentes, isto é, sujeitas a imputações diretas aos sócios ou titulares de capital nuns casos e tributadas diretamente pelos seus rendimentos em outros); ou a utilização dos denominados instrumentos ou transferências híbridos (*e.g.*, atos translativos ou produtos financeiros aos quais é dispensado um regime fiscal

compliance-issues.pdf e *Neutralising the Effects of Hybrid Mismatch Arrangements, Action 2 – 2015 Final Report*, 2015, Paris, disponível em *http://dx.doeli.org/10.1787/9789264241138-en*.

[502] Sobre a noção de prazo razoável – noção circular, porque, num certo sentido, faz apelo ao definido ("razoável") na própria definição –, v. art. 68.º-A, n.º 2, alínea *b*), do CIRC.

diverso nos ordenamentos envolvidos, designadamente mediante a consideração como custo ou encargo em um deles, e como rendimento ou património no outro).

Em qualquer dos casos, denotam-se traços comuns de carácter jurídico, que se materializam na tentativa de exploração das disparidades de regime existentes entre dois ordenamentos jurídicos, em termos de se tentar obter uma vantagem fiscal dupla.

Claro que, a exemplo do que sucede com vários outros instrumentos já referidos (deslocalização de residência, negócios indiretos, manipulação de preços, *comércio de prejuízos*, etc.), a utilização de tais meios com vista à consecução de tais objetivos não deixa de suscitar problemas ao nível da justiça e da equidade na tributação, bem assim como a nível concorrencial e da integridade do sistema financeiro internacional – introduzindo ou potenciando a introdução de desequilíbrios significativos –, razões pelas quais os ordenamentos jurídicos em causa – sabedores da impossibilidade de uma solução harmonizadora a nível supraestadual, e particularmente impulsionados pelas orientações da OCDE e, no caso da União Europeia, pelas diretivas – introduzem unilateralmente regimes restritivos e normas limitativas (antiabuso). Centrando a atenção especificamente no ordenamento jurídico-fiscal português, pode afirmar-se que a abordagem a estes problemas conflui essencialmente nas seguintes soluções, decorrentes da Diretiva antiabuso já referida [503]:

- Recusa ou limitação de dedução de pagamentos, despesas ou perdas, nos casos de *dupla dedução* ou de *dedução sem inclusão*. É, aliás, neste sentido, que o legislador se refere expressamente à consequência de que "não concorrem para a determinação do lucro tributável" os gastos que sejam deduzidos *em dois lados*, ou sejam deduzidos num dos *lados* e não tributados no outro, independentemente da origem ou ocorrência dos mesmos (em território português ou no território do outro ordenamento) [504];

[503] Cf. art. 9.º da Diretiva (UE) 2016/1164.

[504] Cf. arts. 68.º-B, n.º 1, alíneas *a)*, *b)* e *c)*, e 68.º-D do CIRC. Importa assinalar que o legislador alarga (compreensivelmente) a consequência de não dedutibilidade aos gastos que se destinem a financiar, direta ou indiretamente, despesas dedutíveis que deem origem a uma

– Consideração de certas entidades híbridas como residentes em território português, e sujeitas a tributação, o que sucederá nos casos em que as mesmas *(i)* sejam não residentes, mas constituídas ou estabelecidas em território português e *(ii)* sejam detidas de modo significativo (considerando os direitos de voto, a participação no capital ou os direitos aos lucros) por entidades não residentes domiciliadas em ordenamento que as trate como sujeito passivo e não as sujeite a tributação (*assimetrias híbridas inversas*) [505].

A exemplo do que já se assinalou ocorrer em outras situações, introduzem-se também aqui algumas componentes de correção e flexibilidade, ao admitir-se a dedutibilidade quando o gasto em causa, consubstanciando potencialmente uma situação de assimetria híbrida, vê as possibilidades de dedução recusadas no outro ordenamento ou neste seja qualificado como rendimento, incluído na base de tributação, casos em que deixa de existir, respetivamente, a *dupla dedução* ou a *dedução sem inclusão* [506].

9. Gestão do contencioso

Até ao momento, a análise que tem sido efetuada aos modos de obter afastamento, redução ou diferimento das obrigações fiscais tem centrado o respetivo foco na dimensão material ou substantiva do Direito Fiscal, principalmente convocando o facto tributário e as qualidades inerentes aos sujeitos como modo de alterar a fisionomia da relação jurídica subjacente, conferindo-lhe uma natureza fiscalmente menos onerosa. Assim será, por exemplo, quando se elege determinado regime favorável de taxas ou de deduções; quando se utiliza um tipo contratual que permita uma diferente qualificação dos rendimentos; quando se alteram os valores ou os preços como modo de baixar a matéria coletável; quando

assimetria híbrida através de operações entre empresas associadas ou acordos estruturados [alínea *d)* do n.º 1 do art. 68.º-B]. Será o caso, por exemplo, de empréstimos contraídos para a aquisição de um produto financeiro que dê origem (este último, não o empréstimo *em si*) a dupla dedução ou a dedução sem inclusão. Tal apenas não sucederá (componente de correção ou flexibilização) se o outro ordenamento tiver efetuado algum ajustamento.

505 Cf. art. 68.º-C, n.os 1 e 2, do CIRC.

506 Assim, art. 68.º-B, n.º 1, alíneas *b)* e *c)*, *in fine*, do CIRC.

se altera a qualidade de residente; ou quando se constitui um grupo de sociedades ou uma sociedade transparente.

Porém, a planificação fiscal (*lato sensu*) também pode ser perseguida e conseguida numa perspetiva adjetiva ou formal, isto é, através da utilização de meios procedimentais ou processuais, normalmente utilizados com os propósitos de garantia ou defesa de posições jurídicas subjetivas dignas de tutela e proteção. Fala-se aqui dos procedimentos e processos tributários, impugnatórios ou não, como o pedido de pagamento em prestações, a reclamação graciosa, a impugnação judicial, ou a oposição à execução fiscal. Pese embora esta não seja uma perspetiva corrente, a verdade é que também por estas vias se podem conseguir vantagens significativas, principalmente ao nível do diferimento dos prazos de pagamento e desembolso, aspeto bastante relevante quando se pensa nas necessidades de liquidez dos agentes económicos.

Em geral, as maiores vantagens decorrentes da utilização de meios adjetivos acontecem nas situações em que se procura obter a suspensão da cobrança de dívidas fiscais mediante a *utilização de meios impugnatórios com eficácia suspensiva* ou a *prestação de garantias idóneas* com esse objetivo. Convém não perder de vista que o planeamento fiscal pode ser definido como o conjunto de atos dos sujeitos passivos voluntários que, procurando na maioria das vezes o afastamento ou a redução das dívidas fiscais, também podem visar o diferimento do pagamento, como sucede nas situações aqui em análise. Também se planifica jogando com o tempo, adiando. Pense-se, por exemplo, na apresentação de uma garantia impugnatória ou de defesa (*e.g.*, processo de impugnação judicial, oposição à execução fiscal), a qual, visando a anulação do ato tributário de liquidação ou a extinção do processo executivo (e eventualmente a obtenção de juros indemnizatórios), poderá igualmente ser utilizada com o fito de suspender a cobrança das dívidas em discussão, quando seja acompanhada da prestação de garantia idónea – como, por exemplo, fiança, garantia bancária, caução, seguro-caução, penhor ou hipoteca voluntária [507] – ou do deferimento do pedido da sua dispensa. São, enfim, mecanismos que permitem, nestes termos, paralisar a atuação administrativa tendente

[507] Cf. art. 199.º, n.ºs 1 e 2, do CPPT.

à exigibilidade da dívida, postergando para eventual melhor momento a sua efetivação. Claro que a utilização destas garantias não é fácil, por dois motivos: por um lado, porque a regra em contencioso tributário é a natureza meramente devolutiva dos meios impugnatórios ou dilatórios utilizados, como sucede na reclamação graciosa [508], na impugnação judicial [509], ou na oposição à execução fiscal [510]; por outro lado, porque a obtenção de garantias como modo de conseguir a eficácia suspensiva é difícil e bastante onerosa, além de que a própria administração tributária é particularmente exigente na sua aceitação, até considerando a literalidade dos preceitos que se referem à matéria [511]. Além disso, mesmo nas situações em que o efeito suspensivo é decorrente diretamente da previsão legal – como sucede, por exemplo, em sede de pedido de revisão da matéria coletável fixada por métodos indiretos [512] –, e temendo que os contribuintes e outros obrigados tributários utilizem abusivamente (isto é, sem razão fundamentada que não a postergação da obrigação) os meios garantísticos que a lei lhes confere, o legislador prescreve verdadeiras normas antiabuso (específicas), em termos de dissuadir a respetiva utilização, cominando tais casos com agravamentos à coleta [513].

Mas não apenas a interposição de meios garantísticos acompanhados da prestação de garantia ou da sua dispensa podem ser aqui exemplificados como modos de planeamento fiscal. Neste contexto, merecem ainda menção outros instrumentos procedimentais ou processuais, tais como:

- O pedido de pagamento em prestações, o qual – podendo ser apresentado quer em sede executiva (até à data da venda) quer fora dela (a partir do termo do prazo de pagamento voluntário) – depende sempre da circunstância de o devedor provar que não consegue cumprir a prestação de imposto de uma só vez, de modo integral [514].

[508] Cf. art. 69.º, alínea *f)*, do CPPT.
[509] Cf. art. 103.º, n.º 4, do CPPT.
[510] Cf. art. 212.º do CPPT.
[511] Cf. arts. 199.º, n.os 1 e 2, do CPPT e 52.º, n.º 4, da LGT.
[512] Cf. art. 91.º, n.º 2, da LGT.
[513] Assim, por exemplo, art. 91.º, n.º 9, alínea *b)*, da LGT.
[514] Cf. arts. 42.º, n.º 1, da LGT e 196.º, n.º 4, do CPPT.

De resto, a lei admite um número razoavelmente generoso de prestações (prestações mensais até 5 anos [515]), e em quantitativo razoavelmente suportável (em referência à unidade de conta processual), o que permite afirmar que este meio procedimental, quando procedente, pode consubstanciar um alívio considerável na *pressão de liquidez* que impende sobre os contribuintes, adiando um desembolso financeiro imediato;

- A utilização da arbitragem tributária (enquanto modo alternativo de resolução de litígios), nomeadamente nas situações em que se conhece jurisprudência consolidada em sentido favorável a determinada interpretação ou solução jurídica favorável ao contribuinte;
- A nomeação de bens à penhora [516], procurando resguardar o património pessoal ou empresarial do desapossamento de determinados bens – tidos como mais relevantes, segundo vários critérios – com vista à cobrança coerciva de dívidas fiscais. Naturalmente que aqui se não incluirão, enquanto possibilidades planificadoras, a alienação, a danificação, a ocultação, a dissipação ou a oneração de elemento patrimoniais com o objetivo de, por exemplo, evitar potenciais penhoras que sobre os mesmos pudessem recair, pois nestas situações, como bem se compreende, estar-se-á em presença de um potencial caso de fraude fiscal (*lato sensu*), sob a forma criminal de frustração de créditos (fiscais) [517].

Em todo o caso, e como se adiantou, a utilização do arsenal adjetivo tributário pode potenciar ganhos relevantes ao nível do diferimento dos prazos de pagamento e desembolso, pois, sabendo-se que se tem de pagar, pode ser relevante pagar mais tarde. É, ainda, planeamento, desde que aquela utilização não seja pensada e executada de modo abusivo.

[515] Assim, em sede executiva, art. 196.º, n.os 4 e 5, do CPPT.

[516] Cf. art. 215.º, n.º 4, do CPPT.

[517] Cf. art. 88.º do RGIT.

REFERÊNCIAS BIBLIOGRÁFICAS*

ALTORGER-ONG, Stephan, *Staatsbildung ohne Steuern. Politische Ökonomie und Staatsfinanzen im Bern des 18. Jahrhunderts, Archiv des historischen Vereins des Kantons Bern*, vol. 86, *Hier + Jetzt, Verlag für Kultur und Geschichte*, 2010.

ANTUNES, Ana Filipa Morais, *A causa do negócio jurídico no Direito Civil*, Universidade Católica Editora, Lisboa, 2016.

ANTUNES, José Engrácia, *Os Grupos de Sociedades: estrutura e organização jurídica da empresa plurissocietária*, Almedina, Coimbra, 2002.

BARBOSA, Andreia, "As normas imperativas no processo de execução fiscal", in *Direito tributário (ebook)*, Conselho Regional de Lisboa da Ordem dos Advogados, Lisboa, julho de 2021, disponível em *https://crlisboa.org/docs/publicacoes/direito-tributario/e-book.pdf*.

CALDAS, António Castro, «O "Exit Tax" no Código do IRC», in *Fiscalidade*, n.º 34, abril de 2008, disponível em *https://www.isg.pt/revista-fiscalidade-no-34*.

CALDAS, Marta, *O conceito de planeamento fiscal agressivo: novos limites ao planeamento fiscal?*, Cadernos IDEFF n.º 18, Almedina, Coimbra, 2015.

CARDOSO, Pedro Menezes, *Os desafios da "maioridade" da cláusula geral anti-abuso: análise estática e dinâmica do seu estado evolutivo*, AAFDL Editora, Lisboa, 2017.

CARVALHO, Cristiano, *Teoría de la decisión tributaria*, Ediciones Olejnik, Santiago (Chile), 2017.

CARVALHO, Orlando de, "Negócio jurídico indirecto (Teoria geral)", in *Escritos: Páginas de Direito*, I, Almedina, Coimbra, 1998.

* As referências bibliográficas apenas abrangem obras e textos *(i)* que foram efetivamente utilizados e *(ii)* que influíram decisivamente na construção do pensamento do autor.

Coordenação Geral de Estudos Econômicos e Empresariais (COGEC), Manaus: Superintendência da Zona Franca de Manaus (SUFRAMA), *Marco Regulatório dos Incentivos Fiscais da Zona Franca de Manaus*, Amazônia Ocidental e Áreas de Livre Comércio, 4.ª ed., 2020, in *https://www.gov.br/suframa/pt-br/publicacoes/marco_regulatorio_4a_edicao_2020.pdf.*

Correia, Sandrina / Martins, António, *Preços de transferência, litigância e arbitragem fiscal*, Petrony Editora, s/l, 2018.

Courinha, Gustavo Lopes, *A Cláusula Geral Anti-Abuso no Direito Tributário: Contributos para a sua compreensão*, Almedina, Coimbra, 2009;

— *A residência no Direito Internacional Fiscal: Do abuso subjetivo de convenções*, Almedina, Coimbra, 2015.

Dourado, Ana Paula, *Governação Fiscal Global*, 2.ª ed. (reimpressão), Almedina, Coimbra, 2023;

— "Aggressive tax planning and harmful tax competition", *in* Panayi (*et al.*) (org.), *Research Handbook on European Union Taxation Law*, Edward Elgar Publishing, Cheltenham/ Northampton, 2020.

Fazendeiro, Vítor, "Uma teoria acerca do abuso de Direito na jurisprudência do Tribunal de Justiça da União Europeia", in *Cadernos de Justiça Tributária*, n.º 10, outubro/dezembro de 2015.

Fernandes, Luís A. Carvalho, *Teoria geral do Direito Civil*, II., Fontes, Conteúdo e Garantia da Relação Jurídica, 5.ª ed., Universidade Católica Editora, Lisboa, 2014.

Garcia, Nuno de Oliveira, "Prejuízos, menos e mais-valias: casos de aplicação de normas anti-abuso específicas do Código do IRC", in *Fiscalidade*, n.º 29, Instituto Superior de Gestão, Lisboa, 2007.

Kirchhof, Paul, "Legalität, Gestaltungsfreiheit und Belastungsgleichheit als Grundlagen der Besteuerung", *in* Hüttemann, Rainer (org.), *Gestaltungsfreiheit und Gestaltungsmissbrauch im Steuerrecht*, Verlag Dr. Otto Schmidt, Köln, 2010.

Leitão, Luiz Menezes, "Aplicação de medidas anti-abuso na luta contra a evasão fiscal", in *Fisco*, n.º 107/108, março de 2003.

Malgoyre, Antoine, *Montages juridiques & Habilité fiscale*, 2.ª edição, Gyalino/ /Lextenso, *Issy-les-Moulineaux*, 2018.

Marín Benitez, Gloria, *¿Es lícita la planificación fiscal?: Sobre los defectos de neutralidad y consistencia del ordenamiento tributário*, Lex Nova / Thomson Reuters, Valladolid, 2013.

MARQUES, Paulo, *Crime de abuso de confiança fiscal. Problemas do actual Direito Penal Tributário*, Wolters Kluwer / Coimbra Editora, Coimbra, 2011.

MARULANDA OTÁLVARO, Hugo / HEREDIA RODRÍGUEZ, Liliana, *Paraísos fiscales: una línea de contradicción entre la formalidad y la materialidad, Instituto de Estudios Fiscales*, documento n.º 15/2015, Madrid, 2015.

MENDONÇA, Maria Júlia Ildefonso, *Entrada de ativos e permuta de partes sociais no regime da neutralidade fiscal: uma análise comparativa*, Almedina, Coimbra, 2016.

MONTE, Mário Ferreira, *Da Legitimação do Direito Penal Tributário, em Particular, os Paradigmáticos Casos de Faturas Falsas*, Coimbra Editora, Coimbra, 2007.

MORAIS, Rui Duarte, *Imputação de lucros de sociedades não residentes sujeitas a um regime fiscal privilegiado: Controlled foregin companies. O art. 60.º do C.I.R.C.*, Publicações Universidade Católica, Porto, 2005.

MUÑIZ PÉREZ, Julio, César, *El Trust: herramienta de elusión fiscal internacional*, Aranzadi / Thomson Reuters, Navarra, 2022;

— *Em busca del paraíso perdido: Los paraísos fiscales hoy*, Aranzadi / Thomson Reuters, Navarra, 2021.

NABAIS, José Casalta, "A liberdade de gestão fiscal das empresas", in *Fiscalidade*, n.º 16, outubro de 2010;

— "Sobre a educação e a cidadania fiscal", in *Por um Estado fiscal suportável: Estudos de Direito Fiscal*, vol. VI, Almedina, Coimbra, 2022.

NEMO, Philippe, *Philosophie de l'impôt*, 2.ª ed., Presses Universitaires de France (PUF), Paris, 2017.

OCDE, *Hybrid Mismatch Arrangements: Tax policy and compliance issues*, 2012, in *https://www.oecd.org/ctp/aggressive/hybrid-mismatch-arrangements-tax-policy-and-compliance-issues.pdf*;

— *Neutralising the Effects of Hybrid Mismatch Arrangements, Action 2 – 2015 Final Report*, 2015, Paris, in *http://dx.doeli.org/10.1787/9789264241138-en*;

— *Transfer Pricing Guidelines for Multinacional Enterprises and Tax Administrations 2017*, in *https://www.oecd.org/tax/transfer-pricing/oecd-transfer-pricing-guidelines-for-multinational-enterprises-and-tax-administrations-20769717.htm.*

OLIVEIRA, Ana Perestrelo de, *Manual de Grupos de Sociedades*, Almedina, Coimbra, 2018 (reimpressão).

OLIVEIRA, António Fernandes de, *A legitimidade do planeamento fiscal, as cláusulas gerais anti-abuso e os conflitos de interesse*, Coimbra Editora, Coimbra, 2009.

OSTERLOH-KONRAD, Christine, *Die Steuerumgehung: Eine rechtsvergleichende und rechtstheoretische Analyse*, Mohr Siebeck, Tübingen, 2019.

PALMA, Clotilde Celorico, "O novo regime fiscal do Centro Internacional de Negócios da Madeira – Enquadramento e características fundamentais", in *Fisco*, n.º 107/108, março de 2003;

— "A OCDE e o combate às práticas da concorrência fiscal prejudicial: ponto de situação e perspectivas de evolução", in *Fiscalidade*, n.º 16, outubro de 2003.

RIBEIRO, Beatriz, *O direito ao reporte de prejuízos fiscais – Enquadramento legal do seu regime em sede de IRC e IRS*, Almedina, Coimbra, 2022.

ROCHA, Joaquim Freitas da, *Lições de procedimento e processo tributário*, 8.ª ed., reimpressão, Almedina, Coimbra, 2022;

— "Direito fiscal e autonomia da vontade. Do direito à livre planificação fiscal", in *Estudos em Homenagem ao Professor Doutor Heinrich Ewald Hörster*, Almedina, Coimbra, 2012.

RODRIGUES, Pedro Neto, "O regime jurídico-fiscal da subcapitalização: do seu âmbito e alcance", in *Fiscalidade*, n.º 21, janeiro de 2005.

SANCHES, José Luís Saldanha, *Os Limites do Planeamento Fiscal: Substância e Forma no Direito Fiscal Português, Comunitário e Internacional*, Coimbra Editora, Coimbra, 2006.

SANTOS, António Carlos dos, "Planeamento fiscal, evasão fiscal, elisão fiscal: o fiscalista no seu labirinto", in *Fiscalidade*, n.º 38, abril de 2009.

SILVA, Hugo Flores da, *Sistema Fiscal Português: Is there such a Thing? – Pressupostos Jurídico-Dogmáticos para a Identificação de um Conjunto Coerente de Impostos*, AAFDL Editora, Lisboa, 2022;

— *Privatização do Sistema de Gestão Fiscal*, Coimbra Editora, Coimbra, 2014.

SOUSA, Susana Aires de, *Os Crimes Fiscais, Análise Dogmática e Reflexão sobre a Legitimidade do Discurso Criminalizador*, reimpressão, Almedina, Coimbra, 2021.

TAVARES, Tomás Cantista, "Nova redação e novo contencioso da cláusula geral anti-abuso no direito fiscal: art. 38.º da LGT e art. 63.º do CPPT", in *Cadernos de Justiça Tributária*, n.º 29, julho/setembro de 2020.

TOMSON, Susanne / BUURMAN, Claas, *Rechtliche Grundlagen der Verrechnungspreise*, *in* Dawid, Roman (org.), *Verrechnungspreise; Grundlagen und Praxis*, 2.ª ed., Springer Gabler, Wiesbaden, 2016.

TORRES, Manuel Anselmo, "A simulação na Lei Geral Tributária", in *Fiscalidade*, n.º 1, janeiro de 2000.

XAVIER, Alberto, *Conceito e natureza do acto tributário*, Almedina, Coimbra, 1972;

— *Manual de Direito Fiscal*, Manuais da Faculdade de Direito de Lisboa, Lisboa, 1981.

ÍNDICE